张中行 著

文言和白話

北京出版集团
北京十月文艺出版社

目 录

第一章　概　说　1

第二章　何谓文言　7

第三章　文言如何形成　21

第四章　文言的功过　41

第五章　文言的特点　64

第六章　历史情况（甲）　136

第七章　历史情况（乙）　153

第八章　不同流派和不同风格　168

第九章　文言典籍　177

第十章　学以致用问题　196

第十一章　何谓白话　204

第十二章　白话与口语　214

第十三章　用白话的原因　229

第十四章　文白的界限　244

第十五章　白话典籍　266

第十六章　展　望　326

后　记　334

第一章 概 说

1.1 解 题

文言和白话，实物是古已有之，名称却是近几十年来才流行的。两个名称相互依存，互为对立面：因为提倡照口语写，所以以传统为对立面，并称作文言；因为一贯用脱离口语的书面语写，所以以革新为对立面，并称作白话。文言，意思是只见于文而不口说的语言。白话，白是说，话是所说，总的意思是口说的语言。两者的内涵和关系相当复杂，以下分章节解说。

1.2.1 研讨的意义

我们现在用的是现代汉语。可是现代汉语旁边坐着一位"文言"。它声名和势力相当大，就是不同它交往的人也知道有它。这有很多原因。主要原因是我们的文献库藏，时间超过三千年，绝大部分是用它记录下来的。你要开库探宝，它是钥匙，你不用它就进不去。其次，文言和现代汉语虽然差别很大，却又有拉不断扯不断的关系。一方面，两者同源异流，现代汉语，不管怎样发展变化，总不能不保留一些幼儿时期的面貌，因而同文言总会有这样那样的相似之点（表现在词汇和句法方面）。另一方面，两千年来，能写作的人表情达意，惯于用文言，这表达习惯的水流总不能不渗入当时通用的口语中，因而历代相传，到现代汉语，仍不能不掺杂相当数量的文言成分。此外，还有不少的人认为，专从表达方面着眼，文言的财富比现代汉语雄厚，现代汉语想增加表达能力，应该到文言那里吸收营养；少数人甚至认为，如果不能吸收，现代汉语就写不到上好的程度。总之，因为有以上的情况和想法，所以大家都承认，我们应该重视文言，通过它来继承这份宝贵的文化遗产。至于用什么办法重视，那就不同的人有不同的看法。有些人主张应该学会它。就目前说，这种主张势力不小，最明显的表现是中小学照规定在学，许多出版社在大量印文言典籍，以供有兴趣的人读。但是，又有些人，也许数目更多，其中不少还是通文言的，对文言的态度就不是全力支持，而是，或者承认有价值而不赞成人人学，或者认为学它会得不偿失，或者干脆反对钻故纸堆，如鲁迅先生有个时期就是这样。对同样的事物看法不同，这反映有关文言的问题是相当复杂的问题。如何解决？还有，假定如有些人所想，有用，如何利用？显然，解决和利用之前，先要对文言的各个方面有个清楚的认识。

在历史上，文言有个对立面，是"白话"。两者通常是和平共处，少数时候也曾或明或暗地表现为冲突。白话比现代汉语的年岁大多了，自然同文言更会有拉不断扯不断的关系。关系深，研讨文言就不能不看看白话；或者说，要多看看白话，文言的面貌才可以更清楚。此外，与文言相比，白话和现代汉语是同族近亲，为了更清楚地认识现代汉语，我们也不能不了解白话。白话是什么？包括哪些内容？怎样出生和发荣滋长？同文言和现代汉语是怎样的关系？这一系列问题，想解决，也要对白话的各个方面有个清楚的认识。

本书的用意，正如书名所示，就是介绍同文言和白话有关的一些知识，研讨同文言和白话有关的一些问题。

1.2.2 研讨的对象是书面语言

文言，早期的，也许离口语很近，或相当近。白话，如上文所说，就是口语。这样，所谓文言和白话，就牵涉到与有声语言的关系问题。我们都承认，文言和白话同样是语言。语言是交流（书面语言有时只是记录，如不准备给别人看的日记就是）情意的工具。工具要通过物质形式起作用，如桌椅是通过木材之类起作用，刀斧是通过钢铁之类起作用。语言的物质形式有两种：诉诸听觉的是声音，我们称为有声语言；诉诸视觉的是文字，我们称为书面语言。两者相比，有声语言是基本，因为从出生的早晚方面说，它是老大哥，文字是弟弟；还有，更重要的，文字近于复制品，就是说，它是用形状表现"声音"，所以书面语言是可以甚至应该念出来听的（说应该，因为有时候事实并不如此，如靠后的文言就是）。但是从另一个角度看，也未尝不可以说，书面语言是有声语言的补救力量，因为，在没有录音设备的时代，有声语言是一言既出，驷马难追，想保存，就不能不靠长寿的书面语言（时间过长就只能保存意义，难于原样保存声音）。两者的关系就是这样难解难分。但是既然各立门户，它们的内容就必致有所不同。不同程度的深浅主要决定于文字的性质，如英语是拼音的，不同的程度浅；汉字不是拼音的，不同的程度深（更多地表现在文言方面）。就汉语说，重要的不同是，有声语言缺少凝固性，它既随着不同的时间变（如韩愈学司马迁，却一定不全懂司马迁的口语），又随着不同的空间变（如河北人一定不全懂江南人的口语）；书面语言就不然，而是有相当的凝固性，就是说，可以不很受时间空间的影响，因而19世纪生在广东的康有为，同样可以看懂纪元前陕西人写的《史记》。凝固性是不是优越性？很难说，如不很受时间空间的限制，好；但它同口语脱节，于是就必致脱离群众，这就不能不说是缺点了。此外，两种语言还会有这样那样的不同点，这里只举一种，是关于各用其所长的。有声语言用声音表意，它就可以借声音的高低、长短、韵味等来表现不同的意义和情调。举个突出的例，看演出，台下喊"好"，声音短促是正面的，拉长就会成为反面的，所谓"倒好"，这用文字就不容易表现出来。又如说"他行，不用找我"，如果"他"字说得特别重，意思就和字面相反，这用文字也难于表现出来。但书面语言也有它自己的优越性，是可以利用形状数量的大大超过音节数量，做到分工较细。如"越剧"和"粤剧"，"有益"和"友谊",文字分得清清楚楚,有声语言就合而为一,不靠上下文来帮忙就分不清。我们研究语言,因为目的不同,范围不同,对于声音和文字,有时要兼顾,而常常是有所偏重。这本书研讨文言和白话,是不得不更退一步,撇开有声语言不管,只对付书面的。

这样限定范围,有几种理由。其一,最明显的,简直像是不成理由的理由,是标题的意义。文言不用说,早的从甲骨文、金文起,晚的到章太炎、王国维等人的笔下止,都是书面上的;而且,至少从秦汉起,所有写出来的都是同口语分道扬镳的。白话呢,顾名思义,应该同于有声语言,可是我们所能看到的是写下来的文字,如宋朝称为"话本"的,是"写在本子上"的口说的故事;称为"语录"的,是"录下来"的口语;总之都成了书面语言。这种书面语言是否可以看作有声语言的写照?也许可以,或者大致可以,不过无论如何,我们总不能由它推知有声语言的确切情况,就是说,难于知道说话人的话,比如赵州和尚、朱文公等的话,究竟是什么韵味。有声语言鞭长莫及,我们只好安于在"书面"上作文章。白话不能离开书面的情况,到近年就更为明显。"五四"时期的文学革命,举出白话以反对文言,用意是不再用文言写,而改用白话写,写出来的称为"白话文",后来有些人称为"语体文",总之都是"文",所以也是指书面上的。其二,本书想研讨的事物是"文献",无论文言还是白话,都是图书馆里能够找到的,所以不能不是书面上的。其三,有声语言的演变史客观存在,其情况,由书面语言可以推知一点点,如古无轻唇音,就是有学术价值的发现。可是把这类发现加在一起,我们终于不能推知,读《诗经》第一篇《关雎》,孔子的声音究竟是什么样子;到不同的地域,如吴越,不同的时间,如汉初,究竟有什么变化。这方面的问题太复杂,太专门,不是研究古音的人不容易入手;还有,即使有所得,一般人也苦于没有兴趣,用不上。其四,还有近于实用主义的理由是,有声语言的演变如水之就下,非人力所能左右;书面语言就不然,而是人多多少少可以有点自主性。这样,了解了书面语言的情况,我们就容易以过往为鉴,发扬其所长而放弃其所短,就是说,可以学以致用。总之,根据以上种种想法,从下一章起,文言用不着说,就是白话,不管是古的还是今的,本书都是指文人笔下写出,印在纸面上的,也就是所谓书面语言。

第二章 何谓文言

2.1 文言与白话有别

一本书或一部书，一段话或一篇文章，甚至短到一句话，是文言还是白话，一般说，常识是容易分辨的。例如：

（1）滁于五代干戈之际，用武之地也。昔太祖皇帝尝以周师破李景兵十五万于清流山下，生擒其将皇甫晖、姚凤于滁东门之外，遂以平滁。修尝考其山川，按其图记，升高以望清流之关，欲求晖、凤就擒之所，而故老皆无在者。盖天下之平久矣。自唐失其政，海内分裂，豪杰并起而争，所在为敌国者何可胜数？及宋受天命，圣人出而四海一，向之凭恃险阻，划削消磨，百年之间，漠然徒见山高而水清，欲问其事而遗老尽矣。

（欧阳修《丰乐亭记》）

（2）话说大宋高宗绍兴年间，温州府乐清县有一秀才，姓陈名义，字可常，年方二十四岁。生得眉目清秀，且是聪明，无书不读，无史不通。绍兴年间，三举不第，就于临安府众安桥命铺，算看本身造化。那先生言："命有华盖，却无官星，只好出家。"陈秀才自小听得母亲说，生下他时，梦见一尊金身罗汉投胎，今日功名蹭蹬之际，又闻星家此言，忽一口气，回店歇了一夜，早起算还了房宿钱，雇人挑了行李，径来灵隐寺投奔印铁牛长老出家，做了行者。

（《京本通俗小说·菩萨蛮》）

（3）然而言者，犹风波也，激荡既已，余踪杳然，独恃口耳之传，殊不足以行远或垂后。

（鲁迅《汉文学史纲要》）

（4）迎神赛会这一天出巡的神，如果是掌握生杀之权的——不，这生杀之权四个字不大妥，凡是神，在中国仿佛都有些随意杀人的权柄似的。

（鲁迅《朝花夕拾·无常》）

例（1）（2）都是宋代作品，例（3）（4）是现代并且是同一个人的作品，可是稍有看文经验的人都能够知道，(1)(3)是文言，(2)(4)是白话，而且不会有人不同意。这样断定的根据是什么？是文言和白话，各有各的行文习惯，或说得具体些，一部分词汇和句法有独占性，不通用。例如词汇方面，"按其图记"的"按"，白话不用，"还了房宿钱"的"还"，文言不用；更明显的是虚词，表完成，文言不用"了"，白话不用"矣"。句法方面也有这种情况，如"何可胜数"的说法，白话不用，"姓陈名义"的说法，文言不用。这类不通用的说法好像京剧角色的穿戴，有表现主人身分的作用，主人是什么人物，常看京剧的人可以一望而知。因此，我们可以说，就通常的情况说，文言和白话的界限总是泾渭分明的。

但这是通常，不是处处如此。吕叔湘先生于1944年写了一篇论文，题目也是《文言和白话》(刊于《国文杂志》3卷1期，后收入1983年商务印书馆出版的《吕叔湘语文论集》)，在文章第二部分的开头，他举古籍中的十二段文字为例，说明有时候，文言和白话的界限并不清楚。这十二段文字，哪些应该算文言，哪些应该算白话，请他的一些朋友看，意见不一致；甚至同一个人，初看和再看，对于有些段，意见也不一致。以下是十二段文字中的（5）和（6）。

（5）臣以今月七日，预皇太子正会。会毕车去。并猥臣停门待阙。有何人乘马，当臣车前，收捕驱遣命去。何人骂詈，收捕谘审欲录。每有公事，臣常虑有纷纭，语令勿问，而何人独骂不止，臣乃使录。何人不肯下马，连叫大唤。有两威仪走来，击臣收捕。尚书令省事倪宗又牵威仪手，力击臣下人。宗云："中丞何得行凶，敢录令公人？凡是中丞收

9

捕，威仪悉皆缚取。"臣敕下人一不得斗，凶势辀张，有顷乃散。

(《宋书·孔琳之传》，奏劾徐羡之)

（6）景宗谓所亲曰："我昔在乡里，骑快马如龙，与年少辈数十骑，拓弓弦作霹雳声，箭如饿鸱叫。平泽中逐獐，数肋射之；渴饮其血，饥食其肉，甜如甘露浆。觉耳后风生，鼻头出火。此乐使人忘死，不知老之将至。今来扬州作贵人，动转不得。路行开车幔，小人辄言不可。闭置车中，如三日新妇。遭此邑邑，使人无气。"

(《梁书·曹景宗传》)

像这样的文字，我们看了，印象会是半文半白，不文不白，也就是算文言算白话都有困难。但是，文言和白话终归是不同的语言，应该能够分作两个集团。分，要有标准，或说是，所分的类都应该有明确的定义。关于定义，白话的容易，是已经有文言的时候，照或基本上照当时口语写的文字。文言的不那么容易，因为不能单纯地靠有时间性的口语解决问题。

2.2 文言难于定义

有不少事物，常常是看来清楚，一思就出现问题，再思就问题更多。文言就属于这类事物,它指什么,具有什么性质,好像都清清楚楚,可是想用一两句话说明它,也就是给它下个定义,却很不容易。不容易,是因为有些路看来可以通行,细想却又是布满荆棘。

2.2.1 以脱离当时口语为标准有例外

最容易想到的一条路是"脱离口语"。这同"文言"一名的意义相合,文是文绉绉,是只见于文章,都表明它不同于口语。可是口语有时间性,以脱离口语为定义,我们必须先确定口语的时间性。一种最合情理的想法是指当时的口语。但这会碰到两个困难。其一,请看下面的文字:

(1)王曰:"格尔众庶,悉听朕言。非台小子敢行称乱,有夏多罪,天命殛之。今尔有众,汝曰:'我后不恤我众,舍我穑事而割正夏?'予惟闻汝众言,夏氏有罪。予畏上帝,不敢不正。今汝其曰:'夏罪其如台?'夏王率遏众力,率割夏邑,有众率怠弗协,曰:'时日曷丧,予及汝皆亡!'夏德若兹,今朕必往。尔尚辅予一人,致天之罚,予其大赉汝。尔无不信,朕不食言。尔不从誓言,予则孥戮汝,罔有攸赦。"

(《尚书·汤誓》)

(2)子曰:"吾十有五而志于学,三十而立,四十而不惑,五十而知天命,六十而耳顺,七十而从心所欲,不逾矩。"……子曰："吾与回言终日，不违，如愚。退而省其私，亦足以发，回也不愚。"

（《论语·为政》）

两段都是记言，前一段，即使不全是商初的言，也总是周早期的言；后一段，即使不全是春秋末的言，也总是战国初的言。看语气，又都是描摹说话，不是作文章。这样，我们就有理由推断，这和当时的口语，即使未必合一，也总是很接近。如果我们以"脱离当时口语"为文言的定义，显然，我们只好说这两例的文字是白话。但这就必须放弃我们千百年来死抱住不放的旧看法——说这是文言。任何人都知道，这是做不到的。其结果就是，我们不能不承认，有的文言并不脱离当时的口语。有人也许会说，这样定义即使有少量例外，但大体上是对的。情况也确是这样，因为在我们的文献库存里，中古以前，不脱离当时口语的实在是凤毛麟角。不过我们这里是说定义，定义的内容要无往而不适用，只是"大体上"，容许例外，那就不成其为定义。其二，假定我们为了维护定义的完美性，连千百年来死抱住不放的旧看法（即说《尚书》《论语》之类是文言）也放弃，那就还有个困难，也不容易克服，就是，给古白话和文言在时间上划个界限。例如说《论语》不是文言，也是记言体的《孟子》呢？这里最麻烦的是，我们只知道，书面上的文字，从商周下传，同口语的距离逐渐由近而远，而不能确切知道，某一时期（如写《左传》的时候）远到什么程度,以及远到什么程度才可以算作文白分家。不能确知,这个脱离当时口语的定义就苦于是尺而有时(如战国时期)量不准。

2.2.2 以不同于现代语为标准有例外

近年来,我们常常把文言和现代语看作对立的两种语言;有时用带点学术味道的名称,现代汉语—古代汉语,那对立性就更为明显。这样对立并举,意思大概是,现代汉语是现代人用的,古代汉语是古人用的,两者迥然不同。"不同"有程度深浅的分别:深可以深到全不通,如汉语和外语;浅的只是不全通。显然,文言和现代汉语的差别只是不全通。如果是这样,我们就不能不想到一些文献材料,如:

(1)正见慈母独坐空堂,不知儿来,遂叹言曰:"秋胡汝当游学,元期三周,何为去今九载?为当命化零落?为当身化黄泉,命从风化?为当逐乐不归?"语未到头,遂见其子,身着紫袍,在娘前立。恐娘不识,走入堂中,跪拜阿娘:"识儿以不?儿是秋胡。今得事达,报娘乳哺之恩。"其母闻儿此语,唤言秋胡:"我念子不以为言,言作隔生,何其面叙。娘乐子黄金缯彩,不是恋汝官荣,愧汝新妇,九年孤眠独宿。汝今得贵,不是汝学问勤劳,是我孝顺新妇功课。"使人往诣桑林中,唤其新妇。未及行至路傍,正见采桑而回,村人报曰:"夫婿见至,奉婆处分,令遣唤来。"含笑即归，向家与夫相见。

（王重民等编《敦煌变文集·秋胡变文》）

（2）莫道今日谩诸人好扼理，不得已向诸人道，遮里作一场狼藉。忽遇明眼人见，谓之一场笑具，如今亦不能避得也。且问你诸人，从上来有什么事，欠少什么，向你道无事，亦是谩你也。须到遮田地始得。亦莫趁口头，问自己心里，黑漫漫地，明朝后日大有事在。你若是根性迟回，且向古人建化门庭，东觑西觑，看是个什么道理。汝欲得会么，都缘是汝自家无量劫来，妄想浓厚，一期间人说着，便生疑心。问佛问祖，向上向下，求觅解会，转没交涉。拟心即差，况复有言？莫是不拟心么，更有什么事？珍重。

（道原《景德传灯录》卷十九，云门山文偃禅师语录）

一般通文的人如果不研究中古语，念念，一定会感到生疏，有些地方不能确知是什么意思，也就是不全通。可是我们都承认这是白话，不是文言。可见给文言下定义，光是以不同于现代语为标准也不行。

2.2.3 以口语为标准随机应变不妥

但是，脱离口语偏偏是文言的最重要的性质，正如吕叔湘先生所说："白话是现代人可以用听觉去了解的……文言是现代人必需用视觉去了解的。"(《文言和白话》)重要，难于割舍，似乎就不如设法调停，用个就事论事的办法，说文言是脱离口语的书面语言，所谓脱离，或者是脱离当时的口语（也就必致脱离现代的口语），如《史记》《汉书》之类；或者是脱离现代的口语，如《尚书》《论语》之类。这办法近于对症下药，由功效方面看相当好，它使我们能够断定，《史记》《汉书》之类是文言，《尚书》《论语》之类也是文言。不过这样东食西宿，理论上有问题。其一，我们怎么知道，对付《史记》《汉书》之类可以用"当时的口语"，对付《尚书》《论语》之类不能用"当时的口语"？很明显，那是因为先确诊了"症"，所以知道应该用什么药，就是说，因为早已认定《尚书》《论语》之类是文言，《史记》《汉书》之类也是文言，所以其后才决定用"现代的口语"对付前一个（不这样，《尚书》《论语》就可能成为白话），用"当时的口语"对付后一个。这是因果倒置，或先斩后奏。其二，作为定义，提出的本质属性不能适用于同类事物的全部，这在逻辑上是说不通的。

2.2.4　从时间方面分辨不明确

"五四"时期文学革命，主张改用白话写，说文言是古人用的死语言，白话才是现代人用的活语言。这是从时间方面说明文言和白话的分别，错不能算错，可是意思不够周密，也没有触及要点。因为，一，古人写的不尽是文言；章太炎、王国维等不能算古人，可是写的仍旧是文言。二，死语言，就算早已死了，如果把它看作研讨的对象，总该说明它究竟是具有什么性质的语言，才能使人有个明确的认识，只是从时间方面说它已成过去是不够的。

2.3.1 要依常识先认定文言

从与口语的关系方面下手，有困难；从时间的早晚方面下手，也有困难。剩下的唯一的路是商店印广告的办法，大道理不讲，只说铺面里卖的是什么货。这像是也有点因果倒置，因为就文言说，这是暂不管它是怎么回事，而先辨认哪些文献是文言写的。这自然是不得已——其实也是理所当然。因为我们不能不接受常识，根据常识，我们的文献库存，哪些是文言，哪些不是，绝大部分是清清楚楚的。还可以加深一步说，这方面的常识有坚实的客观基础（大量的文献资料），有植根于基础上的相当一致的认识（即使没有表现为明确的定义），我们是可以甚至应该看作不误的。因此，我们想知道文言是什么，最好是，也只能是把这些资料集在一起，看看都有哪些共同的性质；这些共同的性质不是非文言的作品所具有，所以就成为文言的本质属性，或说可以用这些组成定义。

2.3.2 战国两汉作品可以充当标本

有些小的困难是，文言，就时间说，大同之中有小异（如《尚书》与《史记》）；就一部书或一篇文章说，性质有时不很纯（如《世说新语》和公安派的小品文）。所以聚集资料，用作标本，还要取重舍轻，或取一般而舍特殊。重要的是时间方面的，由甲骨文、金文到章太炎、王国维，我们要取哪一段为标本？幸而有唐宋以来的古文家已经为我们选定了，是"文必秦汉"。我们还可以说得明确一些，是战国到两汉这一段，不只可以当作标本，而且是过去都承认是标本。以前，如金文、《尚书》、《诗经》，当然没有人敢说不足为训，可是下笔写，就不用那些为猫，照样画虎。还不只如此，如袁宗道在《论文上》中所指出，《史记》引用《尚书》，曾改"畴"为"谁"，"俾"为"使"，"格"为"至"，"厥"为"其"。这是因为，在司马迁眼里，《尚书》的有些词语已经同他的笔下有距离。时间方面标本有定，后一种小的困难就可以迎刃而解，因为有了标本，用文言表意，不管一个人的笔下怎么不纯，我们总可以分辨哪部分是文言，哪部分忽然跑了野马，成为白话。（如郑燮《范县署中寄舍弟墨第四书》是用文言写的，末尾说："他自做他家事，我自做我家事。世道盛则一德遵王，风俗偷则不同为恶，亦板桥之家法也。哥哥字。""他自做他家事，我自做我家事"和"哥哥"是跑了野马，成为白话。）

2.3.3 文言有相当严格的词汇句法系统

战国到两汉这一段，流传到现在的文献不算少，时间有先后，地域有南北，内容包括各方面，作者的学派、性格、造诣等更是千差万别，因而笔下不可能如出一辙。于是，概括其性质，我们就不能不取其大同。幸而事实上是有大同。这大同表现在词汇和句法方面。词汇方面，数量太大，我们难于具体说。只举一点点例，如名词，既可以说"犬"，又可以说"狗"，可是只能说"豕"，不能说"猪"；动词，"走"的所指是跑，表示现在的"走"，要说"行"；形容词，没钱不能说"穷"，要说"贫"。语气词分别更显著，"的""了""吗""啦"等都不能用，要用"之""乎""也""矣"等。句法方面，分别虽然不像词汇那样明显，却是有些决不许逾越的鸿沟，如只能说"唯余马首是瞻"，不能说"唯瞻余马首"；只能说"未之有也"，不能说"未有之也"。总而言之，是表示某种意思，都要用那一套里的某种选词造句的习惯，念出来要是那个旧调调。旧习惯，旧调调，有约束力。魏晋以后，直到清末，有些人明白标榜学秦汉，更多的人学而不标榜。自然，由于时代变了，笔下难免因不得不新而出现一些小的违离（如"是"由指代词而渐渐兼系词），但就系统说，不管怎样变，它只能在系统之内变，不能闯到系统之外，所以仍然是以秦汉为标本的文言。

2.3.4 求美的子孙仍是文言

文言以秦汉作品为标本，可是汉以后还产生一些非亦步亦趋的新形式。其中最显赫的是骈文、格律诗和词（曲是白话掺杂文言成分的作品）。详细情况留待第七章介绍，这里只提一下，这些爱美的子孙主要是在声音方面精雕细琢，说到词汇和句法，那仍是旧系统之内的，所以同样是文言。

2.4.1 文言与古汉语有别

古汉语，如果求名实相副，所指应该是"古代汉民族的语言"。这几个字牵扯的问题很多，因为"古代"的下限难定（上限只能远到有文献可考），"汉民族"的内容太杂（尤其商周时期）。只有"语言"的问题像是比较简单，照理应该指口语，可是我们所能抓到的只是文字。意义不定，难确指，我们无妨来个差不多，给古汉语的外延拟个举要的名单，说早到汤武誓师，中到唐明皇和杨贵妃密语，晚到顾炎武坚拒征召，以及其间的数不清的情意交流，"说"的都是古汉语。这是就不同的时间说，古汉语作为类名，包容的个体非常多，而且，只要两者的距离不很近，一定各有各的特色。就不同的地域说，情况就更加复杂。《孟子·滕文公下》说："有楚大夫于此，欲其子之齐语也，则使齐人傅诸？使楚人傅诸？"可见楚语和齐语很不同，可是我们找不出理由，说其中之一不是古汉语。古汉语这样千差万别，而文言却是个相当统一的系统，则两者的关系只有两种可能：一是各种古汉语都不同于文言，二是只有一种古汉语同于或近于文言。不管是哪一种可能，我们都可以论断，文言并不等于古汉语。

2.4.2 文言一名可用

自然，我们也要承认，近来称文言为古汉语，是与"现代汉语"对比叫出来的。这所谓现代汉语，应该指书面的（口说的差别很大），也就是现代人所写。现代人所写是现代汉语，古代人所写当然是古代汉语了。命名，用定义形式规定它指什么，当然没有什么不可以。不过，名者，实之宾也，因而名实不副就会引来麻烦。其一，说是古代人所写，可是古代人也间或用白话写，怎么处理？算古汉语，就不能不放弃"文言"，不算，就不能不放弃"古代人所写"，两全之道是没有的。不得已，或者不得不给古汉语的所指加点限制，说是指脱离口语的。可是这样一来，真的古汉语（口说的）就全部被开除，道理上当然说不过去。其二，还会有个连带的麻烦，是真的古汉语不能不有个名称，叫什么呢？由此可见，与其绕个弯子，用古汉语代替文言，不如省点事，就称为文言。称为文言，意思是只见于文只用于文的语言，名实相副，是适当的。

第三章 文言如何形成

3.1 文言形成的条件

文言,像其他事物一样,长成或制成以后要具备某些条件,不这样就是没有定形。文言长成,定形,主要靠三个条件:一是有相当严格的统一的词汇句法系统,二是这系统基本上不随时间的移动而变化,三是这系统基本上不随地域的不同而变化。

3.1.1 重要条件是词汇句法系统

关于词汇句法系统,前面2.3.3节已经概括说过,这是一套几乎可以说是根深蒂固的表达习惯。表示某种意思,用什么词,组成什么样的句式,虽然容许一定程度的灵活性,但这有如京剧旦角的服装,可以穿青衣,也可以穿红挂绿,却绝不许穿生角、净角的长袍。灵活性只能是系统之内的灵活性,或说是旧有的几种表达习惯之中选择一种表达习惯的灵活性。这系统或习惯,即使从形式和要点方面介绍个梗概,也非专书不可,这里从略。

3.1.2　系统不随时间变

定形，我们可以比喻为固体；不定形，我们可以比喻为液体。液体，注入方器成方形，注入圆器成圆形；固体就不然，换个地方还是那样。前面2.3.2节，我们曾说《史记》引《尚书》改字的情况，这是随时间移动而变，也就是表示在《尚书》时期，文言还没有定形。到春秋战国之际就不然，《史记》引《论语》几乎都是照抄。这大量地见于《孔子世家》和《仲尼弟子列传》。如见于《孔子世家》的：

（1）景公问政孔子，孔子曰："君君，臣臣，父父，子子。"景公曰："善哉！信如君不君，臣不臣，父不父，子不子，虽有粟，吾岂得而食诸。"

（2）孔子曰："文王既没，文不在兹乎？天之将丧斯文也，后死者不得与于斯文也。天之未丧斯文也，匡人其如予何！"

见于《仲尼弟子列传》的：

（3）德行：颜渊、闵子骞、冉伯牛、仲弓。言语：宰我、子贡。政事：冉有、季路。文学：子游、子夏。师也辟，参也鲁，柴也愚，由也喭，回也屡空。赐不受命而货殖焉，亿则屡中。

（4）孔子曰："贤哉回也。一箪食，一瓢饮，在陋巷，人不堪其忧，回也不改其乐。""回也如愚。退而省其私，亦足以发，回也不愚。""用之则行，舍之则藏，唯我与尔有是夫！"

熟悉"四书"的人一见就会觉得面熟，这是因为在两个时代穿的是同一套服装。《论语》之外，《史记》照抄《左传》《战国策》等的地方更多，理由一样，是时代变了而那一套词汇句法系统没有变。汉以后，情况仍是这样，如大家都熟悉的范仲淹《岳阳楼记》，末尾说"微斯人，吾谁与归"，显然同《论语·宪问》的"微管仲，吾其被发左衽矣"用的是相似的模式。晚到清朝还是这样，郑板桥写家书，想到书生有了田，大为感奋，说"吾其长为农夫以没世乎"，这同杨恽《报孙会宗书》的"长为农夫以没世矣"用的是相同的模式。这种种情况都可以证明，文言定形，成为系统，它就可以不随时间的变化而变化。

3.1.3 系统不随地域变

地域的情况比较复杂，我们可以着重说战国两汉这一段。那时期说"中国"，等于后来说中原一带，是汉民族活动的地区。汉民族自然是用汉语；其外是四夷如犬戎、匈奴等，自然要用各自的语言。专就汉语说，不同的地区，以今度古，一定有或大或小的差别。不管差别大小,如果其中一个,因为有地广、人多、政治强、经济富、文化高等优越性,就会产生通用语(古人称为"常语"、"通语"或"凡语")和方言的差别。这种差别,古文献中有明显的反映。举一点点例。《论语·述而》:"子所雅言,《诗》、《书》、执礼,皆雅言也。"孔注,雅言是"正言";郑注说得具体些,是"正言其音"。我们可以推断,所谓雅言是用通用的语音读,不用曲阜的家乡话读,等于现在苏州人之用普通话教语文。《孟子》说楚大夫之子想学齐语,前面2.4.1节已经提到,我们也可以据此推断,这是因为齐国属于"中国",楚国是"南蛮鴃舌之人"(《孟子·滕文公上》),发音不雅正,所以要"弃其学而学焉"。楚国远在"中国"之南,说话用楚方言,《楚辞》(难免经过通用语修润)中还留有不少痕迹(可参看王泗原《离骚语文疏解》)。此外,这种语言差异的情况还大量地保留在字书里。如《尔雅》开头,《释诂》说:"初、哉、首、基、肇、祖、元、胎、俶、落、权舆,始也。"郭璞注:"……此所以释古今之异言,通方俗之殊语。"又:"迄、臻、极、到、赴、来、吊、艐、格、戾、怀、摧、詹,至也。"郭璞注:"……詹、摧皆楚语方言云。"传说扬雄也重视这种情况,著《方言》,记录各地语言的差异,如开头两条说:"党、晓、哲,知也。楚谓之党,或曰晓,齐宋之间谓之哲。""虔、儇,慧也。秦谓之谩,晋谓之悬,宋楚之间谓之倢,楚或谓之谪,自关而东赵魏之间谓之黠,或谓之鬼。"这些文献资料都表明,古代的口语是"多"。可是文言的系统是"一",至少是大同小异的"一"。这"一"的所以能够取得,是由于以通用语为主体，吸收一部分方言，放弃一部分方言，以筑成书面语言的城池，就是现在所谓"文言"。这文言，骨子里不免是四世同堂，不免是五方杂处，可是既然成为一体，我们就不大能看出它有什么不调和、不稳定之处。事实也正是这样。比如《诗经》的《风》是按地域分类的，齐处东偏，秦处西偏，而表现在文字上却像是出自一家。其后，汉朝也是这样，司马相如是四川人，班固是陕西人，写起赋来，用的是一个调调。再往后说，王士禛是山东人，朱彝尊是浙江人，口语一定相差很多，可是写文章，作诗词，用的也是一个调调。文言这个系统就是这样，它定了形，就可以不随地域的不同而变化。

3.2 文言形成的因素

文言由不定形而趋向定形是个历程，这历程是书面语逐渐离开口语的历程。顺着历程前行要有推动力，我们可以称之为"因素"。

3.2.1 汉字不随口语变

最根本或最强有力的因素是"汉字"。前面1.2.2节说过，文字是用形状表示声音，语言是用声音表示意义。以现代汉语为例，"再见"两个字是直接表示声音zài jiàn，间接表示向人告别的意义。不过文字和声音的关系，各种文字不尽一样。例如英语是拼音的，文字和声音的关系是一心一意，或说某形状表示某声音是必然的，因而见其字可以知其音（假定熟悉拼写规律）；或者从另一方面说，文字要照语音拼写。汉字不是拼音的，文字和声音的关系是三心二意，或说某形状表示某声音是或然的。这种特点表现在不同的方面。最突出的是见其字不能知其音（形声字也是这样，如"仪"不念"义"，"江"不念"工"）。其次，使用汉字，常常可以跳过声音或至少是不怎么理会声音而直接触及意义。例如看见字，尤其是数目多的同音字（有的多到上百），我们通常是因其形而辨其义。其三，还有更极端的情况。一种是误读其音，如把"对称chèn"读成"对chēng"，把"龌wò龊chuò"读成"wū cù"，可是理解得并不错。另一种是不知其音，如人人都有这样的经验，对于某些字，就是记不准念什么，可是意义却清清楚楚。其四，也就因为形状和声音联系不紧，所以对于同一个字，异时异地可以用不同的音念它而不影响表意。如"一""七"在中古是入声字，我们现在念成阴平了；"滑稽"，旧注都说"滑"的音是gǔ，可是现在几乎都念成huá稽了。不同的地域也是这样。《颜氏家训·音辞》篇说："其谬失轻微者，则南人以钱为涎，以石为射，以贱为羡，以是为舐；北人以庶为戍，以如为儒，以紫为姊，以洽为狎。"这是说，在六朝晚年，同一个字，南北的读音可以不同。现在的情况是我们亲见的，比如请一位福建人和一位山西人都读杜甫《秋兴八首》，说普通话的北京人听了，会觉得两个人的读音差别很大，可是都不合规定。以上种种情况都表示，汉字与声音的关系很松散，因而它有多靠形状表示意义的能力，也因而就可以不随着口语移动，稳坐在原地，建立自己的独立王国：文言。

3.2.2 文趋精简

文脱离口语，还不只是时间变动的结果，就是在同一个时期，写到书面上的文也总是比口语精简，纵使在早期，还不能说是分道扬镳。这有很多原因。其一，口语是人人用的，这人人中有很多不通文墨的，他们说话经常不检点，信口开河，因而专就表达方面说，就容易出现重复、拖沓甚至颠三倒四的情况。文是通文墨的人所写，不容易出现重复、拖沓等毛病，所以即使照他的口语写，也不会同于一般的口语，或说是总会成为比较干净的口语。其二，文，尤其比较典重的文，大多是经过斟酌甚至修润的。如《论语·宪问》说："为命，裨谌草创之，世叔讨论之，行人子羽修饰之，东里子产润色之。"这结果，一些见于口语而可不用的声音当然就削除了。其三，纯粹记言的文字也总是化繁为简。举《史记》为例，周昌坚决反对汉高祖换太子，说："臣口不能言，然臣期期知其不可。陛下虽欲废太子，臣期期不奉诏。"(《张丞相列传》) 这"期期"是描画口吃，本来可以不用；但这里司马迁是想绘影绘声一下，所以保留了。不过终归是偶一为之，如樊哙是个老粗，记他的话反而文绉绉了，"臣死且不避，卮酒安足辞！夫秦王有虎狼之心，杀人如不能举，刑人如恐不胜，天下皆叛之……"(《项羽本纪》)。时代再靠前，如《论语》，化简的痕迹就更为明显，前面3.1.2节提到的答景公问政，孔子说："君君，臣臣，父父，子子。"又："哀公问于有若曰：'年饥，用不足，如之何？'有若对曰：'盍彻乎？'"（皆见《颜渊》篇）这都是对君主谈话，理应谦和委婉，推想不会这样干巴巴，而是到笔下才写成干巴巴的。其四，还有个原因是受物质条件的限制，不能不简。在有纸以前，记言，文字要写在竹木上，编成册或编，传抄也是这样。这很费事，不得不用化简的办法来调节，如现存早期的文献，《易经》的卦辞、爻辞，《尚书》《春秋》，甚至《左传》等都是这样。但就是这样言简意赅，写成书也会笨重得不得了，官府的储存不用说，就是私学，也是"惠施多方，其书五车"（《庄子·天下》）。这费工笨重的程度，随着纸和印刷术的发明、改进而逐渐减轻，但就是到今天，写和夸夸其谈究竟不一样，为了经济些，书面的还是不得不求简。一繁一简，其间自然就形成距离。其五，文求精简。精简有优点，因而渐渐地这优点就会被人视为一种高的风格，不少文人就会用力求笔下实现这种风格。古典作品里这类例证很多，最突出的如史书的论赞，晋人的杂帖，唐宋以来的随笔、诗话等，都是轻轻点染，意在言外。总之，文偏于简是不得不然。这必然性也是文脱离口语的一种推动力，纵使单单靠它，文言还不能建成自足的词汇句法系统。

3.2.3 文的惰性

语言有惰性，也应该有惰性。因为它是交流情意的工具，交流，至少要两个人，所用的符号，什么符号表示什么意义，不能不照"约定俗成"的办，否则甲任意变，等于不守约，乙就难于理解。但是在惰性的统辖之下又不能不变。变的原因很复杂。客观的比较容易说，是时代变了，出现了新事物，就不能不增加新的词语甚至句式来表现它。这新事物还包括外来语及其译文，新的句式大多是从这条渠道来的。主观的原因就难说了。可以推想到的有两种情况，一种是无意地乱来，一种是有意地求新奇，两者都是用原来不见甚至不容许的说法以表意。这类说法的大多数会自生自灭；但总有一些会生存下来，发荣滋长，为大家所接受。就是这样，语言在不断地变化。但这种变化，表现在口语的和表现在书面的大不一样：表现在口语的快而多，表现在书面的慢而少。常常是，有些说法，口语中通行了，可是根据不成文法，还不能用于书面，如现在形容好上加好是"没治啦"，好像写文章的人还没有人肯用。也会有些，终于没有人用，那它的活动区域就只限于口语，不见于书面了。这都可证，语言的惰性总是更多地更明显地表现在书面上。这自然是有原因的。一是在没有录音设备的长远时期，口语是旋生旋灭，文字写在书面上，它就必致长久不变。二是不变，后来的人就会甚至就愿意照老路子写。三是这老路子，由于种种原因，会被很多人视为雅驯，因而就更进一步，不容许变。这样，口语和书面语的发展变化的路程就有如故事里讲的龟兔竞走的前段，口语像兔，跳跃着向前跑了，龟却在后面慢慢爬。其结果当然是距离渐渐加大，就文言说，是成形以后，在原地踏步不进，以至于成为完全不像口语的另一套语言。

3.2.4 文人笔下学书面语

语言是亦步亦趋地学会的，口语是这样，书面语也是这样。理论上，口语可以以书面语为师，书面语可以以口语为师，可是事实上，口语总是基本上以口语为师，书面语总是基本上以书面语为师。说"基本上"，因为其中的情况颇为复杂。其一，要看学的人会写不会写。不会写的，自然只能以口语为师。其二，至于会写的，那就不一定，怎样学，还要看他怎样看待口语和书面语；学得怎样就更难预测，因为要由身内身外的许多条件来决定。以近年的情况为例，"五四"时期提倡用白话写，有不少人努力在笔下学口语，可是写到30年代，文学革命有了成果，这成绩见于书面，量不小，质相当高，但我们可以看一看，那是纯粹的白话吗？这只要念念鲁迅的作品就可以知道，那是与口语有距离的"白话文"。再以后，主要是50年代，曾经有人大声疾呼地提倡"写话"，原因当然是大量的书面语写得不像"话"。这里我们且放过是非，专谈事实，那是：绝大多数人学写，是以书面语为师，而书面语又绝大多数不像"话"。可见学写，以口语为师不是容易，而是很难的。这困难，在古代，文言正在成长的时期，尤其形成之后，当然会更大，更明显。我们可以想一想，班固写《汉书》，如果限定他只许用东汉的口语写，而不许学《史记》，那困难会是如何大。这困难还必致随着时代的变动而增长，比如司马光等写《资治通鉴》，也限定只能用《京本通俗小说》那样的白话，而不许学《史记》《汉书》等，那恐怕连成书的希望也没有了。再从正面说，旧时代两千年来的文人，写的本领都是由书面上照猫画虎学来的，写文要熟读经史，写诗要熟读李杜。绝大多数人还要有所专，如苏轼是《庄子》，归有光是《史记》，黄庭坚是杜甫，等等。这照猫画虎的学甚至成为流派，最突出的如西昆体的学李商隐，明朝前后七子的"文必秦汉，诗必盛唐"。这样学的结果是，在书面上，后代与前代无异或基本上相同，而口语独自向前走了，于是两者的距离越来越远。就书面语说，它有了自己的一套，这一套因一学再学而势力越来越雄厚，阵地越来越稳固，这就是现在说的"文言"。

3.2.5　文人为文求典雅

旧时代，尤其是古代，文化不普及，通文墨的只是少数上层人。上层人少劳多得，权多利大，有实惠。实惠同时是荣誉。人总是喜欢荣誉的。荣誉必须表现为己身之外的人（越多越好）对己身的羡慕和尊敬。因为这要由外来，所以"深藏若虚"的办法行不通，一定要想尽办法表露，求为人知。表露的方式，文人比不通文墨的人多"文"这一种。能文是一种荣誉，文而能典雅是更上一层的荣誉。典雅当然与内容有密切关系，如在古人的眼里，《诗》《书》之类是最典雅的。小说就不成，《汉书·艺文志》说："小说家者流，盖出于稗官。街谈巷语，道听涂（途）说者之所造也。孔子曰：'虽小道，必有可观者焉，致远恐泥，是以君子弗为也。'然亦弗灭也。闾里小知者之所及，亦使缀而不忘。如或一言可采，此亦刍荛狂夫之议也。"虽然不无可观，可是君子不干，因为是"街谈巷语"，不典雅。典雅与否还同表达有密切关系，就是说，还要看用的是什么语言。街谈巷语的对面是保存在书面上的古典，用这上面的语言，既可以表示自己有教养（熟悉古典，这是很高的荣誉），又可以表示自己脱俗（能够出口成章）。这方面的荣誉感使文人为文尽全力求语言典雅。办法很简单，是趋旧避新，就实况说，是在文言的系统里打转转，为文言的壁垒添砖添瓦。这风气大概很早就露了苗头，如《论语·季氏》说："不学《诗》，无以言。"情况也确是如此，我们看《左传》《国语》等古代典籍，用"诗云"引诗以壮声色的几乎触目皆是。后来又加上"子曰"。总之，都是义求古，言也求古。为交流情意着想，此风本来不可长，可是偏偏越来越厉害，笔下趋旧避新，几乎无孔不入。比如称丈夫的父母为"公婆"，意义明白，很好，却为求典雅，偏偏改为"舅姑"，反而把一般人闹胡涂了。同类的费力不讨好多到无限，如"南京"的称呼不古，要改称"金陵"；"刑部尚书"的称呼不古，要改称"大司寇"；甚至做了小官，要写"释褐"；死了妻子，要写"鼓盆"。你不这样，人家会说你教养不够，出言不典雅。这种风气给后代文章的影响很大，值得注意的有两种。一是大量用典，尤其在骈体中，如大家熟知的王勃《滕王阁序》就是这样："他日趋庭，叨陪鲤对；今兹捧袂，喜托龙门。"这从一个角度看是"表意"，从另一个角度看是"表露"。表露什么？不过是能用古，典雅。另一种是大力求古奥，就是多用古字，古词语，句式避常而用变。有意甚至挖空心思这样做，并成为流派，大概从唐朝古文运动开始。自然，人也不能尽同，如果可以把这看作一种病，我觉得，韩愈比柳宗元似乎还轻一些。发展到明朝，前后七子就更加严重，简直可以说是病入膏肓了。其实，就是不大喊"文必秦汉"的，如宋濂、刘基等，笔下也古奥得很，远不如读战国的《孟子》《韩非子》，反而显得浅易流畅。这种求古奥的风气一直阴魂不散，到章太炎身上还表现得相当厉害，是为文多用古字，你想读，就必须多翻《康熙字典》。这里还是撇开是非，只论事实，这情况就是，文人笔下总是古，古，古，就使文言不只站稳了脚跟，而且势力越来越大，直到在有些人（如林琴南）的眼里，不这样写就不成其为"文"。

3.2.6 文言有不受时空限制的优越性

以上3.2.4和3.2.5两节说文言形成的因素，有一部分是文人随波逐流。随波逐流是多余，就是说，文言形成之后，动笔表意，也可以不学文言，不求典雅。专从这个角度说，我们没有触及文言的积极价值。平心静气，过不掩功，我们应该承认，文言所以能够成长并经久不衰，是因为它还有积极价值。积极价值是什么？《左传》襄公二十五年引孔子的话说："言之无文，行而不远。"文言是有文，所以能够行远。这

"远",当时大概是指空间,我们现在还要给它加上一项内容,时间。

先说空间。前面3.1.3节已经谈过,在同一个时期,各地的语言有差别,其中势力大的成为通用语,势力小的成为方言;书面语(已形成文言或趋于形成文言)是以通用语为主体写的。通用有优越性,这优越性必然要强制人不能不用。以春秋、战国时期为例,士的阶层想出头,就不能不到各国去干禄,孔子是这样,孟子也是这样。这两位活动的范围还不够大,我们举一位突出的,那是张仪,他是魏国人,活动不只在东方几国,还到秦楚来回奔走。推想他也不得不写点什么,如果写,那就只能用《战国策》那样的文言,不然,秦王或楚王看不懂,干禄的目的就落了空。韩非是有著作的,本国不重视,传到秦国,得到秦始皇的青睐。秦始皇能够看着不费力,那是因为《孤愤》《五蠹》等篇是用《韩非子》那样的文言写的。这种非用不可的强制性,到后代就更为明显,原因之一是汉语的区域更加扩大,原因之二是文言早已成为老字号。比如中古的王安石是江西人,近代的康有为是广东人,都写万言书,如果限定不许用文言,那就困难很大,因为受空间的限制(方言差别),皇帝看不懂。以上是从人的方面说,不能不用。从文的方面说,优越性就更加明显,是用文言写,通文的人可以皆大欢喜。两千年来,文言典籍十不存一,就是仅有的一点点也足以汗牛充栋,可是,值得惊异的是,不管方言的种类如何多,差别如何大,只要通文,就都可以从中吸取营养。文言的这种打破地域限制的通用,是任何方言都没有的。

再说时间。空间的行而能远，有时可以不很明显，比如中原一带的人就不大能感觉到，因为他们用的就是通用语。时间的行而能远就不同，而是人人能感觉到。在这方面，文言简直像个罕见的怪物，它几乎没有什么变化地活动了三千年上下。记得法国哲学家笛卡儿说过："读好书如同和高尚的古人谈话。"这种享受，用汉语的人显然最容易获得，因为我们有贯通古今的文言。文言的这种优越性，也可以分作两个方面说。一是"读"。比如《诗经》第一篇《关雎》，孔子当然读过。以后，汉朝的经师，宋朝的理学家，清朝的汉学家，以及历代的诗人，冬烘先生和蒙童等，当然都读过。读，理解不会尽同，比如经师可以从中看到"后妃之德"，才子佳人可以从中看到"求之不得"，"辗转反侧"。这里值得注意的不是仁者见仁，智者见智，而是都能不费力而取得理解。《诗经》是这样，其后的大量典籍，编入经、史、子、集的，只要你想读、肯读，就都不难获得理解。总之，是时间方面不会给什么麻烦。读是这样，"写"也是这样，只要用语不越出文言的词汇句法系统，你就不必担心不能传后。正如司马迁《报任安书》中所说："亦欲以究天人之际，通古今之变，成一家之言。……藏之名山，传之其人。""藏之名山"还可以下传，就是因为把精义付托给文言，而文言是有打破时间限制的魔力的。

就是因为文言有打破时空限制的魔力，所以历代大量能文的人愿意用它，不能不用它。这结果在初期，它就容易发荣滋长；形成之后，就势力越来越大，阵地越来越巩固。

3.2.7 文言有使人喜爱的力量

有些事物有用，我们不能不用，却未必乐意用。例如药就是这样，"良药苦口利于病"，虽然有利，却终归是苦的，只好皱着眉头吃。文言不是这样，虽然学会并不很容易，可是学会以后，能够打开典籍的门，里面却尽有可喜的。可喜，难免舍不得，于是就会主动地或至少是不知不觉地为它添油加醋。这也是文言兴而不衰的一个因素，并且是相当重要的因素。文言里面尽有可喜的，这看法先要加点解释。一是说尽有可喜的，不等于说都是可喜的；但要承认，确有不少是可喜的。二是说不少，是因为很多不可喜的，不为人所重，陆续被时间的筛子淘汰了，从而剩下的多半是精华。富有精华，这是文言的另一种积极价值。

一般说，文的可爱应该来自文学作品。"文学"这概念是外来的，到我们的语言里还不能水乳交融。比如到处可见的所谓"古典文学"，察看它的所指，排在前边的却有《左传》和诸子，这在西方人看来就会觉得奇怪。他们所谓文学是指创作的纯粹抒情的那一些，通常分为散文、诗歌、小说、戏剧几类。这里为了也能够说服他们，我们举例以证明可爱，也以这四种为纲。先说"散文"。不少人感觉到：在这方面，中西的传统不一样。我们很少像法国蒙田、英国兰姆那样着重悬空写感触的作品，中国历代文人的习惯是寓情于景，寓感于事。这样写，成就也不小，值得读读的作品很有一些。举比较显著的，如六朝的小赋（也可以说是在散文和诗之间），晋人杂帖和后代的小简，各种名称的随笔如《东坡志林》《山谷题跋》之类，大量的诗话、词话，等等，都是语简意长，有弦外音、味外味，应该说是中土散文的上品。其次是"诗歌"。人人都知道，在这方面，作者之多，产量之富，成就之高，简直难以用语言来表达。居时间首位的当然是《诗经》，三百五篇，《风》的全部，《雅》的大部，都写得感情深而文字美。其后是《楚辞》，如《离骚》《九歌》等，两千年来的文人都曾反复读它，每次读都是一唱三叹。再以后，诗歌的生长越来越茂盛，汉乐府一系统辑为《乐府诗集》，多到一百卷，唐人的诗辑为《全唐诗》，多到九百卷。总集之外的别集更多，不能多举，只说一种，是《陶渊明集》，几乎人人爱不忍释，苏轼甚至照样和一遍。诗体在唐以后还岔出一股，成为词，写诗难于表现的柔婉之情，成就也很了不得，就辑成的书说，旧有《宋六十名家词》，新有《全宋词》。辑为"全"，并不等于截止，如宋元明清人仍旧作诗，清人仍旧喜欢作词，并且都出了不少名家。总之，在诗歌方面，可爱的作品太多了，一直到今天，还是人人不离《唐诗三百首》，稍微前行，就是李杜加陶渊明了。其三是"小说"。小说出于街谈巷语，白话的比较多，成就远非文言的所能比。但文言的也不是没有可看的。古的大部分收在《太平广记》里，因为目的在广收，难免瑕瑜互见。其中精粹的是唐人的传奇，见于鲁迅先生的《唐宋传奇集》，虽然内容大多是才子佳人的离合故事，却写得感情缠绵而文字秾丽。其后的文言小说数量虽不很多，可是成就却不容轻视。值得大书特书的是《聊斋志异》，四百多个短篇，其中绝大部分写得情节新奇而意境优美，与西方短篇名手如莫泊桑、契诃夫相比，恐怕是有过之而无不及。其四是"戏剧"，本土名为"曲"。传世的剧本从元朝开始，内容包括曲词和宾白两部分。作曲家写曲，意在通俗，所以基本上用的是当时的"语"；但他们还想求美，求雅，所以又不能不吸收文言成分，尤其是曲词，读者觉得美，主要是因为它沿用了诗词的绮丽手法。如《西厢记》的"花落水流红，闲愁万种，无语怨东风"，《牡丹亭》的"良辰美景奈何天，赏心乐事谁家院"，以及大段的《桃花扇·余韵》，都是大家熟悉并且很爱读的。

检查我们的文献库藏，以上四类作品之外，人人爱读的还很不少。以早期为例，《孟子》《庄子》是说理的，《左传》《史记》是记事的，不管西方人怎样看，我们总觉得都富于文学意味，念了一遍还想再念。汉魏以后到清末，可以选出并入这一堆的，总不少于千八百种吧？记得一位好读书的朋友曾说，如果他一旦生活条件变好，他想建立一个百读不厌书斋，把他爱读的书都装在里边。主要是文言作品。于是他先考虑书目，考虑来考虑去，书目差不多了，进而考虑书架和房子，结果是一笑，放弃了，因为有不少书是全部可爱，更多的书是部分可爱，舍不得的太多，非力所能及。文言典籍就是这样，诗词歌赋等不用说，就是看题材会推断为枯燥的，如《山海经》《水经注》之类，及至开卷，也会觉得很有意思，愿意看下去。

文言作品的可爱，还来自它有较多的较巧妙的修辞手法。所谓修辞，是使用语言，能够少花钱多办事。少花钱容易说，是语简。多办事不容易说，因为事的内容太复杂，外有物、事、理等，内有情、意、境等，不同的内容有不同的要求和表现法。总地说，是己有所知，有所感，告诉他人，因为能修辞，他人的所得能够同于己甚至更真切。在这方面，文言存有大量的财富，不是少数篇幅所能介绍，如果有兴趣，可以看看郑奠等《古汉语修辞学资料汇编》（偏于讲道理），杨树达《中国修辞学》和陈望道《修辞学发凡》（都偏于举实例）一类书。修辞，也许近于花言巧语，为什么讨人喜爱？是因为一方面，有如看演出，到神乎其技的时候，我们禁不住要拍案叫绝。这也是一种享受，诗话、词话中推举的"春风又'绿'江南岸"，"红杏枝头春意'闹'"等都是此类。另一方面是学以致用，或说记以备用。俗语说，"千古文章一大抄"，后来的妙言妙语大多是由前人的妙言妙语中化出来的。还常常是来自照抄。如措辞委婉，文言有不少招数，这就可以记住，比如碰到接受礼貌的馈赠，要表示不好意思，就可以照抄《左传》，说"敢不拜嘉"（襄公四年），碰到接受重大的任务，要表示不好意思，就可以照抄《论语》，说"非曰能之，愿学焉"（《先进》），这样一来，自己的作为就不像是爱小和自大，而是相当典雅。读，享受，用，有利，其结果当然是爱而好之。

爱好还必然要表现在"写"的方面。喜欢足球会成为球迷，学梅兰芳会成为梅派。爱好文言也是这样,读,觉得好,到自己拿笔,不知不觉地就会用那个调调。从魏晋到"五四"以前,时间将近两千年,舞文弄墨的多到数不清,拿起笔总是之乎者也;就是大力写白话作品的,如曹雪芹,写《葬花词》,写《芙蓉诔》,以及大量的诗,还是用文言。好古的如韩、柳、欧、苏以及桐城、阳湖等,就更不用说了。更值得注意的是"五四"以后,林琴南之流可以不提,就是大声疾呼提倡用白话写的人,因为会文言,有时还不免技痒,与老友往还,书札用文言,以至发表,有时还是来几首律绝。这方面的表现都可以证明,文言形成之后,脱离口语,脱离群众,而且不很容易学会,可是有大量的人就是爱它,并用读和写的方式支持它。

第四章 文言的功过

4.1 文言有功

如上面所说,文言形成以后,成为脱离口语的书面语言。它寿命长,内容多,势力大,是我们一份可观的财富。财富,有用,因而它一定有功。但它脱离群众,总是在上层文人的笔下打转转,又不能无过。功过是价值的评定,难免仁者见仁,智者见智。这里想多从常识着眼,舍小取大,只说说估计可以为多数人接受的。前面多处谈到文言的性质,谈性质会触及优点,优点就是功。这样,谈文言的功,就难免重复已经说过的话。但这里是从另一个角度考察,着重的是怎样评价文言,怎样对待文言,有些意思又不能略而不说。调和的办法是在轻重方面打打算盘,凡是已经说过的就轻轻带过,够上新意的就多说几句。

4.1.1 靠它积累了丰富的文化遗产

这个题目太大,想分割为三段说。先说"文化遗产"。它是人类活动痕迹的总和,现在还可以看到或推想到的。痕迹由无形到有形可以分成若干等级,如道德观念、生活爱好之类是无形的,社会制度、风俗习惯之类是中间的,万里长城、宋版《文选》之类是有形的。照理说,既然是痕迹,就应该不论有形无形,不论时间远近,都算;可是习惯上总是指有形的,时间不很近的,这里从习惯。遗产价值有高低,甚至不该有而有的也有价值,那是历史价值。无数的遗产之中,用处最大因而价值最高的应该说是写在书面上的语言。因为:第一,它用一套符号保存了前人的知识。我们知道,有大量的人类活动是不能流传或没有流传,如孟子的思想和阿房宫的建筑之类,只有靠知识才能够流传的。第二,不管哪种性质的人类活动,只有保存在书面语言里才能够确切细致。这只要翻翻起居注、实录一类书就可以知道。第三,书面语言之外的一切遗迹的情况,常常要借助书面语言才可以了解清楚。举个早期的例,如殷墟甲骨,假使没有书面语言,我们就不能知道那是占卜的工具。因此,我们可以说,在各种类型的文化遗产之中,价值最高的是挂"书面语言"牌号的那一个库藏;而说到书面语言,就汉语说,有文言,有白话,而绝大部分是文言。

再说"积累"。文化是人为了生活的方便和合理而创造的。创造能力主要来自知识,有知识才能够了解并利用旧有的文化,再往前走。这就可以证明,为了人类能够进步,文化的积累是如何重要;而积累文化,主要是通过写成书面语言的方式。例如孟子是孔子死后一百多年生的,传孔门之道,著《孟子》七篇,是靠已经有了书面语言的《论语》。司马迁著《史记》，记春秋战国年间事如数家珍，是因为早已有了书面语言的《左传》《国语》等。还可以举个反面的例，古代有所谓六经，实际是五种，因为《乐经》有目无书，所以后来儒生虽然大讲其"子在齐闻《韶》，三月不知肉味"（《论语·述而》），可是韶乐究竟是怎么回事，却谁也说不清楚。这里所谓积累包括两种情况：一种是创造了就存下来，如《孟子》七篇；另一种是踏着前人的足迹前进，精益求精，如《水经注》的注《水经》。积累的途程之中免不了损失，还常常是大量的损失。如《汉书·艺文志》里著录的书，存到今天的已经是极少数：梁元帝江陵失陷，一次就烧毁图书十四万卷；又，中古以前，著作都是靠抄写流传，作而不抄不传的当然很多，那就是昙花一现，消亡了。我们现在图书馆里的库藏是幸存的一些，是三千年来积累总和的一部分劫余。

但是，就是这一点点幸存的也够得上丰富了。现在说"丰富"。这不容易说得言实相称，因为一方面是量太大，一方面是内容包罗万象。先说量。旧时代最后辑的一部大书是清朝乾隆年间的《四库全书》。辑这部书，另有企图，是消除反清思想；而且戴着有色眼镜，如认为不雅驯的不收；还不能不有遗漏。可是就是这样，见于《四库全书总目提要》的，有3503种，合79330卷，又存目6819种，合94034卷，加起来是10322种，合173364卷。《四库全书》之后，有人编四库未收书目，有人编焚毁书目，大网小网捞，自然还会有不少漏网之鱼。总之，文言典籍的量确是大得可惊。再说内容的包罗万象。这更不容易说，因为太复杂，不是少数文字所能概括；勉强说，总难免挂一漏万，或浅陋而不合实际。这里想从三个方面谈谈，算作举例。一是总览。我国图书编目，隋唐以来都是分为经、史、子、集四部。史、子、集是粗略地按内容的性质分；经不然，是由于出身高贵。这样分，合理也罢，不合理也罢，总之，都不能反映内容的具体性质。典籍是文献，我们利用文献，最渴望知道的是里面都讲些什么。这太复杂了。旧时代有人大力研讨文献，把文献的内容分为若干类，如马端临《文献通考》分为田赋、钱币、户口、职役、征榷、市籴、土贡、国用、选举、学校、职官、郊社、宗庙、王礼、乐、兵、刑、经籍、帝系、封建、象纬、物异、舆地、四裔，共二十四类。这像是很全面，其实不然，因为他注意的只是帝王将相关心的"典章制度"。至于与一般人民关系更密切的穿衣吃饭、生死嫁娶等事物，就都略去了；而这些，书面语言中记得并不少。这样看，我们无妨夸张一点说，在我们的典籍库藏里，不管你想从中找什么材料，它总不会使你失望。二是看一部分。很多人都会感兴趣的是前人活动的情况，这就可以翻看四部中的史部。其中最显赫的当然是从《史记》到《清史稿》的二十几部正史。其次是史部的其他小类（编年、纪事本末、别史、杂史等）的书。此外，史部以外的许多书中也会有有用的材料，因为书面语言是人写的，其中总会提到人的活动。总之，就部分说，也是取之不尽，用之不竭。三是看有些人认为稀少的。这是指科学知识。有人说，我们东方的典籍讲修身、齐家、治国、平天下的多，科学方面的材料很贫乏。这显然也不对，例如许多彗星（包括最著名的哈雷彗星）的运行情况，是参考中国的大量记录才弄清楚的。天文以外，现代科学的各个部门，都可以在我们的典籍里找到丰富的资料（详见科学出版社出版的英国李约瑟著《中国科学技术史》）。以上三个方面的情况可以证明，我们说丰富是实事求是，而这功绩的大部分是同文言分不开的。

这丰富的文化遗产所以有大价值，是因为有大用。大用主要表现在三个方面。其一是鉴往知来，就是参考前人的经验，走对路，不走错路。其二是以前人的收获为资本，向前走得更远，爬得更高。其三是欣赏，取得艺术享受。自然，文化遗产中难免有糟粕，囫囵吞枣地都接受不合适。这我们当然都知道，是应该批判地接受。

4.1.2 汉语文化的威力同文言有密切关系

上一节谈文化遗产，遗产指存到今天的那一些；至于文化，那就比遗产不知要丰富多少倍，因为还包括没有存到今天的。这丰富的文化，或从习惯，说灿烂的文化，我们可以称为汉语的文化。称为汉民族的文化像是也可以，但不确切，因为一个民族常常是许多不同民族混合的产物，汉民族尤其是这样。民族混合，历程不是聚物成堆，而是以其一为中心融合为一体。为中心，要靠具有优越条件。这包括很多方面，人、地、财富、兵力等都是，可以总称为或撮要称为"文化"。在一种文化系统之内，语言可以不只一种，但最好是一种，因为这有利于调和和坚韧。三千年来，我们用的语言是一种——汉语，文化是内部调和、结构坚韧的，这文化就是我们这里说的汉语的文化。本节题目说到"威力"，汉语的文化确是有威力，表现在多次有失败危险而一直没有失败。远古的时期文献不足，可以不提。《论语·宪问》孔子说："微管仲，吾其被发左衽矣。"可见春秋时期，中原一带还不是十分巩固。可是这危险度过了，而取得的是秦的统一。汉魏以后，大危险不只一次，元、清两朝是土地全部丧失，南北朝和辽、金两朝是土地部分丧失，可是这危险也一次一次地度过了，而取得的仍然是统治地位的恢复和汉语文化的继续繁荣。经过多次危险而能够不失败，原因自然不只一种，但我们总可以想到，其中最有力的是汉语文化占上风。例证可以找到很多，只举一些突出的。一个是北魏孝文帝，羡慕中原文化，以至于迁都洛阳，用政令改国姓（改拓跋氏为元氏），强制臣民变胡为汉。一个是金章宗，所爱的不只汉语文化的诗书礼乐，还大玩其书画等文物。一个是纳兰成德，阔公子，在康熙朝任侍卫，当然通满语，擅长武功，可是他偏偏爱"杨柳岸晓风残月"一类的靡靡之音，写小词的成就，许多人推为清代第一。这汉语文化，就零零散散地说当然任何事物都在内，大至铜雀台、华清宫，小至东坡肉、绣花针，只要此高于彼，彼就愿意甚至不能不舍彼而取此。但是在各种事物之中，更确切地说是各种事物都不能离开的是书面语言及其内容，因为正如前面所说，没有书面语言就不能有如此灿烂的文化。这书面语言的绝大部分是文言。我们随便回顾一下历史，就可以发现，在这方面，文言的势力是如何大。如洛阳龙门造像都是北魏贵族搞的，可是作记，他们不用鲜卑语而用汉语文言。又如清朝早期的皇帝当然都熟悉满语，可是康熙、雍正的上谕多用汉语写；乾隆就汉化得更厉害，而是到处用汉语文言题律诗、绝句了。这种种情况都说明，在漫长的历史中，我们的祖先是借了灿烂文化的光才平安地生存下来，而这灿烂文化的形成，文言是有汗马功劳的。

4.1.3 文言是好的交流工具和团结纽带

秦统一以后，我国的疆域扩大很多，其结果是人多了，方言的差异加大了。不同地区的人不能不交往，交往不能没有共同的语言。这共同的语言，口头上的，我们知道得不多；我们所能见到的是书面上的，推想通行无阻的正是书面上的，就是所谓文言。文言作为交流情意的工具，能够不受地域和时间的限制，前面第三章已经谈到，不重复。这里想说说它的另一项作用，是联系不同地域和不同时间的人，使他们感到同属一家，因而有助于国家和民族的团结。这方面的例证也是随处可见。总地说，两三千年来，以中原一带为中心，我们的无数前人经历了不同的朝代和各种生活环境，他们地位不同，苦乐不同，思想不同，可是都觉得自己是华夏的一员，愿意团结一致，为华夏的绵延和繁荣而努力。这种思想感情是怎样培养成的？显然是因为生在一个文化系统之内；文化系统是一个，其表现，甚至其重要因素，当然是使用共同的语言。这种书同文、车同轨的气氛，甚至不该协调的时候也还可以看到。如南北朝时期，庾信是南朝人，流落到异族统治的北朝，想回南，因为能文，北朝硬是不放。再举个较近的例，元好问是北魏拓跋氏的后代，作金朝的官，可是看他的作品，诗文，论诗，编《中州集》，一点没有自外的气息，后代人读他的诗文，也没有把他看作外人。这种团结一致的思想感情所以能够长期保持，与共同使用文言是有密切关系的。

4.1.4 文言曾是表情达意的好工具

上面三节谈文言的功，都是从文化整体方面着眼。这一节想换个角度，说说它直接给人做了什么好事。人有过去的，有现在的。先说过去的。文言脱离口语，很多人不会，用不上，所以只能说会写的。对于这一部分人，文言充当他们表情达意的工具，就我们所能见到的文献资料看，确是成绩突出。这方面的情况也是一言难尽，因为：一是实例举不胜举；二是表达的微妙之处，大多可意会不可言传。这里说说一时想到的一点点。先说表达思想，《庄子》和《文心雕龙》之类，内容那样深远、微妙，实在难于写清楚，但还是写清楚了。不只清楚，而且能够突出要领，辨析入微，这用的是文言。再说叙事，《左传》和《史记》之类，写事件经过，写人物活动，给人的印象常常是比真的更真切，更生动，这用的也是文言。还有抒情，那就花样更多，用散文的形式可以，用韵文的形式也可以。用韵文，写成赋可以，写成诗词常常更好。韵文是用意求美的文字，其中蕴藏的表情达意的高妙手法，历代的文论、诗话词话等常常谈到，这里不能介绍，因为材料太多。其实就是散文，表情达意的高妙手法也是随处可见，例如很多人都念过的《庄子·逍遥游》和《史记·滑稽列传》淳于髡论酒量那部分，前者述说大鹏高飞，是"怒而飞，其翼若垂天之云。……水击三千里，抟扶摇而上者九万里，去以六月息者也。野马也，尘埃也，生物之以息相吹也。天之苍苍，其正色邪？其远而无所至极邪？其视下也，亦若是则已矣"。后者述说夜里纵酒的情况，是"日暮酒阑，合尊促坐，男女同席，履舄交错，杯盘狼藉，堂上烛灭，主人留髡而送客，罗襦襟解，微闻芗泽"。都是用语不多就写出一种不容易想到，更不容易描画的景象。就是这样，两三千年来，文言用它的无尽藏的表达手法的宝库，为无数能写的人表达了他们希望表达的一切，并且如苏轼所说："意之所到，则笔力曲折，无不尽意。"（何薳《春渚纪闻》）

4.1.5 文言为今人提供了大量值得欣赏的作品

文言作品中有很多值得欣赏，前面3.2.7节已经谈到。欣赏当然也不受时空的限制，只要你通文言，就可以选择自己爱好的作品吟诵，以取得艺术享受。这都可以不再说。这里想补充一点点意思，是我们现在用现代汉语表情达意，为什么还要费力读文言作品。接受文化遗产的事前面也已经说过，这里缩小范围，只说欣赏。欣赏文言作品，要先学会文言，这不是很轻易的事。学，不轻易，学会了，有好处，这就是近年来，有些人主张学，有些人反对学，相持不下，实行方面也是长期在歧路口徘徊的原因。我想，实事求是，可行的办法不能不在相反的方向之间，是不要强制学（这行不通），也不要强制不学（这不合算）。从积极方面说是，鼓励有条件的学，容许没条件的不学。所谓条件，是能够抽出时间、专业需要，有兴趣读古文献、喜爱中国文学之类。有条件而不利用，不应该；利用，学会了，去欣赏，收获会很大。关于艺术享受或说艺术熏陶的价值，人人都知道，可以不说；应该说说的是为什么一定要到我国的古典文学中去求艺术享受。理由可以有很多，我想主要是：第一，近在眼前，举实例说，欣赏李白、杜甫总比欣赏拜伦、雪莱方便得多，亲切得多。第二，宝库中有丰富的精神食粮，取之不尽。第三，因为文言和现代汉语是异中有同，所以容许边欣赏边学，或说欣赏与学合一；这个好机缘，如果不利用，以致一生虽然没少同文字打交道，可是没读过《史记》《文选》以及李杜诗、苏辛词等，也实在可惜。为了避免遗憾，最好还是尽力求能欣赏；而如果真有了欣赏能力，那就可以到古典文学的大海里去遨游，以取得无尽的艺术享受。这享受的取得，显然主要应该归功于文言。

4.2 文言有过

文言脱离口语，只能为上层人服务，又所写都是仍旧贯的，不能不掺有旧时代的糟粕,所以不能无过。

4.2.1 助长文白分家

一种过是使口语和书面语走上两条路,而且,由于文言顽固不化,两者的距离渐渐加大,以致没有合流的希望。合流是不分家。这里要说明一下,不分家是可能一致,不是事实上一定一致。"一致"的问题很复杂。在理论上,我们可以说一致必要,但也可以说不必要,因为说必要,那就不能不先假定口语是简洁有序的,而口语常常不是这样,那显然,为了书面语的简洁有序,就不得不安于不一致。不过,无论是理论上还是实际上,口语简洁有序并非不可能,所以书面语照口语写,有时是可能的(小说、戏剧的对话意在传真,不要求简洁有序,是另一回事)。但可能不等于现实;看"五四"以来的现实,书面语是经常同口语有或大或小的距离的(有意扭扭捏捏的那些是文病,不算)。不过这终归是"白话"文或"语体"文,只听不看还是能懂。不一致而能听懂,是因为它和口语属于同一个词汇句法系统,只是在口语的基础上加点工,是口语的净化,或说是同净化的口语一致。同净化的口语一致是一对一的一致,加工的结果也无妨说是一致,是基本上一致。文白不分家的一致是大量的基本上一致加少量的一对一的一致。这一致的优越性是只听不看能懂。文言就没有这样的优越性,因为它和口语用的不是同一个词汇句法系统。文白不一致的害处,"五四"时期鼓吹文学革命的文章说了很多。这里可以总地说一下，是口语和书面语可以用一套，应该用一套，可是用了两套，自然是不经济，会带来许多不必要的麻烦。

4.2.2　大过是脱离群众

　　文言脱离口语，自成一套，难学，因而学会能读的人不能不是少数，会而能写的当然更少。关于文言难学，旧时代记载不多，因为流传下来的文献都是学会了的人写的。但是我们翻翻各朝正史的选举志，就可以发现不少蛛丝马迹。公私有各种形式的学校，而培养出来能够取得秀才、明经等头衔的是极少数，推想绝大多数是半途而废了。近代情况是一些年高的人还看见的，低的有学塾，高的有书院，学的人不少，从赵钱孙李而"四书""五经"，十年寒窗，学会而能用的究竟有多少？这由《笑林广记》一类书里可以透露一点实况，是读和写，经常闹笑话。绝大多数人不学，少数人学而不能学会，于是这书面语言就只能活在极少数文人的群里，想一想，这损失是如何大。两千多年来的情况就是这样，文言同广大的人民群众几乎不发生关系，人民群众不学它，不用它，当然也就不知道重视它。自然，在旧时代，多数人失学，责任不当完全由文言负。不过，假使它不脱离口语，它就不会这样难学，能够利用它的人就会多得多。利用包括两个方面。一方面是"读"。我们都承认，有大量的文言作品值得欣赏，可是看看近代的文人以外的识字的人民群众，他们大多读的是《水浒传》《今古奇观》之类，而不是《史记》《文选》之类，原因很简单，是白话容易学，容易懂，文言难，学不会。再说另一方面的"写"。因为风气是，除了俗文学作品之外，表情达意要用文言，人民大众就只好不拿笔。总之，文言虽然也是交流情意的工具，可是它的交流范围有限，是流而不能通畅。这缺点是由文言本身来的，责任当然要由文言承担。

4.2.3 阻碍白话作品成长

文言形成以后，独占了书面语的阵地，白话作品想出头，争一席地，就困难了。原因主要是四个。其一，人睁眼看的是文言，拿笔写的是文言，日久天长就会不假思索地认为，书面语就是这样，不这样的就不是书面语。其二，文言是流行在上层人群里的，有别于街谈巷语，这"别"包括很多内容，可是人看到的却经常是雅不雅。文言雅，这就有了强制力，使绝大多数人拿起笔就不得不之乎者也。其三，文言把大部分有学识的人吸引过去，结果是肯用白话写的人不只量少，而且常常是学识也不够，写出好作品的可能性就比较小了。其四，即使写出一些，在文言雅的风气之下，也不会受到应有的赏识，因而也就难于取得保存的机会。两千年来的文献资料可以清楚地说明以上几种情况。隋统一以前，成篇的白话作品像是只有两类，一是谣谚，因为要传俗，所以用白话写，二是文人的游戏之作，如王褒《僮约》之类，总之是稀如星凤。从唐朝起出现了变文，那是和尚俗讲的产物，就是说，是进口货，本土的文人大概不会重视，可是人民群众喜欢，就有了市场。又一种是语录，是记录禅宗和尚的机锋的，也应该算进口货。总之，都是由人民群众作内应，由外面攻进来的。到宋朝，前一种进口货变化、发展，成为话本系统的小说，加上元明清三朝，成就很不小。仍是话本形式的有《京本通俗小说》和三言二拍等，扩大为章回体的有《水浒传》《儒林外史》《红楼梦》等，势力可以说不小。但是还不能说是已经同文言平起平坐，因为是"俗文学"，俗，当然就为大雅所看不起。例如：一是正牌的文人都不干。大概只有俞樾是例外，他曾修改《三侠五义》——但那是修改，不是作。二是不只不干，还怕玷污了雅，不敢沾。如讲古文义法的人，有不少曾谆谆告诫，不许入小说、语录语。三是更深一层，连写的人自己也承认是俗而不雅，因而有不少作品虽然传世出了名，可是作者却不敢出头露面，以致后代治文学史的人不得不费力考索，如《水浒传》《金瓶梅词话》等都是这样。因此，我们可以设想，如果没有文言压制，白话作品的量就不会这样少，成就也就会高得多。可多而少，应高而低，这责任也应该由文言承担。

4.2.4 思想方面有糟粕

语言是表达思想感情的。思想感情有价值问题，就是说，可以分好坏，分高低。文言量大，表达的思想感情是旧时代的，因而其中不可能没有坏的，低的，也就是所谓糟粕。断定有糟粕容易，指实哪些是糟粕不那么容易。比如我们把《孟子》拿出来，从头翻看，分辨精华和糟粕，两个人分辨的结果一定不一样，并且，一定有些面貌模棱的，算作正面的或反面的都不适宜。举大家都熟悉的为例，"民为贵"是正面的，"劳心者治人"是反面的，估计不会有人反对；至于"王！何必曰利？亦有仁义而已矣"，那就会不同的人有不同的看法。分好坏、高低要有标准。标准有时间问题。我们评论，当然应该用我们现在的；可是我们也常说"应该历史地看"。现在的和历史的可以调和，如岳飞抗金，是用两个尺量都好；也可以不调和，如岳飞擒斩杨幺，是用两个尺量不都好。这类问题很麻烦，我们这里评价文言的内容，不能俟河之清。可行的办法是从大处着眼，取大家都会接受的。这可以称为人文主义，就是，对于广大人民的生存、幸福、进步等，起帮助作用的是好的，起阻碍作用的是坏的。这样选定，然后看文言的内容，我们就会发现，糟粕实在不少。算糟粕的账，可以细算。不过，不管是一户一户的还是统计之后分类，都过于繁琐；这里只好以管窥豹。我想正史里就可以找到很能说明问题的例证，那是排在头部的"本纪"和排在尾部的"列女传"。本纪是记述帝王的，史笔常常是，不管他是怎样昏庸残暴的坏蛋，出生时总是五彩祥云照户，即位以后，措施总是英明、仁爱。屈居尾部的列女当然也是好样的，怎么好呢？不过是处处听男人的指使，到男人愿意她表现忠贞的时候，她就坚决地为男人死。正史以外，明的、暗的，宣扬迷信、歌颂压榨、欣赏享乐的文字当然也是随处可见。总之，是糟粕很不少。当然，我们要承认，这糟粕的制造者是旧的不合理的社会，不是文言。可是我们也要承认，糟粕之所以能够向下流传，是因为文言起了储存的作用。打个比喻，文言虽然没有参加抢劫盗窃，可是它窝了赃，所以即使罪不很大，也总不能不承担责任。

4.2.5 有些作品华而不实

语言表达思想感情，如果思想感情华而不实，语言自然要跟着华而不实。这样说，作品华而不实的责任不当由语言负。不过就文言说，这看法不完全对，因为文言的不少表达手法，有助长或导向华而不实的倾向和能力。例如有人嘲笑写文章虚张声势，说开头是："且夫天地者乃两间之宇宙，尧舜者为二代之唐虞。"李商隐《碧城三首》中有一联是："阆苑有书多附鹤，女床无树不栖鸾。"都是声势大而意义有限，这用白话写就很难，因为缺少那样的辞藻和腔调。文言自魏晋以来讲究华美和声律，它就容易走向华而不实，或至少是容易被华而不实的内容利用。这方面的例证，零碎的，也是举不胜举；以下想从"体"的方面入手，说说一些大户，算作举例。较早的是南北朝时期的不少文章，辞藻秾丽，声韵铿锵（四六对偶），内容却总是风花雪月，正如隋朝李谔所形容："连篇累牍，不出月露之形；积案盈箱，唯是风云之状。"（《隋书·李谔传》）这是典型的华而不实；而且是突出的华而不实，因为势力大，遍布于各体。以后，集中为一体的也很有一些。如"应制诗"，是皇帝命题，要求定时完篇，所以辞章要富丽典重，内容要百变不离其宗，尽力歌颂。还有"律赋"和"试帖诗"，是考试科目，因为要呈给考官看，所以也必须文字典重，尽歌颂之能事。此外，也应该收入歌颂一类的，有"祝文"和"青词"，是作了献给神灵享用的，宋明两朝的大家几乎都作过。"贺表"和"寿序"也是这类文章，只是歌颂的是地位高或年高的活人。同性质的还有礼貌性的书札，一般名为"启"，根据不成文法，要用骈体，堆砌华丽而古雅的文辞；至于内容，那是连收信的人也不相信。我有时想，宋朝以来，许多文人的有些"史论"像是也可以入这一类，因为内容空洞，甚至强词夺理，只是玩弄之乎者也的腔调，用大话吓唬人，如吕祖谦的《东莱博议》就是典型的。最后，还有一种集缺点之大成的，是"八股文"。这是几百年来考试的科目，形式有严格的规定，内容是写体会而代圣贤立言。在过去读书人的眼里，它很高贵，因为是入官场的敲门砖；又很难，因为要在层层限制之中显出技巧，以投合考官的脾胃。我们现在看，它是冶歌颂、强词夺理、骈体、古文腔调等于一炉，而内容却等于零，所以应该算最坏的文章。这种坏文章宜于作反面教材，可是现在想找一两篇看看已经不容易。所以这里不避琐屑，抄一篇为例。文是明朝钱志驷所作，题目是"不患无位患所以立不患莫己知求为可知也"（出于《论语·里仁》，八股文题目都出自"四书"）。为了说明它的结构，这里加上标点，并在括号内注明各部分的名称。

论文于名位之情，欲其思为可就焉。（以上破题）夫患无位,患莫知,未为失也。因所患而责立与可知之实,君子正不以彼易此耳。(以上承题)且人欲表见于天下,则必思天下责我之厚与我副天下之难。夫其厚责者,皆我所必不可辞,而其难副者,又皆天下所必不肯恕。使分量不足以相酬,则自为表见之处,适自为沮丧而已矣。(以上起讲)彼夫名位二者,君子之道待以行待以传者也。惟吾道因名位以为功,斯名位益恃吾道以为重。(以上领题)是故大儒穷通显晦,至集四海之耳目,群相倾注,而未始有震物之嫌。(以上起比上,与起比下对偶)乃衰世之乡党朝廷,至挟三代之诗书,出以应求,而不免有抚躬之疚。(以上起比下,与起比上对偶)然则无位何患哉!患所以立焉耳。人国有事而后有官,其欲得者敬事之臣,非居官之臣也。无论宠利难忘,惧失正直立朝之本,凡此时艰所属,得毋忧于细务,而重任其将颠覆乎?试为置身负乘之时,君悔授政之轻,臣叹荐贤之误,耻尚可赎耶?早夜以思,或翻幸弓旌之未逮耳。(以上中比上,与中比下对偶)然则莫己知何患哉!求为可知焉耳。公论有荣而亦有辱,其可畏者荣我之人,即辱我之人也。无论幽独易欺,惧蹈声闻过情之耻,即或细行所飭,得毋悦于凡众,而圣贤其犹摈弃乎?试为设计败名之日,父母陨其家声,朋友伤其同道,身尚安容耶?早夜以思,应转虑游扬之过盛耳。(以上中比下,与中比上对偶)盖事理各有指归，在外者为功名，在我者为德业。(以上小比上，与小比下对偶)生人止此心力，正用之为戒惧，而误用之为怨尤。(以上小比下，与小比上对偶)功名迫而怨尤生，凡欲以考课选举之权，徇人情之躁竞，此儒术之伪，其弊遂受之人才也。(以上后比上，与后比下对偶)戒惧深而德业懋，正将以获上信友之道，励下学之藏修，此士习之严，其原在正乎心术也。(以上后比下，与后比上对偶)用患者宜何居焉！(以上收结)

像这样的文章，不用文言就写不出来。文言库藏里有大批这样的文章(幸而难于长时期流传)，我想，就是特别爱好文言的人也不能不叹气吧？

4.2.6 有些作品是文字游戏

文字游戏当然是华而不实的，所以这一节提到的各种和上一节那些没有严格的界限。大致是这样划分：当作正经事作的入上一节，主要想显示工巧的入这一节。把文字游戏看作过，有的人也许不同意，因为有不少人觉得"不为无益之事，何以遣有涯之生"(项廷纪《忆云词》丙稿自序)。当然，工作之余，做些自己有兴趣的活动，只要对人己无害，是无伤大雅的。不过文言的种种文字游戏是消遣之后还产生作品，那就应该想一想，如果有情意而不走游戏这条路，表达的效果总会好得多吧？因此，由耗费精力不少而成就有限这方面看，这是下了大网而捕得一些小鱼，就是说，不值得。因为不值得，所以应该算作一种浪费，纵使不是大的浪费。

常见的文字游戏都属于韵文范围，花样相当多。据说老祖宗是南北朝前秦窦滔妻苏蕙的《璇玑图》（《四库全书总目提要·回文类聚提要》说是其前已有曹植《镜铭》）。现在有传本（见宋桑世昌《回文类聚》），图方形，纵横都是二十九行字，共八百四十一个字，据说从某一字起，顺读逆读都成诗，共可得诗几百首。如从右上角向下顺读，沿外圈转一周是"仁智怀德圣虞唐……心忧增慕怀惨伤"，共十六句；逆读是"伤惨怀慕增忧心……唐虞圣德怀智仁"，也是十六句。这样拼凑成句当然不容易，可是说这是诗就未免可笑，因为生硬别扭，既无诗音，又无诗意。可是后代不少文人却觉得有意思，如苏轼就很喜欢搞这玩意儿，《回文类聚》不只收了他的回文诗，还收了他的回文词。各举一首为例。

（1）回文诗：春机满织回文锦，粉泪挥残露井桐。人远寄情书字小，柳丝低日晚庭空。　　逆读：空庭晚日低丝柳，小字书情寄远人。桐井露残挥泪粉，锦文回织满机春。

（2）回文词（《菩萨蛮》）：落花闲院春衫薄，薄衫春院闲花落。迟日恨依依，依依恨日迟。梦回莺舌弄，弄舌莺回梦。邮便问人羞，羞人问便邮。

与回文接近的还有其他花样，如"玉连环""脱卸连环""藏头拆字诗"等。还有一种名为"诗钟"，后代文人喜欢玩，是几个人比赛，限时完成。常用的形式有两种，都是写出毫无关联的两个字，要求用在诗的一联里。明用名为"嵌字"，如"翼""庭"两个字，可以写成一联，"在天愿为比翼鸟，隔江犹唱后庭花"；暗用名为"分咏"，如"尺""蜂"两个字，可以写成一联，"灯下量衣催五夜，房中酿蜜正三春"。前一种像是作诗限字，后一种近于谜语。

作诗限字，旧时代看作庄重的事，有两种形式。一种大多是在考试中用，如作试帖诗，题下可以注明"得风字"，意思是，这首诗要用一东韵（"风"属一东韵），而且其中一个押韵字要是"风"。另一种形式是和诗，就是看了别人的诗，表示欣赏，要照样作一首。唐人和诗不限定用原诗的格律。宋以来几乎都是"次韵"（或说"步韵"），就是不只用原诗的形式，还要用原诗的韵字。韵字，有的容易用，如"风""中"之类；有的不容易用，如"蛇""衙"之类。于是有的人就故意用怪字（如"蜓""袤"之类，不只不常用，而且不能单用），要求人和，于别人的被折磨中取得欢乐。作诗限字，结果自然是不能不以情意迁就文字，所以依理说是游戏而不是写作。

韵文的文字游戏，大多同对偶有关系。这岔出的一支是"对联"中的所谓"巧对"，就是拟个难对的上联（如"三才天地人""妙人儿〔繁体作'兒'〕倪家少女"之类），征求下联，以对得工整自然为合格。用对偶折磨人，还见于五言排律"联句"。《红楼梦》第五十回"即景联句"曾写这种情况,那是一个人写两句,第一句要同前一个人的第二句对偶,第二句是上联,留待下一个人对偶,所以要人人过难关。在对偶上玩花样,还有所谓"借对"。大诗人如杜甫也常常喜欢这样"取巧",如大家熟知的"酒债寻常行处有,人生七十古来稀",就是借"寻(八尺)""常(十六尺)"的长度意义,同"七十"对偶,而与实际用的"不稀奇"的意义是对不上的。

在韵文中搞文字游戏,还有所谓"集句"。据说创始于王安石,他的集子里收有"集句诗"和"集句歌曲"各一卷。常用的形式是"集唐",就是从唐朝四个人的诗中各取一句合成一首绝句,或八个人的诗中各取一句合成一首律诗(一首中各句的作者最好不重复)。集律诗当然很难,因为中间两联要对偶。但是玩文字游戏有如演杂技,就是要在难中显工巧。说难,因为:一要肚子装满唐诗;二要凑得巧,让看的人感到浑然一体,天衣无缝。不少文人喜欢从难中取得这种巧,如汤显祖《牡丹亭》,下场诗就都用集句。举《惊梦》一出的为例:

春望逍遥出画堂(张说),闲梅遮柳不胜芳(罗隐)。
可知刘阮逢人处(许浑)?回首东风一断肠(罗隐)。

集句为词的比为诗的少。清朝诗词大家朱彝尊很喜欢这玩意儿,《曝书亭集》里有一卷名《蕃锦集》,都是集句为词。举其中一首为例:

62

《鹧鸪天》(镜湖舟中)：南国佳人字莫愁（韦庄），步摇金翠玉搔头（武元衡）。平铺风簟寻琴趣（皮日休），醉折花枝作酒筹（白居易）。日已暮（郎大家〔这是取诗句的一部分，下句同〕），水平流（白居易），亭亭新月照行舟（张祜）。桃花脸薄难藏泪（韩偓），桐树心孤易感秋（曹邺）。

像这样集句的诗词，我们看了，会觉得确是凑得巧。可是它能是真实情意的写照吗？恐怕在二者不可得兼的时候，多半是保留文字而放弃情意。这样，就难怪我们读它，常常有雾里看花之感了。

第五章 文言的特点

这一章谈文言的特点。特点是对比之下的产物。同什么对比？当然是同白话，其中包括现代汉语；有时甚至偏重现代汉语，如繁体字和异体字，同古白话比就没有这样的问题。特点概括为两类：一类是组织方面的，其中包括字、词、句、篇；字又分为字形和字音。一类是表达方面的，包括押韵、对偶和用典。

5.1 组织方面：字形

字有形体，是手所写，眼所见；有声音，是口所说，耳所闻；有意义（除了极少数，如"蜻"之类），是心所理解。

5.1.1 用字数量多

近年来，不只一个人做过现代汉语用字的统计，结果大致是：常用字三千多，次常用字约三千，合起来不过六千多。《新华字典》是小型的字典，收字一万左右（包括繁体和异体）。《现代汉语词典》是中型的词典，因为也略照顾方言词语和旧词语，收字比较多，超过一万（包括繁体和异体）。至于也供读文言典籍用的辞书，收字就更多，新《辞海》是一万五千左右（包括繁体和异体），新《辞源》用繁体字排，一万四千左右，这都是为实用，不求全。求全的，旧的有《康熙字典》，收字四万七千多，新的有《中华大字典》，收字四万八千多。这是由统计数字表现出来的文言用字多。多，有原因。原因之一是时间长，见于各时代典籍的（其中有不少后代不再用）都算；之二是有不少异体字，一个人吃了两份粮甚至多份粮。

不由统计，我们翻翻文言典籍，也会感到那里用字比现代汉语的作品多得多（繁体、异体不算）。有不少字我们感到生疏，音拿不准，义不清楚，不得不查辞书；有时甚至《辞源》也没收，要查《中华大字典》。

5.1.2 繁体字多

现在看汉字简化以前印的书刊，不很年轻的人感到最显著的不同是有很多繁体字，很年轻的人感到的也许不是繁体字多，而是许多字不认识。这感觉的一种来源是文言用繁体字，不用简体字。其实，文字由繁化简是必然的趋势，因为省事总比麻烦好，这只要拿篆书同楷书一比较就可以知道。只是在旧时代，这趋势靠自流，而汉字有坚定不移的特性，所以自楷书通行之后，除了少数不登大雅之堂的俗文学小本本之外，笔画多的字总是难于简化。建国以后，从1956年起，国家有关单位陆续公布汉字简化的办法，连同偏旁简化的字都算在内，有一千几百个字的形体简化了。这些字，在旧时代的文言典籍里，当然都是老样子。由繁化简是好事，可是我们总不能要求1956年以前印的文言典籍的文字变成简体。这是文言给我们带来的麻烦，我们要么不读；如果非读不可，那就最好还是也认识繁体字。——即使只是读近年用简化字印的古典作品，了解一些繁体字的情况还是有好处。随便举一两个例。明朝有个大画家名"文征明"，在明朝而敢叫"征明"，很奇怪，其实这"征"是简化字，繁体是"徵"。陶渊明《挽歌辞》有两句是"亲戚或余悲，他人亦已歌"，前几年，某语文月刊登一篇文章，其中说"余悲"应理解为"悲余"，意思是为我悲伤，他不知道这"余"字是简化字，原为繁体，是"餘"。总之，繁体字多，好也罢，不好也罢，这是文言的特点，我们不能不注意。

5.1.3 异体字多

两个字或两个以上的字，音同义同，只是形体不一样，我们称为异体字。表情达意，用一个够了，却要记两个，如已经认识"管"，还要记个"筦"，增加了无谓的负担，当然不好。常常还不只要多记一个，如"杯"要多记"盃""桮"两个，"窗"要多记"窓""窻""牕""牎""牕"五个。字形体不同，来源于时间长，地域广，写的人有不同的习惯。而异体流行之后，有些文人为了表示博雅，还常常故意用较冷僻的异体字。于是在旧时代，异体字就只能增加而不能减少。这是赘疣一类的病,最好割治。统一文字形体,秦始皇吞并六国以后,由李斯主持,搞过一次。后来就不再有人管。大规模地有计划地整理异体字,是建国以后的事。1955年底公布了《第一批异体字整理表》,废除了异体字一千左右。这之后,印文言作品,一般就不再用异体字。可是,正如上面所说,文言典籍几乎都是旧时代印的,那里面还是多有异体字。因此,文言的这种特点,虽然不合人意,我们还是不能不注意。

5.1.4 通假字多

通假是用音同或音近的字代替,如把不准"带"孩子写为不准"代"孩子,把交"代"任务写为交"待"任务,我们现在说是写别字。自然,别字如果年龄增加,渐渐变为老牌子,得到多数少壮派认可,也就可以算正确了,如"交待"就是这样。有人说,古人用通假字等于我们现在写别字,这不完全对,因为情况有别。所谓别字,是有正牌以后,对冒牌的称呼。推想较早时期(比如春秋战国及其前),总有一些字,正牌未定,那就不管是南北对峙还是三国鼎立,都得算正统。这局面渐渐变化,一方势力相对增长,其他相对削弱,于是用势力大的那个字才有正确的意味,但用势力削弱的那一个也未必可以算错,比如不写"早起"而写"蚤起",你说不对,他可引《史记·项羽本纪》"旦日不可不蚤自来谢项王",为自己辩护。因此,在这种地方,我们读文言典籍,最好是多注意事实,少管对错。事实是古人惯于用通假字，我们现在看（自然是戴着现在的眼镜）会成为理解的障碍；但破除障碍并不难，是熟悉通假的情况，知道在这里，此字等于彼字就可以了。

5.1.5 少数典籍用楷字以外的字体

严格说，现在印书刊常用的铅字是宋体，它和楷体有微小的分别。宋体是手写楷体的方整化，就系统说仍然属于楷体。我们现在读的文言典籍，包括木版的在内，几乎都是用楷体字。但是，如果我们读的范围较广，钻得较深，那就会遇见楷体以外的文字。大致说，这都是古文献资料的影印或影写。就字体说，有甲骨文，如刘鹗《铁云藏龟》、罗振玉《殷虚书契菁华》等；有金文（大篆），如王俅《啸堂集古录》、邹安《周金文存》等；有小篆，除秦的金石遗物如《峄山碑》、秦权秦量等以外，还见于许慎《说文解字》；有隶书，汉朝许多有名的石刻，如《张迁碑》《乙瑛碑》等都是；有草书，今存的许多帖，如王羲之《十七帖》、孙过庭《书谱》等都是；有行书，如怀仁集王羲之书《圣教序》、颜真卿《祭侄文稿》等都是。这类文献资料性质专，量不大，可是它究竟是文言典籍中所有，所以想全面了解文言，也就不能视而不见。

5.2 字 音

汉语的字音是指一个音节,一般包括声、韵、调三部分。所谓同音,是声、韵、调都一样;不同音,或者是声、韵、调都不一样,或者是三部分中的两部分或一部分不一样。以下泛泛谈字音,都是指一个音节。

5.2.1 字音变动快

同字形相比,字音的变动大多了。因为不管文言在眼睛里怎样稳定,它的音总要通过口语表现出来,而口语的音总在变,文言的音也就不能不随着变。前面3.2.6节曾提到,不同时代的人读《诗经》第一篇《关雎》,声音不会一样。这不同的时代也许距离不很远,比如春秋末期和战国中期。不一样的具体情况,可惜过去没有录音设备,了解清楚是做不到了。但我们可以推知,是一定有变化。以"北京话"为证,许多外乡人提起它,总把它看作调和稳定的整体,可是多年住在北京的人清楚地感觉到,就解放前的几十年(那时候五方杂糅的程度还不很厉害)说,前后可以分为三种:前是老旗人的话,中是老北京的话,后是文化界(包括学生)的话。前后有小差别,是随着时间变的结果。这变的情况,放眼历史,太复杂了,我们所能推知的不过是由书面上透露的一点点概略。这概略同我们读文言典籍有关系

（主要是中古时期），所以应该扼要地介绍一下。

5.2.2 上古音

因为是概略，所以不妨划分为三段：上古，中古，近古。先说上古。中古、近古有韵书，上古没有。研究上古音，主要是想搞清楚《诗经》押韵的情况，连带也探索一下那时期声母和声调的情况。这风气晚到宋朝才开始，到清朝许多汉学家手里才有了可观的收获。可是各家的看法不尽同，如对于韵部，大致是越分越细：顾炎武分为十部，江永分为十三部，孔广森分为十八部，王念孙分为二十一部，到王力先生就增到二十九部（详见《诗经韵读》）。对于声母和声调，各家的看法自然也不一致。但是根据各家研究的成果，我们可以知道上古字音的一些情况。这方面的知识可以解决阅读时会碰到的某些疑难，如该押韵的地方，我们照今音读不押韵，了解古音的情况之后，知道还是押韵。但我们的所知，就质说终归是概略，就量说终归是点滴，用这概略和点滴来追踪古人读时的声音，自然还有很多困难。幸而我们读文言典籍，一般是追求意义；至于声音，知道与后代有别而不清楚"别"的细节，也没有什么大妨害。

5.2.3 中古音

中古大致指南北朝到唐宋这一段，不了解这时期音的情况，就不是没有什么大妨害了。因为这时期有大量的韵文和骈文作品，我们喜欢读，可是用现代音读，常常会体现不出作品的声音美，这就不能不感到茫然。字音一般由声（少数字没有声母）、韵、调三部分组成，所谓声音美，主要表现在韵和调方面，声的关系不大。举杜甫《旅夜书怀》五律为例，前四句是："细草微风岸，危樯独夜舟。星垂平野阔，月涌大江流。""舟"和"流"要同韵，又要同是平声，才能押韵；就调说四句是"仄仄平平仄，平平仄（"独"旧是仄声）仄平。平平平仄仄，仄仄仄平平"，第一句和第二句，第三句和第四句，同地位的字要平仄不同，才能对偶（对偶有声音方面的要求，是平对仄，仄对平）。这样，读旧韵文和骈文作品，想要体现声音美，就必须知道那时期字的韵和调的情况，或者说，与现代字音差别的情况。

对于中古字音，比之上古，我们知道得清楚多了。这是因为有不少韵书可以参考。现在能见到或考知的，有大影响的，最早是隋陆法言《切韵》，它总汇古今南北，分韵比较细，共有193部；调是四种，平、上、去、入。稍后，《切韵》由唐人孙愐修订，成为《唐韵》，韵略有增加，是195部，声调相同。到宋朝陈彭年等增修，成为《广韵》，韵又增加，成为206部；声调还是平、上、去、入四种。唐人科举考诗、赋，押韵并没有像《唐韵》分韵那样细，而是有些相近的韵，如"冬""钟"同用，"支""脂""之"同用。宋丁度等编《礼部韵略》，是作为程式，供考试时遵照的官书，把可同用的韵合并，只剩108韵。到金元时期，108韵又合并为106韵，因为这种分法见于金朝王文郁编的《平水新刊礼部韵略》，所以通称"平水韵"（也有人说，因为南宋编《壬子新刊礼部韵略》的刘渊是平水〔今山西省临汾市〕人，所以这样叫）。平水韵寿命长，势力大，到清朝成为《佩文诗韵》，或简称《诗韵》，也是官书，考场内外必须遵照。《佩文诗韵》把韵分为平、上、去、入四部分。平声（不分阴阳，与现代音不同）包括上平声（上平、下平不是平声声调的分类，而是因为平声字多，分为上下两卷）一东、二冬等15韵，下平声一先、二萧等15韵，共30韵；上声包括一董、二肿等29韵；去声包括一送、二宋等30韵；入声包括一屋、二沃等17韵。每一韵大致以常用、不常用为先后，罗列属于这一韵的字，如上平声一东韵有"东""同""铜""桐"等174字，上声一董韵有"董""动""孔""总"等36字。

读中古以来的文言作品，只要熟悉《佩文诗韵》，不清楚韵书的演变情况也未尝不可。如读杜甫《月夜》"今夜鄜州月，闺中只独看"，觉得第二句不合"平平仄仄平"的格律，那就可以查查《佩文诗韵》，知道"独"是入声一屋韵的字，"看"是去声十五翰韵的字，又是上平声十四寒韵的字（这里是用平声音），然后读作guī zhōng zhǐ dú（普通话没有入声，可读作去声）kān，合了格律，就可以体现声音的美。

5.2.4 近古音

代表近古音（主要指北方官话）的重要韵书是元周德清《中原音韵》。这是为北曲作的书，因为曲是俗文学，不用书面语的中古音，所以韵书要根据口语改弦更张。大的更动是：平声分阴阳；取消了入声，把原来的入声字分别编入阴平、阳平、上声、去声；韵部不按四声分，为19部（因为平仄可以通押）。如果我们熟悉现代语音的情况，那就可以发现，《中原音韵》的语音系统已经同现代语接近。其实，由中古音向近古音转化，并不始于元朝，据有些人考证，入声收尾的－p、－t、－k，在宋朝已经渐渐失落。《中原音韵》的大胆改革，只是承认了既成事实。可是保守派的中古音的韵书还在坚守阵地，统治着诗词等作品。比如明朝高启作诗，清朝王士禛作诗，甚至现代郁达夫作诗，用的字音还是唐宋人的规格。所以谈起近古音，书面上实际是双轨制：真近古音只统辖一部分俗文学作品，其他还是中古音的天下。我们这里是谈文言的特点，文言同近古音的关系不密切，所以用不着深究。

5.2.5 文言的读音问题

语音的变化是渐渐的，但又是不停止的。总在变，积少成多，就可能如俗话所说，是十年河东，十年河西。说十年也许过于夸张，说百年总不为过吧？可是我们谈三千年语音的变化，只分为三期，这太粗略了。用这粗略的模式来铸造无数作品写作时的音，当然不可能。所以读文言作品，只能用现代的音。例如"关关雎鸠"，不管孔子怎样读，我们只能读作guān guān jū jiū，"细草微风岸"，不管杜甫怎样读，我们只能读作xì cǎo wēi fēng àn。一般说，追旧音不只不可能，而且没有必要，甚至不合算，因为我们是一贯用现代音寄托情意，如果换用生疏的音（假定办得到），那就会使感受的真切度和深度都受到影响。但这是一般说，不是毫无例外。常会遇到的例外情况有两种：一种是依旧说要变读，如"滑稽"要读gǔ jī，"王天下"要读wàng tiān xià；另一种是不从旧读有碍声音美，如"闺中只独看"的"独看"，用现在音读dú kàn，不好听。怎么样处理才妥当？

先谈前一种情况。变读的情况相当复杂。有的来自通假，如"毋内诸侯"，"内"等于"纳"，"王大说"，"说"等于"悦"，那就不能照字面读，非变不可。非变不可，也就不成为问题。另一种变读不是这样，如"滑稽"的"滑"读gǔ，"石濑兮浅浅"的"浅浅"读jiān jiān，"郦食其"的"食其"读yì jī，"龟兹"读qiū cí，"南无阿弥陀佛"的"南无"读nā mó，大概都是保存旧读法，没有随着今音变。还有一种情况，是旧日所谓"破读"，如"王天下"的"王"读wàng，"治国"的"治"读chí，"操行"的"行"读xìng，"三思"的"三"读sàn，都是借变读来分辨不同的意义或用法。读文言，变读，要多记，是负担。有负担总不如没有负担好。但这是原则，实际还要看有没有必要。关于破读，吕冀平、陈欣向二位曾举出许多理由（原则没有贯通、传注家认识不一致、并非必要等），认为应该放弃大多数，保留极少数（《古籍中的"破音异读"问题》，《中国语文》1964年第5期）。我赞成减轻负担的原则，也赞成不一刀切的办法。例如破读有没有必要，就不可一概而论。现代语是承认它有时候必要的，如"射中"的

74

"中"读zhòng，"对称"的"称"读chèn，"间隔"的"间"读jiàn，"生长"的"长"读zhǎng，等等。现代语是还活着的，我们奈何它不得。可是这样一来，读《史记·项羽本纪》"道芷阳间行"之类，"间"就只好读jiàn；那么，"间"变读了，"道"呢，变为dǎo？这是从今的原则与一贯的原则有时会冲突。还有另外的情况需要考虑。比如"扁piān舟"（小船）、"长zhàng物"（多余之物）、"心广体胖pán"（胖的意义是安舒）、"宫商角徵zhǐ羽"（徵是五音之一）之类，如果照字面读，似乎就会影响正确意义的表达。看来处理的办法最好是经济和表意兼顾，尽量不变，不得已就变。这是原则，具体实施难免遇见两可的情形，即使不会很多。至于保存旧读法的那些，也可以用这个原则处理，现代语中有对证的，不变会影响意义的，变；此外可以照字面读。这种从简的处理办法，道理上说得通，因为事实上是：一，现代语已经这样处理了不少，如"大使"的"使"，"品行"的"行"，"忠告"的"告"，"文过饰非"的"文"，等等，都不变读了。二，辞书也悄悄地用了这个原则（虽然不彻底），对于有些依旧说应该变读的音，注"旧读"或"读音"，意思是照今音读也可以了。三，普通话审音委员会也用了这个原则，如规定"口吃"的"吃"不读jī，"叶公好龙"的"叶"不读shè。只是可惜，都是零零星星，没有整个筛一遍。用减轻负担的原则，应该整个筛一遍。这工作相当艰巨，个个过关要费很大精力是一难，骤然全盘改会挫伤旧习惯是另一难。但只要我们接受这个减轻负担的原则，对于问题的性质我们就不致有什么迷惑，而要求慢慢解决也就不致太难了。

再谈后一种情况。这是另一种性质的问题，来自文言的常用花样，调平仄和押韵。上面5.2.3节说过，唐宋以来的文言作品，用的都是中古音，与现代音有差别，很明显，如果用现代普通话音读，有的地方就难免原来平仄协调的不协调了，原来押韵的不押韵了。前者如：

（1）然则北通巫峡，南极潇湘。

（范仲淹《岳阳楼记》）

（2）睢园绿竹，气凌彭泽之樽；邺水朱华，光照临川之笔。

（王勃《滕王阁序》）

（3）野哭几家闻战伐，夷歌数处起渔樵。

（杜甫《阁夜》）

（4）无可奈何花落去，似曾相识燕归来。

（晏殊《浣溪沙》）

例（1）是散文用对偶，例（2）是骈文用对偶，例（3）是律诗用对偶，例（4）是词用对偶。这些用中古音读，"峡"是仄声，和平声"湘"对偶，"极"是仄声，和平声"通"对偶；"竹"是仄声，和平声"华"对偶，"泽"是仄声，和平声"川"对偶；"哭"是仄声，和平声"歌"对偶,"伐"是仄声,和平声"樵"对偶;"识"是仄声,和平声"何"对偶。如果用现代音读,就都成为平声对平声,不合对偶的要求。后者如:

(5)猿鸟犹疑畏简书,风云常为护储胥。徒令上将挥神笔,终见降王走传车。管乐有才终不忝,关张无命欲何如?他年锦里经祠庙,《梁父》吟成恨有馀。

(李商隐《筹笔驿》)

(6)箫声咽,秦娥梦断秦楼月。秦楼月,年年柳色,灞陵伤别。　乐游原上清秋节,咸阳古道音尘绝。音尘绝,西风残照,汉家陵阙。

(传李白《忆秦娥》)

例(5)是律诗,用上平声六鱼韵,如果以现代音为准,韵字的韵母要是 ú 才能押韵,可是"书""胥""车""如"都不是。例(6)是词,用入声韵(第四部的"月""屑"),可是在现代语里,"别""节""绝"已经变为阳平,不能押韵。这样,读这类作品就不能不考虑何所适从的问题。从新或从旧,两条路自然只能走一条。用现代音读的最大优点是省力,因为用不着背一东、二冬、三江、四支等,以及记其中的哪一韵都收哪些字。另一个优点是不违背推广普通话的原则(据我所知,中央人民广播电台的播音是坚守这个原则,所

77

以读文言作品就不管格律）。但是这种省力有如喜欢钓鱼而不肯修整钓鱼工具，其结果是本来可以钓得多，却没有钓那么多，就是说，应该享有的声音美却有一部分（也许不很少）跑了。"求之不得"，这也是碍难接受的事。可惜是没有折中之道。或者宜于不同的情况作不同的处理。比如是偶尔兴之所至，拿几首诗词读读，以后也许不再读，或读也不会多，那就用不着费大力先记一东、二冬。如果相反，是大有兴趣，不只想再读，而且想锲而不舍，那就以费些力，记记一东、二冬为好，因为一劳可以永逸，投资不多而获利很大。其他各种类型的中间的，我以为，即使不能记住《诗韵》的细节，能够略知梗概，以减少阅读时的疑难，总比毫无所知为好。

5.3 词

汉语的字和词不是一对一的关系。有的字不是词，如"蟋"和"蟀"，因为都不能表意。有很多词不只一个字。字是形体和音节的单位，词是能够独立表意的单位，大致相当于英语的word。

5.3.1 生僻的词数量大

我们翻看文言典籍，一种突出的印象是有不少词面生：不知道读音和意义，或知道读音而不清楚意义，有时候甚至不知道某一个音节是不是词。这不稀奇，因为文言典籍是旧时代写的，我们不熟悉旧时代，自然就不能知道表示旧时代的有些词是怎么回事。多用生僻的词有不同的情况。《仪礼》《礼记》中讲丧祭等事的那些，其中许多行事以及所用器物等，如"斩衰裳，苴绖杖，绞带，冠绳缨，菅屦"(《仪礼·丧服》)，"荐黍稷，羞肝肺首心，见间以侠甒，加以郁鬯"(《礼记·祭义》)，离我们现代的生活太远了，我们自然会感到生疏。但这是纪实，不得不如此。汉人作赋就不然，而是有意制造声势，找许多甚至造一些生僻的字来凑热闹，如"其山则崆峒，巀嶭，嶘嵼嶚剌，崟崟摧嵬，欿峨屹㠀"(张衡《南都赋》)就是这样。这是作者认为必要、我们认为不必要的。再就是唐宋以来的许多复古文人（以明朝的为最厉害），为了表示自己脱俗，就常常用力找一些古奥的字来代替常用的那一个，我们看到，自然也会感到生疏。这当然更是不必要的。一般文言作品，用通行的文言写，其中的一些词，我们感到生疏，情况主要是两种。以《论语·乡党》篇为例，一种是写的古事物已经灭绝或不用，如"圭""齐（斋）""傩""绅"之类，另一种是现在仍然有而变了称呼，如"恂恂如""阈""吉月""凶服"之类。两种相比，前一种的量比后一种要大，因为旧名物很多，词自然要跟着多，只要那名物已成过去，我们见到那个词就必致感到生疏。由感到生疏方面看，后一种性质也一样，因为都是古用而今不用。文言典籍里有很多古用而今不用的词，这是读文言作品的一个大难点，不能不注意。

5.3.2 词大多保存古义

词有意义，还有年寿。不同的词可能年寿有分别：有的长到几千年；有的较短，或者出生得晚，或者用个时期不用了。年寿长的，有的意义不变，如"水""火""大""小"之类，古人怎样用它，我们还是怎样用它。但也有不少意义有变化。变化可大可小，如"去国"古是"离开"国，"去上海"今是"往"上海，这是大变；"再"古只指第二次，今可以指第一次以后的许多次，这是小变。不管大变小变，都是古今意义不同。这不同经常表现在不同的（书面）语言里。显然，在文言典籍里，用古今意义不同的词，所用的意义一定是古的；现代语的作品相反，用古今意义不同的词，所用的意义一定是今的。所以说，由词义的演变方面看，文言保存了大量的早期的词义。读文言作品，必须重视这种现象，不然，把"去鲁"理解为"往鲁国"，当然是大错；就是把"善走"理解为"能走路"也总是错误，因为与原意不合。

5.3.3 单音节词多

词的形体有短有长。短的只一个音节，如"人""打"之类。长的不只一个音节，以两个的为最多，如"人民""思索"之类；超过两个的比较少。说多音节的词算"一个"词，是因为造句的时候，它要整体活动，不能拆开单干。比如"学习"，说"学习英语"可以，说"愿意学习"可以，说"学钢琴"可以，只是不能说"习——"，

"习"不能独立活动,所以"学习"算"一个"词。就汉语说,在词的库存里,单音词加双音词是绝对多数。但这是不分古今的笼统说,如果分古今,那就单音词和双音词的比例还有大差别:单音词是古多今少,双音词是古少今多。这差别的来源是文言里许多经常单用的词,到现代汉语里不能单用了。以"足食,足兵,民信之矣"(《论语·颜渊》)为例,"足"现在要说"充足","食"要说"粮食"或"食物","兵"要说"武器"或"武装","民"要说"人民","信"要说"信任"。词的音节由单一变多,是长时期的汉语演进的趋势。为什么要这样?是因为单音节独用,同音异义的词就必致过多。多而必须分辨,怎么办?这在书面语中好办,比如两位zhāng先生,一胖一瘦,写出来是"张先生胖,章先生瘦",一看清清楚楚;口语就不行,要说"弓长张的张先生胖,立早章的章先生瘦"。同理,文言里的大量单音词,由口语流传,为了意义清楚,就不得不用各种办法(主要是拉个义同或义近的),使音节增加一倍。这样,与现代汉语相比,文言词汇的这个特点就颇为突出。说突出,不只因为它的静态表现在堆堆上,还因为它的动态影响深远。举例说,词的用法灵活,显得本领大,主要是从这里来的;句子偏短,显得精炼,更是从这里来的。说起句子短,我们不能不想到守严格格律的诗词,如果不是单音词多,像"远芳侵古道,晴翠接荒城"(白居易《赋得古原草送别》),"怀故国,空陈迹。但荒烟衰草,乱鸦斜日"(萨都剌《满江红》),这样字少意繁的句子,写出来是很难的。

5.3.4　词用法灵活

就意义说,双音词比相对的那个单音词明晰、固定,如"友谊""友情""友好""朋友"和"友"比就是这样。较不明晰,较不固定,到用来造句的时候却有它的优越性,是放在哪里都过得去。比如说"以之为友"可以,说"友之"也可以,"友谊"等就不成。文言词用法的这种灵活性,主要表现在四个方面。

(一)有不少词兼有名、动两种用法。如:

(1)百姓闻王钟鼓之声,管籥之音,举欣欣然有喜色而相告。

(《孟子·梁惠王下》)

(2)填然鼓之,兵刃既接,弃甲曳兵而走。

(《孟子·梁惠王上》)

(3)左右欲刃相如,相如张目叱之。

(《史记·廉颇蔺相如列传》)

(4)范增数目项王,举所佩玉玦以示之者三。

(《史记·项羽本纪》)

(5)士志于道,而耻恶衣恶食者,未足与议也。

(《论语·里仁》)

（6）衣敝缊袍，与衣狐貉者立，而不耻者，其由也与？

(《论语·子罕》)

"鼓""目""衣"，都是在前一例里表示事物，后一例里表示动作。现代汉语也有这种情况，如"上锁"和"锁门"的"锁"，只是非常少。文言里却是到处可见。这种现象，习惯上称为"活用"。如果只是说到这里，不错；可是一般是还要进一步，说"鼓之"的"鼓"是名词活用为动词（"目""衣"等同），这就有问题了。问题在于怎么知道"鼓"是名词。由语源？古字形似乎没有偏袒的表示。由统计？可惜还没有人这样做。剩下的常用办法是凭印象，也可惜，是两种用法都不少。这有如一个小铺既卖油，又卖醋，如果甲说它是卖油带卖醋，乙说它是卖醋带卖油，这样凭印象坚持一偏之见，取信于人是很难的。可是对于同样性质的"鼓"的词性的一偏之见，似乎都信之不疑，为什么？很明显，是因为都戴着现代汉语语法的眼镜。用这副眼镜看，"鼓"是名词，毫无问题，所以"鼓之"是活用，言外之意，这不是它的本职，是临时通融一下。是不是临时通融，应该去问孔子、孟子和司马迁，推想他们是未必承认的。这牵涉到文言词的分类问题。曾经有人注意这种现象，并向另一面偏下去，说古汉语实词不能分类，如高名凯。折中的稳妥之道是能分，只是不应该依照现代汉语语法的框框去分。原因是，文言词有灵活的特点，想分类就不能不重视这个特点。

（二）有的词入句，用法可以偶尔变通一下。如：

（7）假舟楫者，非能水也，而绝江河。

(《荀子·劝学》)

（8）武王乃手太白以麾诸侯，诸侯毕拜。

(《逸周书·克殷解》)

（9）谷与鱼鳖不可胜食，材木不可胜用，是使民养生丧死无憾也。

(《孟子·梁惠王上》)

"水"和"手"经常表示事物，这里却表示动作；"生"和"死"相反，经常表示动作，这里却表示事物。这样的灵活与上面那种灵活有分别：上面那种灵活是经常，有如狗既可以看家，又可以协助打猎；这里的灵活是偶尔，有如狗捉住一只老鼠。这类用法，在现代汉语里即使非绝对不可能，也总是非常少见。

（三）文言词还有使动、意动之类的用法。如：

（10）王果能将吾，中原可得，于胜小敌何有？

(方孝孺《客谈二事》)

（11）秦时与臣游，项伯杀人，臣活之。

(《史记·项羽本纪》)

（12）于是乘其车，揭其剑，过其友曰："孟尝君客我。"

（《战国策·齐策四》）

（13）吾妻之美我者，私我也。

（《战国策·齐策一》）

"将"这里是名词，带宾语，表示"使吾为将"的意思；"活"是不及物动词，带宾语，表示"使之活"的意思。"客"是名词，带宾语，表示"以我为客"的意思；"美"是形容词，带宾语，表示"以我为美"的意思。一般介绍古汉语知识的书称前两例为"使动用法"，后两例为"意动用法"。特别提出来介绍，是因为它不守常规；在现代汉语里，随意打破常规是不容许的。

（四）名词作状语。如：

（14）齐侯……见大豕，……射之，豕人立而啼。

（《左传》庄公八年）

（15）夫以秦王之威，而相如廷叱之，辱其群臣。

（《史记·廉颇蔺相如列传》）

（16）下首至尾，曲脊掩胡，猬缩蠖屈，蛇盘龟息，以听命先生。

（马中锡《中山狼传》）

"人""廷""猬""蠖""蛇""龟"都是名词，分别修饰动词"立""叱""缩""屈""盘""息"，作状语，在现代汉语里，这种用法是少见的。

5.3.5 有些零件性质的词文言没有

语言里有些零件，研讨词类的时候像是附属品，其实由表意方面看也未必不重要。例如在饭桌前说"我不吃"是一种意思，说"我不吃啦"是另一种意思。虚虚的语气助词尚且如此，其他充实得多的零件就不用说了。可是文言简古，有些现在看来颇为有用的零件，它却没有。这指的是三种情况。

（一）没有表动态的助词"着""了""过"。那么，表示事件、活动的"正在进行""已经完成""过去曾有"怎么办呢？一种办法是由事件、活动的本身来说明。以《论语·公冶长》篇为例，"颜渊、季路侍"可以表示"正在进行"，"以其子妻之"可以表示"已经完成"，"或乞醯焉"可以表示"过去曾有"。另一种办法是用表时间的副词，如"方""将""且""已""未""渐""旋"等；或表时间的常用语，如"初""先是""昔者""顷之""须臾""久之"等；语气助词里有个"矣"，也有表示"已经完成"的作用。

（二）量词很少，表示数量只用数词。在文言中，除了表度量衡单位之类的词（尺寸、斤两、升斗等）以外，无论表名量还是表动量，都是数词和所计之物直接组合，中间不加量词。如：

（1）蟹六跪而二螯，非蛇鳝之穴无可寄托者，用心躁也。

（《荀子·劝学》）

（2）今人有五子不为多，子又有五子，大父未死而有二十五孙。

（《韩非子·五蠹》）

（3）夫战，勇气也，一鼓作气，再而衰，三而竭。

（《左传》庄公十年）

（4）王趣见。未至，使者三四往。

（宋濂《大言》）

例（1）（2）是数词和事物直接组合，例（3）（4）是数词和动作直接组合，中间不用量词，这在现代汉语里是不行的。

（三）代词数量多，可是没有特定的表示多数的办法。现代汉语的代词没有文言多，可是有不很完备的表多数的办法。如"我""你""他"，可以加"们"，表多数，"这""那"，可以加"些"，表多数。文言没有这样的办法，是单一还是多数，一般要由语言环境（包括上下文）来推定。间或有所表示，如"吾属""尔曹"之类，可是"属""曹"不是专职，与"们""些"的性质不同。

5.3.6 有不少不用在句末的语气助词

文言，尤其早期的韵文，简短，有时候为了声音和韵味的整齐或充沛，要在句首或句中加个不表示意义的音节。如：

（1）夫颛臾，昔者先王以为东蒙主。

(《论语·季氏》)

（2）言告师氏，言告言归。

(《诗经·周南·葛覃》)

（3）一雨三日，繄谁之力？

（苏轼《喜雨亭记》）

（4）北风其凉，雨雪其雱。

(《诗经·邶风·北风》)

（5）日云莫（暮）矣，寡君须矣。

(《左传》成公十二年)

（6）我东曰归，我心西悲。

(《诗经·豳风·东山》)

像这样嵌在句首或句中的语气助词，文言里有很多（杨树达《词诠》举出上百个）。现代汉语的句子已经由短变长，难得有空隙，自然就用不着这些了。

5.4 句

文言在句子的组织方面也有一些特点。这特点,有的表现在全句上,有的只涉及结构的一部分。下面择要说一说。

5.4.1 形体简短

我们读文言作品,一个突出的感觉是句子比较短,停顿多。如:

(1)广之将兵,乏绝之处,见水,士卒不尽饮,广不近水;士卒不尽食,广不尝食。宽缓不苛,士以此爱乐为用。其射,见敌急,非在数十步之内,度不中不发,发即应弦而倒。

(《史记·李将军列传》)

(2)山多石,少土。石苍黑色,多平方,少圆。少杂树,多松,生石罅,皆平顶。冰雪,无瀑水,无鸟兽音迹。至日观数里内无树,而雪与人膝齐。

(姚鼐《登泰山记》)

不计标点,例(1)是六十二个字,停顿十四次,平均四个半字停顿一次;例(2)是四十九个字,也是停顿十四次,恰好三个半字停顿一次。这在现代语的作品里是罕见的。

文言句子偏于短,有多方面的原因。一种是单音节的词多,这在上面第5.3.3节已经谈到。另一种是惯于用意会法。如:

(3)公子即合符,而晋鄙不授公子兵而复请之,事必危矣。……晋鄙听,大善;不听,可使击之。

(《史记·信陵君列传》)

(4)前长君为奉车,从至雍棫阳宫,扶辇下除,触柱折辕,劾大不敬。

(《汉书·李广苏建传》)

例(3)的"晋鄙不授公子兵而复请""晋鄙听""不听"都是假设的情况,照现代语习惯,前面都要用"如果""假使"之类的词,文言却不用而靠意会。例(4)的"劾大不敬"是被劾,照现代语习惯,"被"要明白点出,文言却不说而靠意会。还有一种原因是省略的词语多,留到下面第5.4.7节再谈。此外,文人笔下崇简也是相当重要的原因,如上面所引《登泰山记》的文章,就分明是用意写得这样精炼的。

5.4.2 整齐句式多

韵文要求句式整齐是当然的,这里是专就散体说。在先秦的典籍

里,行文求句式整齐,《老子》是突出的代表。如:

(1)曲则全,枉则直,洼则盈,敝则新,少则得,多则惑。是以圣人抱一以为天下式。不自见,故明;不自是,故彰;不自伐,故有功;不自矜,故长。夫唯不争,故天下莫能与之争。

(第二十二章)

《老子》的文章是格言式的,自然不能不这样表达。其实也不尽然,如《荀子》总是长篇大论,句式也求整齐。如:

(2)天行有常,不为尧存,不为桀亡。应之以治则吉,应之以乱则凶。强本而节用,则天不能贫;养备而动时,则天不能病;修道而不贰,则天不能祸。故水旱不能使之饥,寒暑不能使之疾,祆怪不能使之凶。本荒而用侈,则天不能使之富;养略而动罕,则天不能使之全;倍道而妄行,则天不能使之吉。故水旱未至而饥,寒暑未薄而疾,祆怪未生而凶。

(《天论》)

句式求整齐不只少数人,可见不是出于某些人的癖好。这由正面说是,整齐比不整齐会有比较好的表达作用。这作用包括两个方面,是

91

由语句的积累和对称，意思可以更明朗，声音可以更悦耳。因为有这样的好处，所以到汉魏以后，它的势力就越来越大。如南北朝时期写散体文章，也是：

（3）夫两仪既位，帝王参之，宇中莫尊焉。天以阴阳分，地以刚柔用，人以仁义立。……归仁与能，是为君长。抚养黎元，助天宣德。日月淑清，四灵来格。祥风协律，玉烛扬辉。九谷莠蓁，陆产水育，酸咸百品，备其膳羞。栋宇舟车，销金合土，丝纩玄黄，供其器服。文以礼度，娱以八音，庶物殖生，罔不备设。

（僧祐《弘明集》卷四何承天《达性论》）

（4）时有西域沙门菩提达摩者，波斯国胡人也，起自荒裔，来游中土，见金盘炫日，光照云表，宝铎含风，响出天外，歌咏赞叹，实是神功。自云年一百五十岁，历涉诸国，靡不周遍，而此寺精丽，阎浮所无也，极佛境界，亦未有此，口唱南无，合掌连日。

（杨衒之《洛阳伽蓝记·永宁寺》）

可以明显地看出来，这是有意凑四字句。这种风气向下发展，精益求精，就不只求句式整齐，而且求相邻的句在意义和声音方面都对称（名词对名词，动词对动词之类；平对仄，仄对平），并且长短有变化（四六或六四等）。这就成为骈体，留待下面介绍。

5.4.3 判断句的表示法

表达"……是……"，文言经常用"……者，……也"的形式。如：

（1）南冥者，天池也。

(《庄子·逍遥游》)

（2）廉颇者，赵之良将也。

(《史记·廉颇蔺相如列传》)

或者只用一个"也"字。如：

（3）夫许，大（太）岳之胤也。

(《左传》隐公十一年)

（4）张衡，字平子，南阳西鄂人也。

(《后汉书·张衡传》)

还可以"者""也"都不用。如：

（5）此堂，师长教士地。

(《明史·海瑞传》)

这种形式同"是"的古今异用有关系。"是"在文言里经常用作指示代词,一般不起联系的作用;如果用"……是……"的形式表示判断,那要用"为""即""乃"之类联系,如"其北为河","五大夫乃秦官"之类。

5.4.4　句中的主谓关系多用偏正形式表示

用在句中的有主谓关系的词语,经常在主谓间加"之"字,使它成为偏正词组。如:

(1) 唯我郑国之有请谒焉,如旧昏媾。

(《左传》隐公十一年)

(2) 欲勿予,即患秦兵之来。

(《史记·廉颇蔺相如列传》)

(3) 师道之不传也久矣,欲人之无惑也难矣。

(韩愈《师说》)

这也许是为了紧凑,因为偏正给人的感觉是一个单位,主谓是事物和动作并立,像是两个单位。

5.4.5　宾语前置的规格

现代汉语有宾语前置的形式,那是用"把"字。在文言里,"把"

字没有这样的用法，可是宾语前置有较多的规格。主要是三种。

一种是，宾语是代词，在疑问句里要前置。如：

（1）室如县（悬）罄，野无青草，何恃而不恐？

（《左传》僖公二十六年）

（2）吾谁欺？欺天乎！

（《论语·子罕》）

（3）直道而事人，焉往而不三黜？

（同上）

另一种是，宾语是代词，在否定句里要前置。如：

（4）硕鼠硕鼠，无食我黍！三岁贯女（汝），莫我肯顾。

（《诗经·魏风·硕鼠》）

（5）古之人不余欺也。

（苏轼《石钟山记》）

（6）然而不王者，未之有也。

（《孟子·梁惠王上》）

还有一种是，用中间加"之"或"是"的办法使宾语前置，以加重语气。如：

（7）非子之求而蒲之爱，董泽之蒲，可胜既乎?

(《左传》宣公十二年)

（8）鸡鸣而驾，塞井夷灶，唯余马首是瞻！

(《左传》襄公十四年)

（9）皇天无亲，惟德是辅；民心无常，惟惠之怀。

(《尚书·周书·蔡仲之命》)

5.4.6 状语和补语的位置

介宾词组"以……""于……"以及一些副词作修饰成分，现代汉语经常用在前面作状语的，文言却经常用在后面作补语。如：

（1）投我以木瓜，报之以琼琚。

(《诗经·卫风·木瓜》)

（2）君子食无求饱，居无求安，敏于事而慎于言。

(《论语·学而》)

（3）中孚为其先妣求传再三，终已辞之。

(顾炎武《与人书》)

有时候，现代汉语用作补语的，文言却用作状语。如：

（4）令尹子文三仕为令尹，无喜色，三已之，无愠色。

(《论语·公冶长》)

（5）夫天地之大，计三年耕而余一年之食。

(《淮南子·主术训》)

5.4.7 省略较多

词语省略是语言中常见的现象，只是与现代语相比，文言省略得比较多。下面分类举些例（括号里是省略的词语）。省主语的：

（1）余幼时即嗜学，( )家贫，( )无从致书以观，( )每假借于藏书之家，( )手自笔录，( )计日以还。天大寒，砚冰坚，( )手指不可屈伸，( )弗之怠。( )录毕，( )走送之，( )不敢稍逾约。

(宋濂《送东阳马生序》)

（2）( )见渔人，( )乃大惊，( )问所从来。( )具答之。( )便要还家，( )设酒杀鸡作食。

(陶渊明《桃花源记》)

例（1）省略的虽然都是"余"，可是跳过两个句号；例（2）"具""便"不是承上省（换了主语）。这在现代语里是少见的。省宾语的：

（3）今至大为不义攻国，则弗知非（　），从而誉之，谓之义。

（《墨子·非攻上》）

（4）吾骑此马五岁，所当无敌，尝一日行千里，不忍杀之，以（　）赐公。

（《史记·项羽本纪》）

例（3）是省略动词后的宾语，例（4）是省略介词后的宾语。

省"使""令"之后的兼语的：

（5）不如因而厚遇之，使（　）归赵。

（《史记·廉颇蔺相如列传》）

（6）今媪尊长安君之位，而封之以膏腴之地，多予之重器，而不及今令（　）有功于国。

（《战国策·赵策四》）

像这种地方，现代汉语是不能省去"他"字的。

省介词的：

（7）晋主不衔璧（　）军门，则走死（　）江海。

（《资治通鉴》卷一〇四）

(8)布袍脱粟,令老仆艺蔬()自给。

(《明史·海瑞传》)

例(7)省略的是"于",例(8)省略的是"以"。

5.4.8 容许变格

文言作品,多数是在诗词里,为了适应字数整齐、对偶、押韵等要求,句子的组织还可以打破常格。如:

(1)清新庾开府,俊逸鲍参军。

(杜甫《春日忆李白》)

(2)枯藤老树昏鸦,小桥流水人家。古道西风瘦马,夕阳西下,断肠人在天涯。

(马致远《天净沙》)

(3)寻寻觅觅,冷冷清清,凄凄惨惨戚戚。

(李清照《声声慢》)

(4)香稻啄余鹦鹉粒,碧梧栖老凤凰枝。

(杜甫《秋兴八首》)

例(1)(2),名词性词语独自作叙述句,例(3),形容性词语独自作描写句,例(4),"香稻"和"鹦鹉"换位,"碧梧"和"凤凰"换位,这在现代语里都是不允许的。

5.5 篇

表情达意，围绕一个中心，写完，情意没有遗漏，文首尾齐全，有标题或可以加标题，我们称为"篇"。文言的篇也有一些特点。

5.5.1 篇幅较短

读文言作品的人都会有这样的印象，篇幅简短的多，洋洋万言的很少见。以记事的为例，《左传》记战事，有些是很复杂的，可是总是简而得要；《史记·货殖列传》记由远古到汉朝的经济情况，头绪那样纷繁，可是字数并不很多。史以外的零篇文章，如我们常读的《师说》《永州八记》《醉翁亭记》《赤壁赋》等当然更是这样。篇幅简短，有原因。旧时代事较简，书写印刷困难，习惯于照前人的规格作等，这是客观的。还有主观的，是以简短为上，如刘知幾《史通·烦省》引晋张辅《班马优劣论》说："迁叙三千年事，五十万言，固叙二百四十年事，八十万言，是班不如马也。"唐宋以来的古文家甚至以简繁争高下。这结果是，文言作品与白话作品相比，在篇幅方面常常表现出明显的差异。文言的有些体裁，还特别以短小精悍见长。如：

（1）论赞——吾适齐，自泰山属之琅邪，北被于海，膏壤二千里，其民阔达多匿知，其天性也。以太公之圣，建国本，桓公之盛，修善政，以为诸侯会盟，称伯，不亦宜乎？洋洋哉，固大国之风也！

(《史记·齐太公世家》)

（2）短札——卿事时了，甚快。群凶日夕云云，此使邺下一日为战场，极令人惆怅，岂复有庆年之乐耶？思卿一面，无缘，可叹可叹！

(王羲之《杂帖》)

（3）小记——蜀中有杜处士，好书画，所宝以百数。有戴嵩《牛》一轴，尤所爱，锦囊玉轴，常以自随。一日曝书画，有一牧童见之，拊掌大笑曰："此画斗牛也？牛斗，力在角，尾搐入两股间，今乃掉尾而斗，谬矣。"处士笑而然之。古语云："耕当问奴，织当问婢。"不可改也。

(苏轼《东坡志林》)

（4）题跋——往观明允《木假山记》，以为文章气旨似庄周、韩非，恨不得趋拜其履舄间，请问作文关纽。及元祐中，乃拜子瞻于都下，实闻所未闻。今令其人万里在海外，对此诗为废卷终日。

(黄庭坚《跋子瞻木山诗》)

（5）诗话——"僧敲月下门"只是妄想揣摩，如说他人梦，纵令形容酷似，何尝毫发关心？知然者，以其沉吟"推敲"二字，就他作想也。若即景会心，则或"推"或"敲"，必居其一，因景因情，自然灵妙，何劳拟议哉！"长河落日圆"初无定景，"隔水问樵夫"初非想得，则禅家所谓"现量"也。

（王夫之《姜斋诗话》）

我们读白话作品，不管是中古的还是近代的，像这样用语不多而意义深远的几乎难于找到。

5.5.2 押韵文体比较多

押韵起初是伴随着歌唱来的，所以早期的押韵作品，如《诗经》《楚辞》的大部分，汉乐府诗，都是可以歌唱的。这个系统向下传，文人仿作，理论上应该还是可以歌唱，事实上却大多不再谱入管弦，如魏晋以来的五言诗，以及唐人作的古体诗和近体诗都是这样。但因为这些作品终归属于可歌的系统，所以间或还是会谱入管弦，如唐朝的歌伎就曾以近体诗为歌词。词也是这样，早期是花间、尊前的歌词，到后期，文人仿作的就不再歌唱。这类作品，不管可歌还是不可歌，总之都是押韵的。至于数量，我们都知道，是大得惊人。

诗词之外，还有本来不预备歌唱，事实上也没有用它作歌词，而也押韵的不少作品。照后代"诗"和"文"的习惯用法，这些押韵的作品是诗词以外的"文"。常见的有以下几种。一种是"赋"。这个体裁来源于《楚辞》，所以也称为"辞赋"。不过就入乐与否来看，两汉以来的赋与《楚辞》有分别：《楚辞》中如《九歌》是歌词；汉赋如《上林赋》《两都赋》等，六朝赋如《别赋》《哀江南赋》等，都不是歌词。不歌而押韵，所以是韵文。另外几种是"颂""赞""箴""铭""诔""祭文"（极少数用散体）。其中以"铭"的类别最多，用途最广，如刘禹锡有《陋室铭》，是贴在屋里；还可以挂在座旁，是"座右铭"；写在碑文后面是"碑铭"，墓志后面是"墓志铭"；又任何器物上都可以刻铭，如"砚铭""琴铭"等。

诗词和押韵的文是照习惯要押韵的一些体裁。文人作诗词，写韵文，习惯了，成为癖好，有时写照例应该用散体的文章，也会忽而兴之所至，用几句韵语。最突出的例是范仲淹《岳阳楼记》，"若夫霪雨霏霏"一段，几乎连散式的句子也想凑韵。

白话文句子长了，而且常常是字数多少不等，想押韵就比较难，所以文言各体的押韵花样，唐宋以来，只见于文白夹杂的曲和弹词等作品里，到现代语的作品里就差不多绝迹了。

5.5.3 文体种类多

对付不同的用途，书面语言不能不分为各种体。体是按照内容不同、写法不同而分的类。不同的类有不同的名称，如"诗""赋""论""书"等。大致从汉魏间起，有些人开始注意文章作法，于是谈到文体，如曹丕《典论·论文》中有"奏议宜雅，书论宜理，铭诔尚实，诗赋欲丽"的话。到南北朝，刘勰写了一部《文心雕龙》，是文论的专著，里面卷二到卷五都是研讨各种文体的，标题是：明诗，乐府，诠赋，颂赞，祝盟，铭箴，诔碑，哀吊，杂文，谐隐，史传，诸子，论说，诏策，檄移，封禅，章表，奏启，议对，书记，共二十种。这不是严格的逻辑分类，如"诸子"和"论说"就不能截然分开。但可以看出，在那时期，文人心目中的文体已经很多。

稍后，昭明太子萧统编《文选》，把文体分得更细，计有：赋，诗，骚，七，诏，册，令，教，（策）文，表，上书，启，弹事，笺，奏记，书，移，檄，对问，设论，辞，序，颂赞，符命，史论，史述赞，论，连珠，箴，铭，诔，哀，碑，墓志，行状，吊文，祭文，共三十七种。萧统选文有标准，他在《文选序》中说，要"事出于沉思，义归乎翰藻"，就是说，选的是美文，所以经、子、论辩文不选。如果各种性质的文章兼收，文体的数目还要多一些。《文选》给文体分类，大致是以文的名称为标准，不同名的有一个算一个，因而有些内容相近甚至相同的，如"上书"和"书"，就算作两类。后代一部有名的选本，姚鼐的《古文辞类纂》，只收古文不收诗歌，分类是内容和名称兼顾，计有：论辨，序跋，奏议，书说，赠序，诏令，传状，碑志，杂记，箴铭，颂赞，辞赋，哀祭，共十三大类。这样合并，眉目清楚，正如编者在"序目"中所说："一类内而为用不同者，别之为上下编云。"可见细分，类是还要比这多的。

文体种类多，还可以从文人的文集里表现出来。如苏轼是各体都擅长的作家,《苏东坡集》收的文体计有：诗，词，赋，铭，颂，赞，论，策问，叙，状，表，启，书，记，碑，传，青词，祝文，祭文，行状，墓志，辞，策，札子，奏议，制诰，外制，内制，乐语，差不多三十种。

文体种类多，与上层人物的排场有关系，比如同样是一封信，写给皇帝就得改个名称，叫奏章之类。白话是人民大众用的，所以许多表示排场的名称就用不着了。

5.5.4 写法多有明确规格

写作，同性质的内容，用什么形式表达，模仿前人是不可免的。但模仿的方式有分别，可以亦步亦趋，也可以灵活变化。文言的许多文体像是有约束力，要求后来的作者必须亦步亦趋，就文体说就是有了明确的规格。这表现在许多方面。比较重大的有组织方面的，如赋一般是先写个引子，介绍写这篇赋的来由，名为"序"，然后才是正文；墓志铭是先写志，后写铭；赞如果不是独立的，一定要放在最后；等等。还有语言方面的，如论和奏议之类一般是用散体，启和祝文之类一定要用骈体；有的文体要全部押韵，如颂和箴之类，有的要一部分押韵，如墓志铭的铭，史传后的赞之类。

组织、语言之外，有些文体还有些格式和用语方面的小框框，如上奏章给皇帝，开头要用"臣闻"或"臣某言"起，末尾常常是表示恐惧的"不胜……之至"一类的话；史传记人，开头总是"某某，……

人也",末尾要说有什么功德,有什么著作,死后有什么哀荣,留下什么样的子孙等。

规格最明显最严格的当然是诗词。就诗说,古体诗在篇幅长短、用韵、平仄方面还有点小自由,到近体诗(律诗、绝句),格律严明,就一点点自由也没有了。比如写的是七律,就只能七言八句;如果用的是一东韵,就不许用二冬韵的字来押韵;而且一般说,中间两联要对偶;等等。词是歌词,限制不能不更严,有的地方不只要求平仄要合规定,而且要限定用哪一种仄(上、去或入),一点不能通融。

白话作品,尤其是现代的,这种种清规戒律就几乎没有了。

5.6　表达方面:押韵

表达是为情意服务的。同一种情意,表达的用语可以不只一种。不同的用语一般有高下的分别,高的不只与情意切合,而且兼有简明、典雅、声音美等优点。用语言表情达意,用力求情意切合,还想兼有简明、典雅、声音美等优点,是修辞。文言修辞方法很多,常用而现代语几乎不用的,值得特别注意的有三种:押韵、对偶和用典。

5.6.1　押韵及其修辞作用

文言许多体用押韵的写法,上面第5.5.2节已经谈到。押韵是在语句中适当的地方(一般是停顿的地方),让同韵的字有规律地陆续出现。所谓同韵包括三种情况。以现代汉语为例：一是全同，如"拔bá""拿ná"，韵母都是á；二是主要元音相同，如"家jiā""花huā"，主要元音都是ā；三是收音相同，如"京jīng""耕gēng""工gōng"，收音都是ng。文言押韵，道理相同，只是古音与现代汉语的音有区别，所以间或有古人押韵、用现在音读不协韵的情况，这在上面第5.2.3节和第5.2.5节也已经谈到。至于押韵的字是否要求声调相同，各体的情况不尽一样。如近体诗就必须相同；古体诗和词，有时候上、去可以通融。

押韵是文言的一种重要修辞方法，粗浅地说，作用是好听。细致一些说，作用还可以分作两层。初步的一层是音乐性的，就是于韵律的回环往复之中，在了解意义之外，还能感受浓厚的声音美。例如读杜牧《山行》："远上寒山石径斜，白云生处有人家。停车坐爱枫林晚，霜叶红于二月花。""斜""家""花"陆续出现，传给人的就不只是景物加心情，而且有声音美（声音美还来自平仄协调，留到下面谈）。更深的一层是意境性的，就是不同的韵还可以唤起不同的情调。例如读杜甫《后出塞》："朝进东门营，暮上河阳桥。落日照大旗，马鸣风萧萧。"（旧属下平声二萧韵）我们会感到苍凉豪放；读王维《送别》："山中相送罢，日暮掩柴扉。春草年年绿，王孙归不归？"（旧属上平声五微韵）我们会感到凄清惆怅。这美的声音和深的意境，都是散体难于表现出来的。

5.6.2 各种形式

在文言作品里，押韵的情况很复杂。先说"范围"。顾名思义，押韵应该只用于韵文，可是少数散体篇章里偶尔也会见到。如《老子》就是最突出的，"有无相生，难易相成，长短相形，高下相倾"（第二章），"挫其锐，解其纷，和其光，同其尘。湛兮，似或存"（第四章），等等，都是这样。上面第5.5.2节提到的《岳阳楼记》也是好例。其次，在韵文里，押韵的范围也有全和偏的不同，如早期的赋就有不通篇押韵的，到后代，这种情况就没有了。因此，我们可以大体上说，在文言典籍里，韵文是必须押韵的。

再说押韵的"格式"，这是指韵字用在什么地方。韵字一般是用在语句的末尾，所以习惯称为"韵脚"。说是一般，因为有少数例外。那是语句末尾是虚字的时候，如：

（1）参差荇菜，左右流之。窈窕淑女，寤寐求之。

（《诗经·周南·关雎》）

（2）西望夏口，东望武昌，山川相缪，郁乎苍苍，此非孟德之困于周郎者乎？

（苏轼《赤壁赋》）

但这种情况究竟很少见，所以我们无妨说，韵脚总是出现在语句停顿的地方。

语句末尾停顿的地方是脚,哪个脚用韵,情况不尽相同。绝大多数是隔句用韵,如本节举的《诗经》和上一节举的几首唐诗都是这样。古诗也有句句用韵的,传说是从汉武帝柏梁台联句开始,所以后代称为"柏梁体"(七言,句句用韵)。其实这是当时的风气,早的如汉高祖《大风歌》,末尾"扬""乡""方"都用韵;晚的如张衡《四愁诗》,虽然不是一韵到底,也是句句用韵。概括的情况是:魏晋以前,尤其乐府诗,用韵的规格不很严格,可以隔句用,也可以句句用,还可以两种办法交错着用;南北朝以后,隔句用韵成为通例,除有意仿古以外,其他形式就几乎不见了。

以上是就诗说,用韵以隔句为常。隔句是为了回环之中有变化。声音美,甚至语言美,"变化"是个重要的原则。句句用韵是回环多而变化少,不如上句不用而下句用,尤其平声韵,能使人获得一抑一扬的顿挫感。词与诗不同,是长短句,隔句用韵以求兼有回环、变化的声音美这个原则就不完全适用。至于韵脚如何安置,情况千变万化,我们只能说,它与近体诗大不同;近体诗是隔句用韵(第一句例外,五言以不用为多,七言以用为多);词是因调而不同,隔不隔(是否句句用韵),隔多少,都不一定。

用韵还有一韵到底和换韵的分别。近体诗都是一韵到底的,不限句数的排律也是这样。古体诗不一定,随作者的意,可以不换韵,如韩愈《调张籍》,可以换韵,如杜甫《兵车行》;换,可以次数少,如李白《月下独酌》"花间一壶酒"一首，只换一次；可以次数多，如白居易《长恨歌》，不只换得频繁，而且无规律（几句换一次，换平换仄，都不一定）。词因为调不同而有换不换的各种情况，一般说是以不换为常；换，以平仄交错为常。赋篇幅长，都换韵；唐宋以来科举考试作赋，还常常限定怎样换韵，如白居易作《洛川晴望赋》，题下注明"以愿拾青紫为韵"，就是要求依次用四种韵。

押韵，韵脚用平用仄，各体也不尽同。近体诗几乎都押平声。古体诗押平押仄的都不少；赋也是这样。词押平押仄，不同的调有不同的规定（有极少例外，是一调既可用平，又可用仄）；有的不只规定平仄，还规定用哪一种仄，如《忆秦娥》《念奴娇》就必须用入声韵。韵脚用平用仄，大致说还和情调有些关系，如平声的情调偏于开朗，仄声（尤其入声）的情调偏于沉郁，就常常能够从词的吟诵中体会出来。

5.6.3 宽严和难易

押韵因体的不同而有"宽严"的分别，或者说，"同用"的范围有大小的分别，大就宽，小就严。上面第5.2.3节讲中古音的时候已经谈到，唐宋时期韵书曾把韵分为最多206部，可是作诗（包括考试作诗）并没有把文字分为206堆，限定不许越界，而是用"同用"的办法减去几乎一半，最后剩了106部。这里说宽严，是合并为106部之后的宽严。严是分为106堆，不许越界；宽是有些堆的文字可以越界，或说再合并，成为更少的部。就体说，近体诗是严的，必须106部互不侵犯。如用的是一东韵，韵脚就不许见"冬""宗""松""恭"等字，因为那是属于二冬那一堆的。只有第一句是例外，因为第一句可用韵可不用韵，有的人作诗就灵活一下，用了"邻韵"，如杜牧《清明》第二句韵脚是"魂"，第四句韵脚是"村"，都属于十三元，可是第一句"清明时节雨纷纷"却用了十二文的"纷"字。近体诗以外的各体，用韵都是宽的。如古体诗，东、冬，江、阳，支、微、齐等，邻韵的字都可以同用。词用韵与古体诗相近，少数地方比古体诗还要宽（具体情况可参考王力先生《古代汉语》或《诗词格律》）。

押韵还有难易的分别。刚说过的宽严是一种难易：宽，可用的字多，容易；反之就难。一般说难易，指严范围内的难易。因为各韵包含的字，数量和性质不尽同：数量多，字常用，容易；字数少，而且不常用，就难。以平声的30韵为例，有些韵，如上平声的四支和下平声的一先，不只包含的字多，而且常用字多，选用容易，称为"宽韵"；有些韵，如上平声的五微和十二文，包含的字少，选用较难，称为"窄韵"；还有些韵，如上平声的三江和下平声的十五咸，不但包含的字很少，而且有些不常用（如三江的"泷""庞""舡"，十五咸的"芟""搀""衔"），选用很难，称为"险韵"。作诗词，一般是适应情意的要求，选用可用的宽韵或窄韵，躲避险韵。可是也有些人，有时候故意用险韵，以显示自己能够难中取巧，或者同时请人和，使别人为难，这就近于文字游戏了。还有，宽韵和窄韵中也有些字，意义生僻，日常生活中很少用，如果故意拿来充当韵脚，以自炫、难人，那性质就同于全诗用险韵，是玩文字游戏了。(五言排律联句，最后剩下少数难用的字，费心思用上，也是这种性质。)

5.7 对　偶

对偶，也称为对仗（古代持兵器保卫贵人，都是左右成对，名仗，后来成为仪仗），是成双出现的意思。语句连用，对偶只是可能形成的多种形式中的一种形式。可是它个性强，色彩重，于是在文言里就成为大户，不只在各体中频繁出现，而且自己建立了独立王国：骈体。对偶花样繁多，影响深远，是文言的一种很重要的表达方式，所以需要特别注意。

5.7.1　对偶及其修辞作用

语句连用，有同性质同形式的词语或句子成对出现，我们称这种表达方式为对偶。如："温故而知新，可以为师矣。"《论语·为政》）"温故"和"知新"在句内对偶；"学而不思则罔，思而不学则殆。"（同上）逗号前后两部分对偶；"譬如为山，未成一篑，止，吾止也；譬如平地，虽覆一篑，进，吾往也。"(《论语·子罕》）分号前后两部分对偶。先秦时代用对偶，推想是偶合，所以意义和声音方面的要求都不严格。后来精益求精，情况就大不同。如："耿介之意既伤，壹郁之怀靡诉；临渊有《怀沙》之志，吟泽有憔悴之容。"(萧统《文选序》)"惊风乱飐芙蓉水，密雨斜侵薜荔墙。岭树重遮千里目，江流曲似九回肠。"(柳宗元《登柳州城楼寄漳汀封连四州》)我们一念就知道是有意拼凑。这样不惮烦而费力拼凑，自然同风气有关；不过风气的形成，却不能不有客观的因素。这客观的因素，《文心雕龙·丽辞》篇说："造化赋形，支体必双；神理为用，事不孤立。"显然是以偏概全；所以不如从要求方面说，是用这种形式可以取得好的表达效果。说具体一些，还可以分作意义和声音两个方面。意义方面，对偶的两部分互相衬托，互相照应，所表达的意思就会显得更加充沛，更加明朗，更加精确。声音方面，对偶的两部分此开彼合，此收彼放，韵律可以显得抑扬顿挫，节奏鲜明，和谐悦耳。表达方面的这种优点，可以从许多流传的名句中体察出来。举唐朝的两处为例："一抔之土未干，六尺之孤何托（旧是仄声）。"(骆宾王《讨武曌檄》)"落霞与孤鹜齐飞，秋水共长天一色。"(王勃《滕王阁序》)我们可以仔细吟味一下，如果不用对偶，想取得这样的效果是很难的。

5.7.2　早期的对偶

语句形成对偶，要满足一些条件。对偶有粗有精，粗，需要满足的条件少；精，需要满足的条件多。这里先说粗的或说低的要求，条件是两个。一个属于意义方面，是对偶的两个字（或说两个词）的意义要是同一类中的不同个体。如"山"和"树"，"飞"和"看"，"贫"

和"富",都可以归入同一类,用语法术语表示,它们分别属于名词、动词和形容词。所谓不同个体,是"山"不能对"山","富"不能对"富";但"之""而""以"之类的虚字例外,相对的两方可以同用一个(律诗和对联又是例外,虚字也不许同用一个)。另一个条件属于声音方面,是对偶的两部分要字数相等,也就是音节的数目相等。如"渊"可以对"泽","芙蓉"不能对"柳"。这个要求之所以能够提出来,而且不难满足,是因为汉语有一个字表示一个音节的特点,而且文言词的绝大多数是单音节;如果字的音节不是匀称如贯珠,满足这个要求就难于做到。意义同类、音节数目相等是低的要求。早期,大致是先秦、两汉或稍后,因为这样写一般不是用意的,所以形成的对偶多数还不能满足这低的要求。如:

(1)得道者多助,失道者寡助。

(《孟子·公孙丑下》)

(2)君子游道,乐以忘忧;小人全躯,说(悦)以忘罪。

(杨恽《报孙会宗书》)

(3)外无期功强近之亲,内无应门五尺之僮。

(李密《陈情事表》)

例(1)和例(2),两部分都用了相同的字。例(3)不只用了相同的字,"期功强近"和"应门五尺"也只是总的意义相对,而不是字字的意义相对。有时候还可以更差。如：

（4）青，取之于蓝，而青于蓝；冰，水为之，而寒于水。

(《荀子·劝学》)

（5）夫皇皇求财利，常恐乏匮者，庶人之意也；皇皇求仁义，常恐不能化民者，大夫之意也。

(董仲舒《贤良对策》三)

这是只求总的意义相对，而放弃了字数相等。这个时期，间或有对得比较好的，那也只是偶合。如：

（6）偃王仁义而徐亡，子贡辩智而鲁削（旧是仄声）。

(《韩非子·五蠹》)

（7）囊括四海之意，并吞八荒之心。

(贾谊《过秦论》)

早期的对偶，除粗而不精以外，还有个特点，是夹用在散体中，处于附属地位。如：

（8）臣闻得全者昌，失全者亡。舜无立锥之地，以有天下；禹无十户之聚，以王诸侯；汤、武之土不过百里，上不

115

绝三光之明，下不伤百姓之心者，有王术也。故父子之道，天性也。忠臣不避重诛以直谏，则事无遗策，功流万世。臣乘愿披腹心而效愚忠，惟大王少加意，念恻怛之心于臣乘言。

（枚乘《上书谏吴王》）

这段文章对偶用了不少，可是我们读了总会感到，这些都是随手拈来，让它们为叙说的散体服务，与后来的字斟句酌作骈体是有很大距离的。

5.7.3 骈体的对偶

对偶有高的要求，是需要满足的条件更细致。条件的一个也属于意义方面，是相对的两个字不只可以归入一个大类，而且可以归入一个小类。以事物的名称为例，"花"和"马"可以归入名词的大类；"花"和"草"不只可以归入名词的大类，而且可以归入名词中植物的小类。好的对偶要求相对的两个字最好属于一个小类。条件的另一个也属于声音方面，是对偶的两部分不只要字数相等，而且要相对的字平仄不同。这所谓平仄不同，主要是指节奏上占重要地位的那个字。以律诗为例，是以两个音节为一个单位，重点在后一个音节，所以"烽火"（平仄）可以对"家书"（平平），不许对"谷水"（仄仄）。文的对偶道理也是这样，不过因语句的结构不同而有些变化，如"望长安于日下，指吴会于云间"（王勃《滕王阁序》），重点在第三字和第六字，而不是两个音节的第二个字。声音方面要求的加细，魏晋时期已经有了苗头，如"行则连舆，止则接席（旧是仄声）"（曹丕《与吴质书》），"倚南窗以寄傲，审容膝（旧是仄声）之易安"（陶渊明《归去来辞》），像是都有雕琢的痕迹。但这是靠感性摸索，也就是如沈约所说："高言妙句，音韵天成，皆暗与理合，匪由思至。"（《宋书·谢灵运传论》）所以难免有时中的，有时不能中的。到南朝齐、梁时期，情况就不同了，沈约等受佛教译经中梵语拼音的启发，创四声、八病等说法，其后，平仄协调的要求及其理论根据就越来越明显，对偶就都是精雕细琢了。精雕细琢是尽力求满足意义和声音两方面的条件。可是这两方面条件的约束力有分别：意义方面的属于同一小类是"最好"，就是说，没做到也可以；声音方面的平仄不同是"必须"，不这样就是违反格律。

  这里就文说，由魏晋起，对偶渐渐走向"意义的类相近""平仄不同""骈句比例增加""多用四六句"，并且渐渐地在有些篇里就喧宾夺主，于是产生了骈体。散体和骈体有界限问题。同有些事物一样，截然分作两堆是不容易的。昔人的看法偏于宽，如李兆洛编《骈体文钞》，收秦汉的李斯《谏逐客书》和贾谊《过秦论》，这是其中用了些对偶就算。我的想法，文是否算骈体，应该以对偶是否占主导地位为决定条件。语句形成对偶，可以是偶合的，但数量不多；大量并连续地出现工整的对偶，总是用意雕琢的结果。骈体应该是出于用意雕琢。雕琢，精益求精，于是从齐、梁起，一是对偶的比例越来越增加；二是四字句、六字句的比例越来越增加，到南朝晚期及其后，通篇对偶、基本上四六的标准骈体就形成了，如大家熟悉的徐陵《玉台新咏序》和王勃《滕王阁序》就是。骈体多用四六句，对偶除要求意义同类、平仄不同以外，还在四六的交错中求变化，如对偶可以是四对四，六对六，也可以是四六对四六，六四对六四。无论什么形式，"之""而""以"等虚字还是不避重复。

对偶的表达方式还不只侵入散体的文，成为骈体，还侵入韵文的赋，成为"骈赋"，形式是既对偶又押韵，如有名的江淹《恨赋》《别赋》就是这样。这种写法到唐宋列入考试的科目，成为"律赋"，对偶的要求就更严格了。

5.7.4 律诗的对偶

对偶成为通用的表达方式，精益求精，于是有些人就注意各种规格的研究。沈约的八病（平头、上尾、蜂腰、鹤膝等）说，探讨的是声音方面的规格，意思是想平仄协调，就必须如此，不许如彼。意义方面，《文心雕龙·丽辞》篇说对偶有四类：言对和事对，反对和正对。到唐朝，有个日本和尚名遍照金刚，来唐朝留学，回去写了一部《文镜秘府论》，介绍唐朝人作诗的各种讲究，其中把对偶分为的名对、隔句对、双拟对等二十九类（兼声音方面）。以后，供作诗赋查考的类书大多把辞藻分为天文、时令、地理等若干部。实际用对偶，

118

分部还要更细，如颜色对颜色，数目对数目，人名对人名，甚至干支对干支，年号对年号，等等。这些繁琐的讲究，或者说精粹的对偶，最集中、最突出地表现在律诗中。律诗包括五律和七律，一般说，中间两联要对偶。声音方面的要求，是两个音节为一个单位（后一个是重点），要变（不许与邻近的单位重复）。如：

五律　　　　　七律

仄仄平平仄　　平平仄仄平平仄

平平仄仄平　　仄仄平平仄仄平

就开头一个单位说，向右看变了，向下看也变了。不变是不合规律，称为"失对"。失对的句子称为"拗句"，可以补救，称为"拗救"。两联的格式也不许重复，如第三句是仄起式（第二字是仄声），第五句就要平起，不变是"失粘"。就对偶说，这些都是附属的，可以不多说。

　　与声音方面相比，意义方面的讲究就多多了。先说一般的要求，是最好相对的两个字属于同一小类，如"春"对"夏"，"百"对"千"，是"工对"。不得已而取其次，如"天"对"夏"（天文对时令），"杜甫"对"邯郸"（人名对地名），是"邻对"。再其次就只是同类词对同类词，是"宽对"。律诗几乎不用"之""而""以"等虚字，万一用到，上下联也不许同用一个。对偶工整是律诗的本分要求，本分之外还有一些常见的花样，举几种习见的为例。一种是"当句对"，如戴叔伦《江乡故人偶集客舍》："风枝惊暗鹊，露草泣寒蛩。""风枝"和"暗鹊"，"露草"和"寒蛩"，都在句内对偶。这种写法如果用在律诗的一联里，自然就成为多层次的对偶。另一种是"流水对"，如陈陶《陇西行》："可怜无定河边骨，犹是春闺梦里人。"是上下联合成一句话，有如流水一贯而下。另一种是"借对"，如温庭筠《苏武庙》："回日楼台非甲帐，去时冠剑是丁年。""丁"在这里是成年的意思，可是它也有甲乙丙丁的"丁"的意义，于是借来，使它和上联的"甲"构成干支对。还有一种是"扇面对"，又名"隔句对"，如郑谷《寄裴晤员外》："昔年共照松溪影，松折溪荒僧已无。今日重思锦城事，雪销花谢梦何殊。"是第一句和第三句对偶，第二句和第四句对偶。再有一种是"错综对"，如李群玉《同郑相并歌姬小饮戏赠》："裙拖六幅湘江水，鬓耸巫山一段云。"（七律第一联）是上联的第三、四字与下联的第五、六字对偶，上联的第五、六字与下联的第三、四字对偶。此外，对偶还可以貌离神合（意对），如崔颢《黄鹤楼》："黄鹤一去不复返，白云千载空悠悠。"字不完全相对，意思却恰好相反，可以构成好的对偶。总之，不管是本分之内还是本分之外，作律诗的人都不只求工整，而且求奇求巧，也就是在对偶方面不惜耗费大量的心思。

5.7.5　其他方面

对偶的表达方式，以及它的成果，长时期受到多数人的喜爱。喜爱，乐于运用，因而它就像竹根一样，遇到合适的水土就发荣滋长。滋长，都占了哪些地盘，难得详说，这里只谈三个方面，算作举例。

一个是"对联"，早期是写了或刻了悬在门两旁的柱上，所以又叫"楹联"。推想起初是采用律诗中有吉祥、华丽的辞藻的一联，用作装饰。既然是装饰，它就既可以在门外，也可以在室内，于是渐渐，请名人作对联、写对联的风气就大兴。由这装饰性的对联分出一个旁支，是"春联"，现在还在用。还岔出另一个旁支，性质几乎走到相反的一面，是"挽联"，也是现在还在用。对联来自律诗的对偶，可是附庸成为大国，自己编造了许多新花样。如字数可以少到三四个，也可以多到几十个甚至上百个；语句的风格可以同于诗，也可以同于文（用虚字）；更加用力追求工巧，争奇斗胜。所有这些，旧时代的文人都觉得很有意味，有些人还为此写了专书，如梁章钜的《楹联丛话》就是其中比较有名的。

另一个是"八股文"，其中对偶有特点，是成段的散体和成段的散体对，前面第4.2.5节曾举例，不重复。

还有一个，应该着重说一说，是唐宋以来，古文运动胜利之后，有不少文人，或者由于爱好，或者由于读骈体多了不知不觉，作散体文章也常常夹用一些对偶，如：

(1)盖亭之所见,南北百里,东西一舍,涛澜汹涌,风云开阖。昼则舟楫出没于其前,夜则鱼龙悲啸于其下。变化倏忽,动心骇目,不可久视,今乃得玩之几席之上。

(苏辙《黄州快哉亭记》)

(2)然杭人游湖,止午、未、申三时。其实湖光染翠之工,山岚设色之妙,皆在朝日始出,夕舂未下,始极其浓媚。

(袁宏道《西湖(二)》)

(3)抑思善相夫者,何必尽识鹿车、鸿案?善教子者,岂皆熟记画荻、丸熊?自文人胸有成竹,遂致闺修皆如板印。与其文而失实,何如质以传真也?

(章学诚《文史通义·古文十弊》)

文章分别出于宋、明、清三代,都是散体中夹用对偶。这样写,坚守古文壁垒的人或者会看作不合适,因为还是没有清除"选派"的"恶习"。其实,平心而论,时时处处留神,躲避对偶,也同样是恶习。行文最好是任其自然,宜于散则散,宜于骈则骈。有的人还更进一步,如编《骈体文钞》的李兆洛和评点此书的谭献,主张文章就"应该"骈散合一,不这样就不能达到简洁自然的境界。

5.8 用 典

用典是借古事古语说今意的一种表达方式，文言作品，尤其在有些体裁里（如骈体），几乎句句离不开它，就是散体，如果不夹用一些，旧时代的文人也会感到不够典雅。用典的效果是典雅，所以两千年来，不管写和读因此而如何费力，还是不得不把它看作高妙的表达方式，不只乐于接受，而且争取大量地使用。

5.8.1 文言的典故

典，来自旧的，所以也称为"典故"。用典，也称为"用事"或"隶事"，用定义的形式说是：用较少的词语拈举特指的古事或古语以表达较多的今意。如：

（1）杨意不逢，抚凌云而自惜；钟期既遇，奏流水以何惭？

（王勃《滕王阁序》）

（2）比往来南北，颇承友朋推一日之长，问道于盲。

（顾炎武《与友人论学书》）

例（1）用的是古事：杨得意推荐司马相如，见《汉书·司马相如传上》);钟子期理解伯牙的琴意,见《列子·汤问》。例(2)用的是古语:"以吾一日长乎尔",见《论语·先进》;"求道于盲",见韩愈《答陈生书》。不管是古事还是古语,表达的意思都是今的:"杨意不逢"的事表示有才而未得赏识,"钟期既遇"的事表示现在受到尊重,将不客气而作诗作序;"推一日之长"的语表示自己因年岁大些而受到尊重,"问道于盲"的语表示客气,说自己毫无所知。从上面的例子可以知道,用典要具备三个条件。一是引古以说今。如孟子说:"当尧之时,水逆行,泛滥于中国,蛇龙居之,民无所定。"(《孟子·滕文公下》)是引古说古,不是用典。二是所引古事古语是特指的。特指就是指某"一"个,或说有出处。如上面所引"杨意不逢""推一日之长"等都是指某一个,都有出处,所以是用典。反之,如泛泛说"勤学",古人当然也常说,可是不是指某一人的某一次,就不是用典。三是语不繁而意丰富。所谓丰富,有时是意的量多,有时是意思委婉曲折,这留到下面再说。

在文言作品里,用典多少同文体有密切关系,概括说,偏于应酬的多藻饰的文体用典多,偏于经世的求平实的文体用典少。因此,如集部和子、史相比,前者用典多,后者用典少;骈体和散体相比,前者用典多,后者用典少。用典多少还同时代有密切关系,是早期用得少,越靠后用得越多。原因是古事古语的库存随着时代增加,时代靠后就有更多的典故可用。这情况还会产生另外两种情况:一种是用典成为风气,执笔为文,有意也好,无意也好,总不能不随波逐流,也用；另一种是用典表示熟悉古事，雅驯有学，这是很了不起的荣誉，所以文人总是愿意多用。因为尽力多用，所以我们翻开文言典籍就会处处碰到典故。所谓处处，是不只诗文各体，也在诗文以外。这包括很多门类，如诗人孟浩然，史学家胡三省，"浩然"用《孟子·公孙丑上》"我善养吾浩然之气"，"三省"用《论语·学而》"吾日三省吾身"，这是人名用典；沧浪亭，知不足斋，前者用《孟子·离娄上》"沧浪之水清兮"，后者用《礼记·学记》"是故学然后知不足"，这是地名用典；《齐东野语》，《扪虱新话》，前者用《孟子·万章上》"齐东野人之语也"，后者用《晋书·王猛传》"扪虱而言"，这是书名用典。其他可以类推。

5.8.2 明用和暗用

用典有明用暗用的分别。先说明用，其中还有等级的分别。有些最明显，不但照录原文，而且指出出处。如：

（1）《诗》云："如切如磋，如琢如磨。"

（《论语·学而》）

（2）《书》不云乎？"好问则裕。"

（刘开《问说》）

（3）老子疾伪，故称"美言不信"。

（《文心雕龙·情采》）

有些引用原文而略加变化,表示有出处而不具体指出。如:

(4)传曰:"天不为人之恶寒而辍其冬……"

(东方朔《答客难》)

(5)殷因夏,周因殷,继周之损益,百世可知,圣人盖已预言之矣。

(马端临《文献通考序》)

(6)而曰"言之不文,行之不远"云者……

(王安石《上人书》)

例(4)所谓"传"是指《荀子·天论》;例(5)所谓"圣人"是指孔子,出处是《论语·为政》;例(6)"曰"的处所是《左传》襄公二十五年。有些明显的程度又差一些,只是间接表示有出处。如:

(7)所谓诗人丽则而约言,辞人丽淫而繁句也。

(《文心雕龙·物色》)

(8)臣闻五音令人耳不聪,五色令人目不明。

(陆凯《谏吴主皓疏》)

(9)如优孟摇头而歌。

(黄宗羲《柳敬亭传》)

例(7)的"所谓"表示前人说过,这前人是扬雄,出处是《法言·吾子》;例(8)的"闻"也表示前人说过,这前人是老子,出处是《老子》第十二章;例(9)的"如"表示以前有过,这以前是《史记·滑稽列传》。还有些明显的程度更差,我们只能由口气推测有出处。如:

(10)夫桃李不言而成蹊,有实存也。

(《文心雕龙·情采》)

(11)盖儒者所争,尤在于名实。

(王安石《答司马谏议书》)

(12)人亡弓,人得之,又胡足道?

(李清照《金石录后序》)

三个例都有"正如古人所说"的意味,所以同样可以算作明用。例(10)是引用《史记·李将军列传》:"桃李不言,下自成蹊。"例(11)是引用《孟子·告子下》:"先名实者,为人也。"例(12)是引用《孔子家语·好生》:"人遗弓,人得之。"

再说暗用。暗用也有等级的分别。有些虽然不表示是用典,可是照录原文。如:

(13)鬼之为言归也。

(《汉书·杨王孙传》)

（14）人生几何？离阔如此！

（白居易《与元微之书》）

（15）既睹其人，则瞻之在前，忽焉在后。

（《后汉书·黄宪传》）

例（13）是引用《尔雅·释训》；例（14）的"人生几何"是引用曹操《短歌行》；例（15）的"瞻之在前，忽焉在后"是引用《论语·子罕》。有些是引用原文而有所增减。如：

（16）逝者如斯，而未尝往也。

（苏轼《赤壁赋》）

（17）伤心桥下春波绿，曾是惊鸿照影来。

（陆游《沈园》）

（18）人非生而知之者，孰能无惑？

（韩愈《师说》）

例（16），《论语·子罕》作"逝者如斯夫"，例（17），曹植《洛神赋》作"翩若惊鸿"，这都是有所减；例（18），《论语·季氏》作"生而知之者"，这是有所增。有些变化更大，是改动一部分。如：

128

（19）有二军将……号虎冠。

（高启《南宫生传》）

（20）盖尝慨然有江湖之思。

（陆游《烟艇记》）

（21）室唯四壁。

（孟棨《本事诗·情感》）

例（19），《史记·酷吏列传》作"虎而冠"；例（20），潘岳《秋兴赋》作"有江湖山泽之思"；例（21），《汉书·司马相如传上》作"家徒四壁立"。还有拆散原文，随意组织的。如：

（22）外人颇有公孙布被之讥。

（司马光《训俭示康》）

（23）他日趋庭，叨陪鲤对。

（王勃《滕王阁序》）

（24）可以其似赋而谓之雕虫乎？

（苏轼《答谢民师书》）

例（22），《汉书·公孙弘传》作："弘位在三公，奉（俸）禄甚多，然为布被，此诈也。"例（23），《论语·季氏》作："尝独立，鲤趋而过庭，曰：'学《诗》乎？'……"例（24），扬雄《法言·吾子》作："或

129

问：'吾子少而好赋？'曰：'然，童子雕虫篆刻。'俄而曰：'壮夫不为也。'"

典故明用，有好处，是容易理解，不必费力找出处。但是可惜，由数量方面看，尤其汉魏以后，明用的并不多。这是因为，暗用，尤其随意组织暗用，像是随手拈来就化入自己的文字，显得自然；而且可以表示自己熟于古典，不把这看作一回事。这严格说是旧时代文人喜欢炫学的坏习气，影响即使不说是很坏，也是很大，因为文言作品难读，这是若干原因中很重大的一个。

5.8.3　用典的利弊

用典，借古说今，是文言的一种重要表达方式。重要，常用，当然是因为这样表达有好处。好处大致有以下几个方面。

一是引古，意思的分量可以加重。因为所引古事古语几乎都是名人之事，名人之言，甚至圣贤之事，圣贤之言，其正确性是不容置疑的，自己笔下用了，就会有更大的说服力量。如上一节例（8）反对声色的享乐，引用老子的话，比说自己认为如何如何，力量就大多了。

二是熟于古事古语，用典常常比用自己的话更省力。如上一节例（15）用"瞻之在前，忽焉在后"（原是形容孔子的）形容黄宪人品的高不可及，如果不用典而自编，那就会很费力。周密《浩然斋雅谈》有一段话更可以说明这种情况："东坡《赤壁赋》多用《史记》语，如杯盘狼藉，归而谋诸妇，皆《滑稽传》；正襟危坐，《日者传》；举网得鱼，《龟策传》。"

三是用典可以以简驭繁，就是用较少的词语表达较多的意思。如上一节例（21）"室唯四壁"，只四个字，表达的意思既有很穷，又有才学，像汉朝的司马相如，虽暂时困顿而将来必有大名。在用典的一些好处里，这以简驭繁的好处分量最重，力量最大，它常常使执笔的人"不能不用"。这种强制性最明显地表现在作诗方面。尤其律诗，或五言，或七言，字数有限制，还要对偶，有些意思，不用典就很难写出来，如孟浩然《清明日宴梅道士房》"忽逢青鸟使，邀入赤松家"一联就是这样。

四是用典可以唤起联想，因而意思就显得深刻或更生动。如上一节例（14）的"人生几何"，读过曹操诗的人就会联想到"譬如朝露，去日苦多"，因而意思就更加深刻；例（17）以"惊鸿"代美貌女子，熟悉《洛神赋》的人就会联想到洛神的美，因而意思就更加生动。

五是用典可以使语言委婉，表难言之意或难写之情，也就是平常话不好说的，可以用典故表示。如《资治通鉴》记淝水之战，苻坚大军南下，谢安故作镇静，桓冲很忧虑，说："天下事已可知，吾其左衽矣！""左衽"是用典（出于《论语·宪问》），等于说我要当亡国奴了，"亡国"的话不好明说，用典就委婉多了。又如李商隐《无题》诗的一联，"贾氏窥帘韩掾少，宓妃留枕魏王才"，写男女越轨的情事，如果不用典，简直就无法下笔。

可是用典也有弊。小弊是古事古语未必完全同于今的情况，引用，意思会不切合，甚至似是而非。如王勃在《滕王阁序》中说自己是"冯唐易老，李广难封"，其实那时候他才二十多岁，也不像李广，有抗匈奴的大功。大弊就严重多了，主要是暗用的，近于谜语，先要由谜面猜出谜底，然后才能确切了解是什么意思。使用语言，目的是求人了解，用典的结果常常是难于了解，所以是作茧自缚。所谓难于了解，有程度的差别。程度浅的可以望文生义，虽然这字面的义未必像典故所含的那样深。如：

（1）百姓孰敢不箪食壶浆以迎将军者乎？

（《三国志·诸葛亮传》）

（2）莫不闻陇水而掩泣，向关山而长叹。

（庾信《哀江南赋》）

（3）酌贪泉而觉爽，处涸辙以犹欢。

（王勃《滕王阁序》）

例（1）是引用《孟子·梁惠王下》"箪食壶浆以迎王师"；例（2）是引用古诗《陇头歌》"陇头流水……涕零双堕"；例（3）是引用《晋书·吴隐之传》饮贪泉而心不变的故事和《庄子·外物》车辙中鲋鱼求救的故事。像这些，我们不知道出处也大致可以了解。有些就不然。如：

（4）一登龙门则声誉十倍。

（李白《与韩荆州书》）

（5）情在骏奔，自免去职。

（陶渊明《归去来辞》）

（6）凡此类，知者遇之。

（王夫之《姜斋诗话》卷下）

例（4）是引用《后汉书·李膺传》"士有被其容接者，名为登龙门"；例（5）是引用《诗经·周颂·清庙》"骏奔走在庙"；例（6）是引用《庄子·齐物论》"一遇大圣知其解者，是旦暮遇之也"。像这些，如果不知道出处，确切了解就难于做到。还有少数，如果不知道出处还会误解。如：

（7）愿言之怀，良不可任。

（曹丕《与吴质书》）

（8）不然，臣有赴东海而死耳。

（胡铨《戊午上高宗封事》）

例（7）是引用《诗经·邶风·二子乘舟》"愿言思子，中心养养"；例（8）是引用《战国策·赵策三》鲁仲连的话"则连有赴东海而死矣"。文中的"愿言"是歇后语，等于说"思子"；"赴东海而死"不过是用古典表示不想再活下去，并不是真要跳东海。

暗用有弊端，依理应该尽量避免。实际却不是这样，而是更有甚者。一种是挖空心思用僻典，就是到一般人不看的书里去找古事古语，嵌在诗文中，以表示自己博学。如苏轼的咏雪诗曾用"玉楼"和"银海"，王安石知道出自道书，大为赞叹。另一种是尽力避常语，可用今而偏偏用古。如沈义父《乐府指迷》说："如说桃，不可直说破桃，须用'红雨''刘郎'等字；如咏柳，不可直说破柳，须用'章台''灞岸'等字。"就是这种情况。这类用典的流弊，文言作品中也不少见。

5.8.4 典故的凝缩

读文言作品，如果没有注解，用典的表达方式常常使人头疼。当然，它也有可喜的一面。至于旧时代的文人，大概看到的都是可喜的一面，因而不只愿意用，而且把其中的有些凝缩为词语（包括成语），放在口边、手头，翻来覆去地用，并向下传递，以致我们觉得这些是日常的词汇，不是用典。如：革命，出于《易经·革卦》"汤武革命"；瓜代，出于《左传》庄公八年"及瓜而代"；舆论，出于《晋书·王沉传》"听舆人之论"；挑战，出于《史记·高祖本纪》"若汉挑战"；东道主，出于《左传》僖公三十年"舍郑以为东道主"；莫须有，出于《宋史·岳飞传》"其事体莫须有"；明哲保身，出于《诗经·大雅·烝民》"既明且哲，以保其身"；朝三暮四，出于《庄子·齐物论》"朝三而暮四";同流合污,出于《孟子·尽心下》"同乎流俗,合乎污世";乐极生悲,出于《淮南子·道应训》"夫物盛而衰,乐极则悲"。这类词语是我们现在还在用的,这就更可以说明用典的根柢之深,势力之大。

第六章 历史情况（甲）

6.1 文言的主流

文言的历史情况，千头万绪，简直无从说起。这里想只解答一个小问题，就是：鸟瞰一下，各个时代都有什么样的文言。但就是这样，也仍是千头万绪，因为一是时间太长，二是库存太多。多，不得不提纲挈领。选定纲领，可行的办法不只一种，我以为，至少为了解说的方便，以分作两股水流为比较合适。一股是主流，指处理事务之文（由功用方面看），也就是无韵之文（由表达形式方面看）。这股水流，有不少人称为"散文"。不过散文有歧义：对诗词说，它指无韵之文；对骈体说，它指散行（即不对偶）之文。如果称这股主流为散文，它的意义应该指前者，与诗词相对的无韵之文。另一股是支流，指吟咏之文（由功用方面看），也就是有韵之文（由表达形式方面看）。这样分主流和支流，可以从两类作品的质和量方面找到根据。大体上说，主流的文是日常性的，支流的文是礼乐性的。日常，可以任意写，宜于任意写，所以成为散；又因为总在用，所以产量大。礼乐，求美，而且经常要歌唱，所以宜于句式整齐，协韵；又因为不是经常用，所以产量不大。自然，礼乐性的文会引来文人模仿，不再歌唱，产量增加，如赋、诗、箴、铭等就是。但无论产量怎样增加，与无韵之文相比，究竟是小巫见大巫；至于早期，用为歌词，如《诗经》《楚辞》，与先秦时期的无韵之文相比，那就数量相差更多。因此，就全部文言作品说，我们可以说无韵之文是主流，有韵之文是支流。本章先谈主流的情况。

6.1.1 定形以前

前面第2.3.2节说过，文言在秦汉时期定形，那时候的作品可以充当标本。根据这种看法，我们可以把无韵之文分为三个阶段：秦汉以前是一个阶段，特点是古奥，其中一部分词汇和句式有别于定形时期；秦汉是一个阶段，特点是牌号正，衡量对错要以它为标准；汉以后是一个阶段，特点是顺着秦汉的路子走，或说是模仿。这里先说秦汉以前。

这个阶段文献资料不很多，可是问题不少。一方面是时代过早，如甲骨，其中的一些文字还不能确切认识。另一方面是有些资料年代有问题，如《周礼》，划入前一个阶段是否合适，不同的人会有不同的看法；又如《诗经》，写作年代虽然比较早，可是成书之前难免经过修润。幸而这里着重的不是考证古文献的真伪，所以无妨量材为用，只取一些年代清楚或比较清楚，并且能够说明问题的。这样的资料,大部分来自实物,这是指甲骨文和金文;一部分来自书本,这是指《尚书》(其中不少是抄录官府旧存的前期文件)。我们读这类资料上的文,会感到与秦汉时期的作品,如《孟子》和《史记》,韵味很不同。看下面的例:

甲骨文

(1)甲戌卜卿贞翌乙亥肜于小乙亡它在一月

(罗振玉〔实为王国维〕《殷虚书契考释》卷下)
(2)丙子卜贞酒羔三小牢卯三牢

(同上)

(3)甲辰卜贞翌日乙王其宾俎于鄿衣不遘雨

(同上)

(4)甲辰贞来甲寅有伐甲羊五卯牛一

(同上)

(5)辛亥卜出贞其鼓肜告于唐九牛一月

(同上)

金文

(6)商旗鼎铭——唯八月初吉,辰在乙卯,公锡旗仆。

旗用作文父日乙宝尊彝，䣌子孙。

（阮元《积古斋钟鼎彝器款识》卷一）

（7）周伯克尊铭——唯十有六年七月既生霸乙未。伯大师锡伯克仆卅夫。伯克敢对扬天君王伯休，用作朕穆考后仲尊宣，克用匃眉寿无疆。克克其子子孙孙永宝用享。

（于省吾《双剑誃吉金文选》卷下之二）

（8）周无专鼎铭——惟九月既望甲戌，王格于周庙，燔于周室，司徒南仲右无专入门，立中廷。王呼史友册命无专，曰："官司埄王，侦侧虎方，锡女元（玄）衣黹纯，戈琱䎒，缟繂彤矢，攸勒鋚旂。"无专敢对扬天子丕显鲁休，作尊鼎，用享于朕烈考，用匄眉寿万年，子孙永宝用。

（阮元《积古斋钟鼎彝器款识》卷四）

《尚书》

（9）盘庚既迁，奠厥攸居，乃正厥位，绥爰有力众，曰："无戏怠，懋建大命。今予其敷心腹肾肠，历告尔百姓于朕志。罔罪尔众，尔无共怒，协比谗言予一人。古我先王，将多于前功，适于山，用降我凶德嘉绩于朕邦。今我民用荡析离居，罔有定极。尔谓朕曷震动万民以迁，肆上帝将复我高祖之德，乱越我家。朕及笃敬，恭承民命，用永地于

139

新邑。肆予冲人，非废厥谋，吊由灵各。非敢违卜，用宏兹贲。呜呼！邦伯、师长、百执事之人，尚皆隐哉。予其懋简相尔，念敬我众。朕不肩好货，敢恭生生，鞠人谋人之保居，叙钦。今我既羞告尔于朕志若否，罔有弗钦。无总于货宝，生生自庸，式敷民德，永肩一心。"

（《商书·盘庚下》）

（10）时甲子昧爽，王朝至于商郊牧野，乃誓。王左杖黄钺，右秉白旄以麾。曰："逖矣，西土之人！"王曰："嗟！我友邦冢君，御事：司徒、司马、司空、亚旅、师氏、千夫长、百夫长，及庸、蜀、羌、髳、微、卢、彭、濮人。称尔戈，比尔干，立尔矛，予其誓。"王曰："古人有言曰：'牝鸡无晨；牝鸡之晨，惟家之索。'今商王受，惟妇言是用，昏弃厥肆祀，弗答；昏弃厥遗王父母弟，不迪；乃惟四方之多罪逋逃，是崇是长，是信是使，是以为大夫卿士，俾暴虐于百姓，以奸宄于商邑。今予发，惟恭行天之罚。今日之事，不愆于六步、七步，乃止，齐焉。夫子勖哉！不愆于四伐、五伐、六伐、七伐，乃止，齐焉。勖哉夫子！尚桓桓，如虎如貔，如熊如罴，于商郊。弗迓克奔，以役西土。勖哉夫子！尔所弗勖，其于尔躬有戮！"

（《周书·牧誓》）

140

这些文字都简古，难读，是因为词汇、句式的一部分，后代不再用，也就是没有成为通用文言的成分。三类资料之中，《尚书》的性质与甲骨文和金文不尽同，它来自书本，有可能受后代的影响而有些变动；还有，它列入经书，为读书人所必读，也就有较多的可能予后代以影响。但就是这样，在一般文人的眼里，它终归是老古董，执笔为文，不能完全照它，而要照秦汉。因此，就文言的历史说，这类商周的文字是文言定形以前的事物，它可以算作文言，却与通用的文言有分别。

6.1.2 秦汉时期

我们翻看这时期的作品，与甲骨文、金文、《尚书》相比，就会有由面生变为面熟的感觉。如：

（1）初，郑武公娶于申，曰武姜，生庄公及共叔段。庄公寤生，惊姜氏，故名曰寤生，遂恶之。爱共叔段，欲立之，亟请于武公，公弗许。

(《左传》隐公元年)

（2）子曰："学而时习之，不亦说（悦）乎？有朋自远方来，不亦乐乎？人不知而不愠，不亦君子乎？"有子曰："其为人也孝弟（悌），而好犯上者，鲜矣；不好犯上，而好作乱者，未之有也。"

(《论语·学而》)

在先秦的作品里,《左传》的文字比较深奥,《论语》的文字比较简古,可是我们读它,如果刚读过金文、《尚书》,就会觉得都是浅易的。艰涩与浅易之外,两个时期的文字还有个重要的分别:商周时期的文献是"办公事",到战国时期就不然,而是"作文章"。如《荀子·天论》由"天行有常"写起,《韩非子·说难》由"凡说之难"写起,都是凭空发议论,所以写出来的是"文"。文有文的特点,是不只内容精粹,组织有条理,而且语言有腔调。就文言能够定形、成为标本说,语言的腔调很重要,后代所谓"文必秦汉",揣摩追求的主要是这个。什么是腔调?比较难讲,大致说,不同句式的适当配合有关系,声音的适当变化有关系,甚至用适当的虚词(主要是表语气的虚词),使意思贯串起来也有重要的关系。如:

(3)故曰:口之于味也,有同耆(嗜)焉,耳之于声也,有同听焉,目之于色也,有同美焉。至于心,独无所同然乎?心之所同然者何也?谓理也,义也。圣人先得我心之所同然耳。故理义之悦我心,犹刍豢之悦我口。孟子曰:"牛山之木尝美矣,以其郊于大国也,斧斤伐之,可以为美乎?是其日夜之所息,雨露之所润,非无萌蘖之生焉,牛羊又从而牧之,是以若彼濯濯也。人见其濯濯也,以为未尝有材焉,此岂山之性也哉!"

(《孟子·告子上》)

像这样的文章，句式整齐中有变化，语气繁富，使意思和情调融会到一起，是秦汉风格，商周时期是没有的。

秦汉时期文献资料很多，流传到后代的只是其中一小部分，但为数还是不少。用现在的眼光看，这些都是文言。作者多而杂，时间由春秋战国之际到东汉末，地域以中原一带为主，还有中原之外的东西南北，阶层以士大夫为主，还有少数平民，思想包括各家，行文包括各种风格，因此，就表达习惯说，大同之中总难免小异。所谓定形，所谓以秦汉为标本，是指这小异之上的大同。还有，由后代"文必秦汉"的角度看，采取标本，并不是有一份算一份，而是分别轻重。所谓重，是照传统的读书法必读的那一些。因为必读，熟悉，所以自己写，就容易甚至不得不用那个格调。这所谓必读的书，主要可以分为三类：一是诸子，二是史书，三是解经的著作。

诸子主要在先秦，因为那是处士横议的时代，是思想奔放的黄金时代。著作很多，成就很大，单是学派，班固《汉书·艺文志》就分为九家（小说家不算）：儒家，道家，阴阳家，法家，名家，墨家，纵横家，杂家，农家。各家都有不少大师，不少著作，可惜绝大部分没有传下来。传下来并对后代有大影响的是以下这些：《论语》(旧时代曾算作经书)，《孟子》(也曾算作经书)，《荀子》，《老子》，《庄子》，《列子》(成书年代有小问题)，《墨子》，《孙子》，《管子》，《韩非子》，《吕氏春秋》，《淮南子》，《论衡》。重要性差一些的还有以下这些：《慎子》，《商子》，《邓析子》，《尹文子》，《公孙龙子》，《法言》，《新语》,《新书》,《盐铁论》,《潜夫论》,《新论》等。

史书种数不多,可是分量很重,因为其中有空前绝后的大著作。这是指《左传》(旧时代看作解经的书或经书)和《史记》。地位差不多的还有以下三种:《国语》,《战国策》,《汉书》。重要性差一些的还有以下这些:《越绝书》,《吴越春秋》,《列女传》,《新序》,《说苑》,《东观汉记》(残)等。

解经的著作汉朝不少,因为那时候经师很多,他们的专业就是讲解经书。这类著作,有不少是章句的注解,零碎几句,不成篇。成篇而传到后代,比较重要的是以下这些:《易传》(也称易十翼),《春秋公羊传》,《春秋穀梁传》,《(小戴)礼记》。重要性差一些的是以下这些:《(大戴)礼记》(残),《韩诗外传》,《春秋繁露》,《白虎通义》等。

我们说这些著作是文言的标本,是因为,一方面,无论从内容方面看还是从表达方面看,其中的绝大多数都是最上乘的。所谓最上乘,为了说明的简便,我们可以举个旁证,就是:两千多年来,无数的文人发议论,记史事,一般说,还没有人认为某人的文笔已经超过《孟子》《庄子》和《左传》《史记》。这不是厚古薄今,因为直到现在,多数人大致还是这样看。还有另一方面的原因,是后代的无数文人都愿意学,或说不能不学。前面曾提到必读书,照传统的不成文的治学规定,秦汉时期的绝大部分著作,不只必读,而且要一读再读,直到很熟,甚至能背诵。这样,秦汉时期的大量文句印在心里,到自己下笔为文,有相类的意思,不知不觉地用了相类的表达方式,就是很自然的了。

6.1.3 汉魏以后

上一节把秦汉看作一个阶段,是因为文言在这个时期定形,成为后代模仿的样本。由这个角度看,汉魏以后,直到清末,一千六七百年,可以看作一个阶段,因为就表达方式说,都是顺着秦汉的路子走,也就是用的是同一个词汇句法系统。不过这个阶段时间长,作者多,作品更多,不只多,其中还有秦汉不见的花样。为了减少头绪,容易说明,我们把骈体留到下一节谈。但就是这样,也还是苦于材料太多。不得已,这里想以"怎样模仿"和"模仿的成果"为纲,说说大致的情况。

怎样模仿,可以粗略地分为两大类:一类是不知不觉地随着走,另一类是把学秦汉看作方向,有意地并且用力地随着走。先说前者。文言定了形,文人,不管是唐宋的还是元明清的,表情达意,除非不用文言,只要用,就不能不用秦汉的格调。举例说,"未之有也"的说法,秦汉通行,汉魏以后,不管时分古今,地分南北,只要用文言写,表达同样的意思,就一定也说"未之有也",而不说"未有之也"。这样,我们无妨说,除了一些标榜"文必秦汉"的流派以外,凡是用文言写作的,由建安七子到章太炎和王国维,数目多到无限,都是不知不觉地模仿秦汉的。这所谓模仿,还不只是散行文字。骈体也是这样,如"夫迷涂(途)知返,往哲是与,不远而复,先典攸高"(丘迟《与陈伯之书》)。用意凑成四四对四四,可以说是新花样,但是拆成四句，每一句的表达方式仍旧是秦汉的。诗词也是这样，"烽火连三月，家书抵万金"（杜甫《春望》），"凌波不过横塘路，但目送芳尘去"（贺铸《青玉案》），其中的每一句，就表达方式说，都没有跳出秦汉的旧格局。

再说有意的模仿。有意是不只学，而且心里想，嘴里说。这种模仿，一般说是起于唐朝的韩愈和柳宗元等；也有人说，六朝末年，陈隋之际已经露了苗头。这股风是来自对骈体的厌倦。骈体盛行于南北朝到唐朝中期，行文要求工整的四六对偶，这有如缠小脚走路，纵使缠的人觉得美，很不方便是任何人都会感觉到的。并且，内容大多是风花雪月，写很费力而并不实用。这样，骈体这个像是很美的工具就成为不适用的工具。不适用，不能不改，于是就有了古文运动。大的方向是改用秦汉的散体写。用骈体写的是时文，所以模仿秦汉写的是古文。但这是就概括的格局说，至于实践，那就还有不少分别。分别之一，秦汉作品，有不少偏于古奥，但那是任时代的自然；古文运动的有些作家就不然，而是有意追求，如柳宗元就是比较突出的。分别之二，秦汉时期对于对偶，也是任其自然，碰巧就用，碰不巧就不用，如果说间或是有意，那也是有意用，而不是有意不用，如贾谊、枚乘等就是这样；古文运动的作者就不然，而是尽力躲避，唯恐沾染一点点骈体的气味。分别之三，秦汉时期，尤其先秦，作品都是言之有物，并且没有正统观念，孟子骂杨墨无父无君（《滕文公下》），韩非也可以骂儒墨非愚则诬（《显学》）；唐朝古文运动的首领韩愈，口头也是着重文章内容的,他标榜"师其意,不师其辞"(《答刘正夫书》),可是他所谓"师",不是师先秦诸子的各抒己见,而是"师古圣贤人"(同上),具体说是要宣扬孔孟之道。风花雪月换成孔孟之道,由表面看是化虚为实,值得欢迎。可是看后果却又不完全是这样,因为一方面,唐宋以来的古文,通病是气势盛而思想贫乏;另一方面,由宋朝开始的经义文,以及渐渐转化成的八股文,即使不是古文的嫡系子孙,也总是近亲。分别之四,上一节曾谈到,秦汉的文已经有腔调,但那是任语言的自然;古文运动的作家就不然,而是有意地深追,不只在实行方面要求后来居上,而且想在理论方面找到根据。韩愈在《答李翊书》里曾谈到"气",说"气盛则言之短长与声之高下者皆宜",好像气是内容方面的事物;其实,纵使它不能完全脱离内容,可是想使读者感到,却不能不靠表达(曹丕《典论·论文》说"文以气为主",气有清浊,如音乐有巧拙,显然也是指表达方面)。我们读韩文,其中多数篇章确是使人感到气盛。宋以来数不尽的文人读韩文表示赞叹,主要原因也是感到气盛。这气的理论到清朝桐城派手里就说得更神乎其神,是:"所以为文者八,曰神理气味,格律声色。"(姚鼐《古文辞类纂序目》)其实说穿了不过是在腔调上下了大功夫,比之秦汉多了浓厚的造作成分。

古文运动在唐朝是创始时期,经过宋朝尹洙、梅尧臣、欧阳修、苏氏父子等的努力才获得彻底胜利。大方向都是学秦汉,用散体写,可是大同之中有小异。如与唐的古文作家相比,宋的古文作家,尤其欧阳修和苏轼，行文比较平易。还有，同是宋代作家，风格也不尽同，如曾巩用力求精炼，文章就显得造作气重；苏轼就不然，写小札、笔记之类，行云流水，像是毫不在意。此后，大声疾呼学秦汉的是明朝的前后七子：前七子的重要人物是李梦阳、何景明等，后七子的重要人物是李攀龙、王世贞等。口号都是"文必秦汉"，可是拿起笔，就连韩愈的"师其意，不师其辞"的主张也忘记了，而是生吞活剥，甚至剽窃，以致内容和文字都无足取。这股歪风当然要引起反感，于是有唐宋派兴起，代表人物是王慎中、唐顺之、归有光等。学唐宋其实是间接学秦汉，因为唐宋也是学秦汉。这学唐宋的风刮到清朝成为方苞、姚鼐等的桐城派，多讲义法，也就是更在表达方面下功夫。其后恽敬、张惠言等发思古之幽情，用秦汉的高古自然矫正桐城派的拘谨，成为阳湖派，就模仿的口号说，算是又回到文言的老根据地——秦汉。

以上说的是以秦汉为标本以及其中的大同小异，总地说都属于模仿的水流。有没有这股水流之外的文言？这要看从哪个方面说。如果只是看口号，明朝晚年以袁宗道、袁宏道为首的公安派可以算，因为他们反对前后七子的模仿，主张文章好坏，关键在达不达，不在古不古，意思是不必学秦汉。但这是就方向说，至于动笔写，那就还是离不开秦汉，因为他们用的是文言，想避开秦汉的格调是行不通的。

再说"模仿的成果"。显然，这方面材料太多了，因为只要是文言作品都要算。刊刻而收入各正史艺文志的，有不少没有传下来；只计传下来的，数量也仍是汗牛充栋。为了以简驭繁，这里想只谈几个要点，或说特点。按通用的编目办法，分为经史子集四类。

先说集部。其中的"别集"是秦汉以后的新事物，传统书目所收，最早是《蔡中郎集》和《曹子建集》。别集是个人的各体文章的汇编，从汉魏之际开始，直到清末，不要说名家，就是《颜氏家训》讥为"上车不落"的人物，也总要想方设法，刊印求传世。因此，这个秦汉以后的模仿阶段，数量最多的文言作品是各朝代大大小小作家的文集。总集也不少，全收的有《全唐文》之类，选收的有《宋文鉴》之类。

再说史部。这不是新事物，但比起秦汉来，产量大多了，不只各朝有正史（有的不只一种，如《唐书》和《五代史》都有新旧两种），而且出了不少重要的大著作，如"编年"的有《资治通鉴》等，"政书"有《文献通考》等。其他记事的杂著，如《金石录》《野获编》等，更是多到数不清。

再说子部。像先秦那样，处士横议、成独家之言的著作少了，勉强说，王通《中说》、黄宗羲《明夷待访录》之类还可以算数。产量多的是另一类，可以总称为"杂记"。又可以分为两种。一种偏于讲学问，如《容斋随笔》《困学纪闻》《日知录》等，成就很大。另一种偏于记见闻，如《酉阳杂俎》《癸辛杂识》《辍耕录》等，成就也不小。

最后说经部。经是文献中的老牌号，后代当然不可能有；有的只是解经的著作。这类著作主要出于唐代和清代，唐代的多见于《十三经注疏》，清代的大多收入《皇清经解》和《皇清经解续编》。

6.2 骈　体

骈体"文"一般不押韵，可以算作无韵之文的一个支流。骈体的形成和规格，作为文言的一种特点，前面第5.7.3节已经谈到；这里是从另一个角度，谈谈骈体作品的历史情况。表情达意，多用对偶，而且尽力求工整，应该说是从汉魏之际开始，我们读曹丕、曹植兄弟的文章，可以明显地嗅到这种气味。此后经过两晋，无数作家都是顺着这条路"往前"走，就是说，用对偶，要求数量更多，声音更讲究。南朝沈约、周颙等创四声八病说以后，对偶的要求越来越严格，于是文人动笔就费尽心思，通篇骈四俪六。这时期以及其前的这类作品，萧统编的《文选》收了不少，更多的见于各家的文集，甚至专著，如刘勰《文心雕龙》。文集之外的许多著作，如属于史部、子部的，记事说理，也常常用骈体。

齐梁以后，一直到唐朝前期，写作用工整的四六成为风气。风气的力量是不可抗的，如唐太宗是皇帝，写《大唐三藏圣教序》，用骈体；魏徵是政治家，写史传的论赞，也用骈体。这风气并且使骈体成为无孔不入，如断案的判词，也要玩骈体的花样，白居易并且把它收入文集，此外张鷟还有单行的《龙筋凤髓判》。这结果，显然，骈体的作品就会多到数不清。其中也有价值很高的，如史学家刘知幾的《史通》和政治家陆贽的《陆宣公奏议》就是。由喜爱骈体的人看来，这时期，工巧可以当作标本的作品确实不少，如徐陵《玉台新咏序》、王勃《滕王阁序》等，都是辞藻秾丽，用事典雅，可以当作诗词来吟诵的。

韩柳古文运动兴起以后，在一段不很短的时间之内，骈体的势力并没有大消减，如晚唐还出了个四六大家李商隐；其后到宋初，杨亿、钱惟演等追随李商隐，并且变本加厉，成为垄断文坛的西昆派。直到欧苏等重新掀起古文运动，理论和实践两方面都有了大建树，古文才取得最后的胜利。所谓胜利，是文人都相信秦汉是文的正宗，表情达意应该用平实自然的散体。但就是这样，骈体也没有死亡，而是缩小阵地并坚守阵地。所谓缩小阵地，是由遍布于各体变为只用于一部分文体，如制、表之类是必须用骈体，碑、序之类是经常用骈体。所谓坚守阵地，是规格更严谨，面目更清晰。古文运动以前的骈体，虽然以通篇骈四俪六为工，但有不少是杂有少数散句的；古文运动胜利以后的骈体就不然，只要是骈，就要求清一色（不合格的是极少数）。这是说，规格更严谨了。规格严谨的结果是面目更清楚，或说与古文的界限更分明。以王安石的书札为例：

（1）某愚戆浅薄，动多触罪。初叨一命，则在幕府，当此之时，尤为无知。自去吏属之籍，以至今日，虽尝获侍燕语，然不能自同众人之数也。

(《上宋相公书》)

（2）此者冒跻官次，荣托使车，躬裁琐琐之文，私布惓惓之意，干磨为吝，震叠于怀。会走干之鼎来，辱腾书而宠答，优为体貌，略去等夷，繄奖予之大隆，滋回皇之失次。

(《上宋相公启》)

例（1）是古文，例（2）是骈体（"启"必须用骈体），泾渭分明。这现象可以使我们明白两件事，一是骈体坚韧，虽退让而并未投降；二是即使是大名鼎鼎的古文家，也不能不网开一面。这坚韧的性格，到后来还有不容忽视的表现，就是到清朝，骈体竟有中兴之势，不只喜欢写的人很多，而且出了毛奇龄、洪亮吉、汪中等不少名家。

骈体难写，等于工具很不顺手，而且容易华而不实，总之是有大缺点。可是古文运动胜利之后，它偏安而不灭亡，是什么原因？我想，是因为旧时代的文人看骈体，除去秾丽典雅之外，还可以表示郑重。这像是服装，如果分为礼服、便服两类，在某些需要穿礼服的场合，穿便服就成为不礼貌，不郑重。因此，经常处于上层的文人，喜欢也罢，不喜欢也罢，衣箱里总不能不存储礼服，也就是不能不具备写骈体的本领，以便到需要写的时候，也能够骈四俪六。

第七章 历史情况（乙）

7.1 文言的支流

上一章的第6.1节说，为了解说的方便，把文言分为两股水流：主流是无韵之文，支流是有韵之文。我们知道，文言各体有不少是经常押韵的，还有些是间或押韵或散中杂有韵句的。这里想介绍的是概况，不能不取重舍轻。最重的是诗，因为作者多，产量大，成就高。其次是词。再其次是赋。曲是押韵的重要文体，可是由讲文言的角度看，问题比较复杂。曲有广狭二义：广义指现在所谓剧本，如《西厢记》《牡丹亭》等都是曲；狭义指曲文。曲文有两种，剧本中供演唱的是曲词，剧本外不供演出的是散曲。剧本之中还有只说不唱的宾白。与学秦汉的古文相比，曲是时文，就是说，本意是用当时的"语"写，让听众能够听懂的。可是因为：一方面作者总是通文之人（不知不觉会求雅），一方面曲文和词有密切的传承关系，于是曲（包括曲词、宾白和散曲）就不能不掺杂不很少的文言成分。但不管多少，总是掺杂，并非纯粹是或大体上是，因而放在这股水流里就会成为名不副实。

把曲排除之后，谈有韵的文言还会遇见两个问题。其中一个小的是有少数并不押韵，如《诗经》的多数"颂"和《楚辞》的《渔父》之类；或并不全篇押韵，如西汉的有些赋。幸而这少数例外只见于韵文的早期，根据取大同而舍小异的原则，可以不计。另一个问题就大多了，是诗词与口语距离近，其中不少（如有些乐府诗）甚至算文言也会有问题。怎么处理？我想，办法或说原则是两个：一个仍然是"词汇句法系统"，另一个是"从多数"。前一个用不着解释，就是看表达方式是不是秦汉的：是，算文言（秦汉以前的，如《诗经》，从习惯，算文言）；不是，算白话。后一个包括两方面的意义：一方面是就整体说，如诗，表达方式多数用文言，就总的算文言；另一方面是就个体说，如《古诗十九首》，写得相当通俗，但多数语句的格局是秦汉的，也算文言。这样分辨，自然难免遇见中间的，不好定性，那可以实事求是，让它骑墙，留在中间。这类问题，后面第十四章讨论文白分界的时候还会谈到，这里从略。

7.1.1 《诗经》和《楚辞》

这是我国文献库存里两部时间最早、声价最高的诗歌总集。两者相比，《诗经》的时代更早，是西周到春秋中期；《楚辞》是战国时期写成的（汉人仿作的不计）。产地也有大分别：《诗经》主要是中原一带的，《楚辞》是江汉一带的。时间、地域的不同还带来其他分别，如《诗经》的绝大多数不知为何人所作,《楚辞》则绝大多数有明确的作者(少数有疑问);《诗经》是官府乐歌的结集,《楚辞》不是。最重要的分别是语句的格局和所表达的意境。《诗经》的体制短小整齐:绝大多数是四个字一句,隔句押韵;一般分为同形式的几章,这是为了用同样的乐调重复歌唱;篇幅都比较短。与《诗经》相比,《楚辞》的体制就繁多了:句子长了,而且字数不很一定;不再有章的重复;篇幅一般比较长,甚至很长,如第一篇《离骚》就是。意境的差别更大。《诗经》写的是"人"境,常事常情,手法是现实主义的。《楚辞》不然,而是用丰富的想象,写不少超人世的"神"境;就是写人世,也总是美人香草,迷离恍惚。总之,同是诗,《楚辞》富于浪漫主义色彩,又因为兼用一些楚地方言,所以比较难读。

就编制说,《诗经》比较简明:十五《国风》是各地民歌,《小雅》《大雅》是朝廷乐歌,《周颂》《鲁颂》《商颂》是宗庙乐歌。《楚辞》十七篇是汉人编集的,专就战国时期屈原、宋玉等作的十篇说,性质很杂,如《离骚》是个人的抒情诗,《九歌》是祭神鬼的舞歌,《卜居》是记事文。至于汉人仿作的七篇,是临摹性质,没有什么新的特色。

7.1.2 乐府古诗

这主要是指西汉到唐以前的诗歌作品。乐府和古诗合在一起讲,是因为两者有拉不断扯不断的关系。一方面,乐府和古诗有分别:一是来源不同,乐府(作为诗体名)原是乐府(作为官府名)到各地采风搜集来的歌词，歌词有乐调，乐调有名称，如《陌上桑》《步出夏门行》之类；古诗是不依旧调而创造的诗歌，如汉高祖《大风歌》、张衡《四愁诗》之类。二是由于来源不同，风格就有朴实浅易和藻饰深奥的分别。但另一方面，两者又有密切的关系：一是文人写诗常常模仿乐府，倚声式的模仿，并且标调名，成为乐府诗；自由一些，不标调名，就成为古诗（自然是后代才这样称呼）。二是由格局方面看，乐府和古诗是一路，早期间或用五言之外的杂言，后来基本上是五言一句，隔句押韵。三是到唐朝，近体诗兴起以后，与近体相比，乐府和古诗就合为一家，都算古体诗。但是就分别方面说，两者的兴衰却很不同：在这个时期内，乐府诗是由大盛而渐衰，古诗是由渐渐出现变为越来越多。兴衰的不同，是风诗来自民间，文人袭用，渐渐成为喧宾夺主的结果。

这时期的乐府诗，一部分庙堂用的，收入正史的《乐志》，内容是歌功颂德，文字佶屈聱牙，价值不大。其他大多是民歌或源于民歌，语言朴素，写情写景真切自然，是诗歌的上乘之作。作品很多，南北朝晚年，徐陵编《玉台新咏》曾收录一些。专收乐府诗，搜罗最多、分类最细的是宋郭茂倩《乐府诗集》。书一百卷，分乐府诗为十二类，是：郊庙歌辞，燕射歌辞，鼓吹曲辞，横吹曲辞，相和歌辞，清商曲辞，舞曲歌辞，琴曲歌辞，杂曲歌辞，近代曲辞，杂歌谣辞，新乐府辞。因为求全，它兼收了古谣谚和隋唐以来的文人仿作，还收了唐人作的不再标古调名的歌行，如元稹和白居易的新乐府。

这时期的古诗，绝大部分是东汉末之后的文人所作，后代人通称为五言古诗。古诗作为一种诗体，是对唐人的近体诗说的，总地说是近体诗有严格的规格，古诗比较自由。所谓自由，是篇幅长短不定，押平声韵或仄声韵不定，韵部的限制比较宽（如一东、二冬可以通用），不要求律句（音的平仄依规律变化）和对偶。此外，语句也要比近体诗质朴。但这些究竟是文人之作，所以由汉魏之际建安七子起，与乐府诗相比，语句就趋向华美，到南朝，谢灵运、谢朓等写山水，绘影绘声，其后徐陵、庾信等写宫体诗，描红刻翠，质朴的风格就越来越少了。这时期的作品，大多收在各个人的别集里，如《曹子建集》《谢宣城集》《庾子山集》等。别集之外，萧统《文选》是个重要的选本，如《古诗十九首》就是靠这部书才能流传下来。近人丁福保编《全汉三国晋南北朝诗》，把这时期的诗（包括乐府诗）都搜罗进去，想了解全貌的可以参考。

南北朝以后，乐府古诗不再有独霸的地位。但它并没有灭亡，而是换个方式生存发展。所谓生存，是文人依旧规格仿作，如李白曾写《子夜吴歌》《长干行》等，他又是最喜欢写古风的；杜甫长于写律诗，可是古诗也写了不少，如《羌村三首》《自京赴奉先县咏怀五百字》等，成就都是非常高的。所谓发展，是长篇七言歌行的兴起，如白居易《长恨歌》和《琵琶行》，几乎无人不知，无人不读；后人还不断模仿，如清吴伟业《圆圆曲》和《永和宫词》，在文学史上都是占有重要地位的。

7.1.3 近体诗

近体诗是南朝齐梁以来，诗的声律越来越讲究的产物，唐朝初年初步形成，盛唐时期成为全盛。与古体诗相比，近体诗的框框多多了。粗分只有两体，律诗和绝句，律诗一首八句，绝句一首四句；因为一句可以是五个字，也可以是七个字，所以细分有四体，五言律诗和五言绝句，七言律诗和七言绝句；此外有五言排律不限八句，通篇对偶（末联例外），作的人不多。一般押平声韵，隔句一韵（首句例外）；平声三十韵，不许通用。语句要合律；所谓合律，是以两个音节为一个单位（后一个是重点），平仄要变化，如上句是仄仄平平仄，下句要是平平仄仄平（非重点字可以通融）；不这样就是不合律。照一般习惯，律诗中间两句要对偶，成为两副对联，其他各句（包括绝句的四句）以不对偶为常，对偶为变。变得最多的是律诗和绝句通篇对偶，以及律诗通篇不对偶。前者如：

（1）风急天高猿啸哀，渚清沙白鸟飞回。无边落木萧萧下，不尽长江滚滚来。万里悲秋常作客，百年多病独登台。艰难苦恨繁霜鬓，潦倒新停浊酒杯。

（杜甫《登高》）

（2）两个黄鹂鸣翠柳，一行白鹭上青天。窗含西岭千秋雪，门泊东吴万里船。

（杜甫《绝句四首》之一）

后者如：

（3）移家虽带郭，野径入桑麻。近种篱边菊，秋来未著花。扣门无犬吠，欲去问西家。报道山中去，归来每日斜。

（皎然《寻陆鸿渐不遇》）

此外还有一种较大的变，是故意不合律的作法，名为拗体（不多见）。如：

（4）爱汝玉山草堂静，高秋爽气相鲜新。有时自发钟磬响，落日更见渔樵人。盘剥白鸦谷口栗，饭煮青泥坊底芹。何为西庄王给事，柴门空闭锁松筠。

（杜甫《崔氏东山草堂》）

第一句"草堂"应为平仄而用了仄平，第四句"更见"应为平平而用了仄仄，更厉害的，第二句和第四句都用了连三平（相鲜新，渔樵人），这是以越轨求奇崛，玩个新花样。

唐人写近体诗，一般是照规矩作，并且时间越靠后，要求越严格。这从写的方面看是自由越来越少，但从成果方面看又不能不承认是收获很多。所谓多包括两种意义。一是至少从声音美方面看，近体诗确是远远超过了古诗。看下面的例：

（5）结庐在人境，而无车马喧。问君何能尔，心远地自偏。采菊东篱下，悠然见南山。山色日夕佳，飞鸟相与还。此中有真意，欲辩已忘言。

（陶渊明《饮酒》之五）

（6）紫泉宫殿锁烟霞，欲取芜城作帝家。玉玺不缘归日角，锦帆应是到天涯。于今腐草无萤火，终古垂杨有暮鸦。地下若逢陈后主，岂宜重问后庭花。

（李商隐《隋宫》）

两首相比，如果只凭耳朵评判，陶的古诗只好甘拜下风了。另一种多是产量多。唐朝文人几乎没有人不喜欢作诗，而且以近体为本职，因为可以显工巧，逞才能。其结果自然是写了大量的近体诗。这些，传下来的当然是少数，大多收在各个人的别集里。唐朝还有选诗的风气，现在能见到的有《河岳英灵集》《中兴间气集》等十种。收唐人诗最多的书是清初官修的《全唐诗》九百卷，所收作者两千二百多人，诗接近五万首（兼收一些词）。

唐朝以后，近体诗的气运还没有消减。例如我们常说唐诗宋词元曲，好像到宋朝，诗已经被词挤到次等地位。其实情况并不是这样，证据是，不只作诗的人多，作词的人少，而且，就是两体都精的大家，如欧阳修、苏轼等，也是作的诗多，作的词少。因为这样，所以几乎和唐朝一样，宋朝的文人也写了大量的诗，而且出了不少卓越的诗人，如王安石、黄庭坚、范成大、陆游等。宋朝以后，文人习惯作近体诗的风气还是一直没有消减，如元明清各朝的文人不只都作，而且出了不少大家；甚至到"五四"以后，白话文已经取代文言，有些人深有所感的时候，如鲁迅先生，还免不了要写"惯于长夜过春时"的七律。

7.2 词

有韵之文，尤其就体说，最初都来自民间，不过是里巷田野的小调。可是它情境真，声音美，不久就登了大雅之堂，如《诗经》的国风，《楚辞》的《九歌》，乐府的《相和歌辞》《杂曲歌辞》之类都是这样。俗变为雅，以雅自负的文人当然要模仿。于是语句讲究了，产量增加了；可是情境不那么真了，而且几乎都停留在纸面上，不再谱之管弦。人总是要唱的，唱就不能没有歌词，于是在旧体不能充当歌词的时候，新体就应运而生。词的产生，就是因为到隋唐时期，乐府诗到文人手里，已经不是歌词。词的早期名称是"曲子"或"曲子词"，意思就是奏乐唱曲时的歌词。后来还有人称它为"乐府"，也是因为它是入乐的歌词。词还有另外的名称，如"长短句"，这是与诗的句式整齐（五言或七言）对比说的；"诗余"，也许是词乃小道，不过是诗的尾声的意思。

词和诗在韵文系统里是近亲，所以诗余论者推想其间有蛋生于鸡的关系。其实词不是由诗演变而来，虽然辞藻和声律不能不受诗的影响。词与诗相比，有它自己的特点。其一，因为它是新兴的燕乐中所唱，所以声律方面有更严格更细致的规矩：歌词有调（如《菩萨蛮》），调有谱（如第一句是"平平仄仄平平仄"），有的还不只要求某字必平或必仄，还要求某字必须是某一种仄（如《永遇乐》末尾两字必须是"去上"），甚至要辨五音和阴阳。其二，因为经常用于花间、尊前，所以情调柔婉，离不开红灯绿酒，玉钏金钗。这两种特点限定词和诗有大分别。一是规格方面。诗相当简单，尤其近体，不过五七言律绝，共四种，就是细分，把平起、仄起和首句入韵、不入韵算在内，也不过十几种。词就多多了，清初王奕清等编《钦定词谱》，共收词调八百多个，有的调还包括不同的体，共两千多个。不同的调，字数有多有少，如《十六字令》只十六个字，《莺啼序》多到二百四十个字。少数调字少，不分片；绝大多数分作上下两片。过去根据字数多少，把词分为三种：五十八字以内为小令，五十九字至九十字为中调，字再多为长调（有异说）。押韵的方式变化多，隔几句押，换韵不换韵，如果换，换几次，各调有各调的规格。总之，因为规格复杂，要求严格，比诗难作。二是情调方面。诗词都是抒情的韵文，但表现的意境性质有分别。大体上说，诗宜于抒发较直率的感情，词宜于抒发较柔婉的感情，这就是昔人常说的，诗之境阔，词之言长。长是细致委婉，所以苏辛以前一直以婉约派为词的正宗。苏轼天性洒脱，写词难改本性，于是有了"明月几时有，把酒问青天"，

"大江东去,浪淘尽千古风流人物"等名句,后来辛弃疾、张孝祥等也这样写,开创了豪放派,后代的文学史家以今度古,说这是词境的解放和进步。当时多数人并不这样看,如俞文豹《吹剑录》曾记载,某能歌的幕士说苏词"须关西大汉""唱大江东去"。李清照《词论》说得更露骨,是"句读不葺之诗","往往不协音律"。这里我们不是评论婉约派和豪放派的高下,只是想说明词境和诗境有分别,或说词有特点,我们读词,应该了解并体会这个特点。比较下面的例:

(1)闻道长安似弈棋,百年世事不胜悲。王侯第宅皆新主,文武衣冠异昔时……

(杜甫《秋兴八首》)

(2)明月几时有?把酒问青天。不知天上宫阙,今夕是何年……

(苏轼《水调歌头》)

(3)几日行云何处去,忘却归来,不道春将暮。百草千花寒食路,香车系在谁家树?……

(冯延巳《鹊踏枝》)

(4)西城杨柳弄春柔,动离忧,泪难收。犹记多情,曾为系归舟。碧野朱桥当日事,人不见,水空流……

(秦观《江城子》)

例（1）是诗，例（2）是李清照所谓"句读不葺之诗"，例（3）（4）是词。体会意境和情调，我们不能不承认，例（3）（4）所蕴含的，宜于用词表现，甚至说，不是诗所能表现的。还有，词的意境和情调，不同的词调也不尽同，如《满江红》《贺新郎》之类偏于刚，在词调中占少数；《浣溪沙》《蝶恋花》之类偏于柔，在词调中占绝大多数。总之，词在韵文各体中已经发展到最精细的地步，其成就是应该受到重视的。

词最初是民间作品，可是从前，最早的词选本，后蜀赵崇祚《花间集》和无名氏《尊前集》，所收都是唐、五代的文人之作。直到近年，才在敦煌的卷子本上发现一些早期的无名氏作品，由王重民辑为《敦煌曲子词集》，计收《鱼美人》《菩萨蛮》等共一百六十多首。文人仿作由中唐开始，刘禹锡、白居易等都有少数作品传世。词到晚唐、五代成为全盛，出了温庭筠、韦庄、冯延巳、李后主等不少大家。这时期的词都是短的小令，题材大多是宴乐闺情，语句浅明婉丽，与宋朝相比，数量不算多，只是一千一百多首，都收在近人林大椿编的《唐五代词》里。到宋朝，词有了大发展和大变化：篇幅渐渐长了，中调、长调越来越多；文人气渐渐重了，语句由浅明趋向藻饰委曲；而且有了不同的风格，如晏殊、秦观等仍是旧的婉约一路，苏轼、辛弃疾等成为豪放。作家很多，作品更多，各大家几乎都有词集，加起来，如果以首计，那就数量太大了。汇集的书，旧的有明末毛晋刻的《宋六十名家词》，新的有近人唐圭璋编的《全宋词》。宋朝以后，词不再用作歌词，可是像诗一样，各朝代都有不少文人仿作，其中以清代为最盛，最有成就，不只出了不少大家，如朱彝尊、顾贞观、纳兰成德等，还形成不同的流派，如浙派和常州派。词人大多有词集传世，汇辑的书有近人陈乃乾编的《清名家词》。还有，也像作诗一样，现在还有人把词看作抒情的工具，有时兴之所至，就填一首《念奴娇》或《沁园春》之类。

7.3 赋

与诗词相比，赋是文言韵文里的次等大户。所以成为次等，是因为文多质少，难作而用处不大（后代大多是应付考试）。赋体来源很早，《汉书·艺文志》说："登高能赋，可以为大夫。"又说"不歌而颂谓之赋"。这颂的情况，先秦典籍里常有记载，如《左传》隐公元年记郑庄公与母亲姜氏复和，说："公入而赋，'大隧之中，其乐也融融。'姜出而赋，'大隧之外，其乐也泄泄。'"所赋很短，却表明了赋体的性质，是内容浮夸，形式押韵。推想作赋既然是上层阶级的必备本领，赋体就必致繁荣滋长，于是篇幅就渐渐由短而长。在先秦，也许楚地最时兴这一套，所以今天能见到的，如《楚辞》中的有些篇，《荀子》的《成相篇》和《赋篇》，都是楚地的作品。汉人继承先秦的传统，并且发扬光大，把赋看作驰骋文才的最重要的场所，于是作了大量的赋，一般称为"辞赋"或"古赋"。汉赋有特点，除了押韵、换韵、多用四六字句、文前常有序等一般形式以外，是篇幅长，多写京邑园林，尽力铺陈，堆砌生僻名物和形容词语，常是由假设的二人问答引起。过分铺陈，又篇幅长，至少是现在读，会感到沉闷，不能引人入胜。这样的赋，在古代是受到重视的，如萧统《文选》就把它看作高等作品，不只大部分选入，而且列为选文的第一类。后来编文集一直继承这个传统，总是把赋放在各体之首。

六朝时期，赋仍然被看作重要的文体，可是规格有变化。最重大的变化是题材广泛了，有时写景物（如《小园赋》《月赋》之类），而常常写心情（如《思旧赋》《恨赋》之类）。其次是篇幅短了，语句不再是古奥怪僻，而是清丽自然。此外，受当时重骈体的影响，散行的句式少了，几乎都是通篇对偶。这样的赋，后代称为"骈赋"，如鲍照《芜城赋》、庾信《哀江南赋》之类，我们读它，觉得比汉赋好多了。

骈赋到唐朝及其后，被官府拿去，列入考试的科目，而且通常要限定押某几个韵，成为"律赋"。这种赋继承了汉赋的铺陈，而扔掉六朝赋的写真情实感，成为有韵的八股文，所以价值很小。

科场之外，有些文人发思古之幽情，随笔写些小赋，押韵不严格，语句常散行，如欧阳修《秋声赋》和苏轼《赤壁赋》之类，后代称为"文赋"。这种赋就性质说是真正的复古，因为古人抒情，有时歌，歌词是诗；有时颂，颂词是赋。登高能赋，不事前准备，推想应该是框框不多的。可是后代人看律赋惯了，总觉得不衫不履、没有板眼的文赋不是赋的正宗。

专收赋的典籍，无论选收还是全收，各朝代都很少。原因大概是喜欢读的人不多。一部比较重要的是清初官修的《历代赋汇》，连补遗将近二百卷，收古代到明朝的全部作品，只是这时期赋体已经成为强弩之末，大概读的人不会很多了。

第八章 不同流派和不同风格

8.1.1 文言同中有异

世间的事物,没有两个个体是完全相同的。出于不同作者的文言作品自然也是这样,表达方面总不免有或大或小的差异。就现在能见到的文献资料看,且不管商周,由战国到清末,用文言表情达意,表达方式都属于秦汉的词汇句法系统,可是写成的作品,面目却常常相差很多。例如大家都熟悉的《滕王阁序》和《师说》,一骈一散,一华一朴,简直不像是出自一个朝代。又如黄庭坚作诗是学杜甫的,可是我们读黄的诗,总感到不那么雄浑自然,味道和正牌的不一样。不同作者的作品,面目有别,原因很多,主要是以下这些:其一是时代,如汉人的文章是汉人味道,唐宋人不管怎样心模手追,写出来的终归不是汉人的味道。又如人生在南朝,写文章就不能不用骈体。其二,地域也常常有关系,如春秋前后,中原一带人写诗,总不能不用四言,江汉一带人就不同,是多用六七言,而且上句句尾要加"兮"。南北朝时期也是这样,北朝的诗文不怎么修饰,南朝就总要穿红挂绿。其三,个人的学识和性格关系更大,比如顾炎武和李渔都是清初的人,可是《日知录》和《闲情偶寄》的面目迥然不同，这显然是两个人的学识和性格不同的反映。学识和性格相比，也许性格更重要，比如李白和杜甫，作品一仙一圣，距离如此之远，如果追求原因，恐怕列在第一位的必是性格不同。总之，用文言表情达意，虽然表达方式都取自秦汉的词汇句法系统，可是取有不同的取法，就是说，不同的作家，受各自条件的制约，这一位可以抽取这些成分，如此组织，那一位可以抽取那些成分，如彼组织，于是成文以后，就表现为不同的面目。我们常说，人心之不同，各如其面，可见面目的差异，小的必致数不清，甚至大的也会多到难于列举。幸而这一章想谈的只是一种关系不很大的现象：文言的表达方式是大同，可是表现在作品上却有或大或小的差异。差异太繁，我们只好取重点。重点是"流派"和"风格"。

8.1.2 风格和流派

风格，旧时代有人称为"品"，很难讲。如司空图把诗的品分为雄浑、冲淡、纤秾、沉着等二十四种，解释却只能旁敲侧击，如说纤秾是"采采流水，蓬蓬远春。窈窕深谷，时见美人……"这样比来比去，还是可意会不可言传。或者只能由概括的道理方面言传。某一作者的诗文，由表达方面看，水平不高，因而与其他作者的作品相比，也显不出自己的特点，这是纵使有小的差异也谈不上风格。如果是另一种情况，水平高或者很高，与其他作者，尤其不同道的作者相比，特点很明显，我们就说这是有了自己的风格。可见风格包含两种不可少的因素，一要写得好，至少是相当好，二要有特点。诗文有了风格，这风格总是作者所偏爱的；有的人不只爱，还想明白说好，于是找理由，就形成诗文的理论，如"文必秦汉"和"神韵说"之类。其后或同时，有些人也欣赏这种风格，相信这种理论，于是引为同道，也照那个路子写，也宣扬那种理论，就形成流派。诗文表达方面有特点，能不能算风格，有同样特点的人引为同道，能不能算流派，都是仁者见仁、智者见智的事。我想，风格问题，为了避免纠缠不清，我们最好是取大舍小，成就不大，特点不突出的不算也罢。流派问题，为了简便可行，可以根据内外两个条件来断定，内是特点鲜明，而且经常是有理论，外是有标志特点的称号（如永明体是着重作品的，唐宋八大家是着重人的），具备这两个条件的当然要算，只具备其中之一的，有显著影响的也可以算，没有的可以不算。

  流派和风格的关系是错综复杂的。流派主要是就人说的，指诗文方面结为一伙的同道，风格主要是就作品说的，指诗文在表达方面的特有性状，两者有分别。但作品是人写的，因而不同的风格常常产生于不同的流派。流派不同，风格一定不同。但不能反过来说，属于同一流派，风格一定相同。例如同是古文家，曾巩和苏轼的风格不一样，这是同一理论之下，还容许，或说不能不有因学识、性格的不同而产生的差异。由此可见，风格比流派的分别更细。因为更细，所以小的差异就不能形成流派。流派的形成，除风格大异之外，还要靠一些社会方面的条件。所以有时候，就是大的风格差异也未必形成不同的流派，如《论语》和《孟子》都是语录体，前者朴厚，后者雄辩，却没有形成不同的流派。总地说，文言同中有异，不同流派表现的是较大的异，不同风格表现的可能是较大的异，也可能是较小的异。较小的异，历代的文论、文评、诗话、词话之类兴之所至地讲了不少，大多是要靠体会才能触及一些皮毛的事物，这里不能谈，也不必谈，因为我们想知道的只是，同是文言，从表达方面看，由于流派和风格的不同，面目并不千篇一律。但就是这一点点要求，牵涉的内容也是千头万绪，因为时间太长，作家和作品太多。不得已，这里只好举一些显著的例，以求通过一斑而略窥全豹。

8.2 不同流派

流派有大小，或说有层次，大的或层次高的，牵涉的面广，反之，牵涉的面狭。比如唐朝早期，李善为《文选》作注，创立了文选学，以后有不少人写诗文，顺着《文选》的路子，与韩柳古文家南辕北辙，于是成为古文和选派的对立，这牵涉的面很广，所以流派应该算大的。还有次一等的，如同是反对明朝前后七子的复古，公安派和竟陵派有分别，同是古文家，桐城派和阳湖派有分别，这牵涉的面比较小，流派应该算次一等的。还有范围更小的，如王士禛宣扬神韵说，袁枚宣扬性灵说，这是只限于诗的流派；朱彝尊编《词综》，创立浙派，张惠言编《词选》，创立常州派，这是只限于词的流派。此外，还有介于成派不成派之间的，如建安七子、初唐四杰、大历十才子之类，都是出于后代论述诗文的人的。总而言之，如果可以算作流派，也只是准流派，因为这些人的作品，由表达方面看，异点也许相当多，如王勃和陈子昂就是这样。

上面说，风格的不同未必形成流派。早期就是这样，如战国时期，诸子的文章各具特色，可是只有思想方面的流派，没有表达方面的流派。流派来自用意怎样写，有时更着重怎样学，所以与风格相比，是后起的。如果"建安七子"可以算，那也只能说，到汉魏之际才有所谓流派。但是这个称号来自曹丕《典论·论文》，说"鲁国孔融文举，广陵陈琳孔璋……"，接着总括说："斯七子者，于学无所遗，于辞无所假，咸以自骋骥騄于千里，仰齐足而并驰，以此相服，亦良难矣。"谁也不服谁，似乎就不能说是形成流派。与其说是流派，不如说是有共同的时代风格。名实相副的流派是南朝齐梁时期沈约、谢朓、王融等的"永明体"，诗文特点主要是讲究声律，其次是辞藻秾丽。永明体影响很大，近的有南北朝晚年，庾肩吾、徐陵、庾信等的"宫体"和"徐庾体"，远的有初唐虞世南、李百药、上官仪等的"上官体"，特点都是用华丽的辞藻歌颂宫闱生活，此外还有初唐以后的格律诗。由唐朝中叶起，中国文学史上最大的流派出现了，那是古文和选派的对立。古文用朴奥的散体写，选派用辞藻华丽兼对偶的骈体写，各有所好，各行其是。这情况由唐宋一直延续到清朝，前面第6.2节曾谈到，不重复。唐宋以后，比较重要的流派都与古文有关，多数站在赞助的一边，很少数站在不赞助的一边。先说赞助的，成就很小而喊得最响的是明朝以李梦阳、何景明为首的"前七子"和以李攀龙、王世贞为首的"后七子"，他们机械地学秦汉，写的都是假古董，既不通畅，又不自然。反这股歪风的是王慎中、唐顺之、归有光等的"唐宋派"，他们标榜学欧曾，行文比较平易自然，就大系统说仍旧是古文。到清朝，古文的重要流派是以方苞、姚鼐为首的"桐城派"和以恽敬、张惠言为首的"阳湖派"。桐城派还是走唐宋的路，行文求简洁典雅，可是多在作法方面下功夫，讲"神理气味、格律声色"的义法，框框多，难免失于拘谨。对桐城派说，阳湖派是修正主义者，既要唐宋，也不舍五经诸子，所以路子宽了，作品显得自然一些。再说不赞助的。其中之一是宋初杨亿、钱惟演、刘筠等的"西昆体"，不论是诗还是文，总是堆砌大量的华丽词语和典故，使人读了感到费解。再有是明朝晚期以袁宗道、袁宏道为首的"公安派"和以钟惺、谭元春为首的"竟陵派"。公安派大声疾呼反对复古，写文章求清新自然，直写胸臆。这当然是好的，可是当时人看，未免失之俚俗，所以竟陵派想来修正，办法是用意求幽深冷峭，变平易为险阻，结果是违反了辞达的原则，既别扭，又难懂。此外，如果可以算上近人，梁启超的"新文体"也值得注意，他用演说的格调写文章，通俗流畅，气盛情深，结果成为走向白话的文言。

流派有不少是限于韵文方面的。这可以早到战国的"骚体"，《史记·屈原贾生列传》说："屈原既死之后，楚有宋玉、唐勒、景差之徒者，皆好辞而以赋见称。"可见司马迁是把他们看作流派的。以后，诗的流派以唐代为最盛，如孟浩然、王维等是"山水诗派"，高适、岑参等是"边塞诗派"。这是小的，因为影响不大。影响大的是元稹、白居易的"元和体"，用平易的文字写时事，反映民生疾苦，当时很多人喜欢读，学的人各朝代都有。此后，一个大的流派是宋朝黄庭坚、陈师道等的"江西诗派"，作诗用字求新奇险僻，大量用典，弊病很多，可是后代有不少人学他们。到清朝，诗的理论有大的分歧，王士禛倡"神韵说"，沈德潜倡"格调说"，袁枚倡"性灵说"，主张不同，也都有人附和，似乎也可以算作流派。词的大流派是"婉约派"和"豪放派"，前者势力比后者大得多。到清朝，词还产生了小流派：朱彝尊编《词综》，推重南宋的文人词，作词求工巧雅丽，成为"浙派"；张惠言编《词选》，推重北宋的词人词，作词主张意内言外，成为"常州派"。

8.3 不同风格

风格难讲，上面第8.1.2节已经谈到。难，因为小的差异不容易分辨；大的差异虽然特点明显，却不容易叫名，勉强命名，如雄浑、冲淡之类，也是如人饮水，冷暖自知的事，想说明总是隔靴搔痒，雾里看花。但风格又确是实有其物，比较明显的如《庄子》和《荀子》，李白和杜甫，我们对比着读，总会感到面目或韵味相差很多。风格来自表达方面的特点，这特点经过比较就可以更加明显。用这个办法，由战国时期起，我们可以找到几乎是无限的风格的差异。这里当然只能谈一些最显著的，或说气味最浓郁的。以先秦诸子为例，《孟子》和《荀子》相比，前者大气磅礴，行文如长江大河，一贯而下；后者就不同，而是正襟危坐地讲道理。《论语》和《庄子》的差别更大，前者朴实恳切，像是温厚的老年人谈家常；后者就不然，而是风云舒卷，变幻莫测。汉朝，相类的作品，如《史记》和《汉书》，贾谊的赋和张衡的赋，都是同中有异。差别大的也不少，如《淮南子》和《论衡》，前者深奥而后者浅易；《古诗十九首》和曹植的诗，前者用朴素的平常话写，后者就不然，而是加意修饰，不只意境求优美，而且文字求华丽。其后的陶渊明和谢灵运、谢朓等的分别也是这样，陶朴素而谢藻饰。

南北朝时期，风格方面的差异有了大的发展，就是出现了"文"和"笔"的分别。刘勰《文心雕龙·总术》说："今之常言，有文有笔，以为无韵者笔也，有韵者文也。"梁元帝《金楼子》说："至如文者，惟须绮縠纷披，宫徵靡曼。"可见所谓笔是指平实的应用之文，如论、记之类，文是指音律讲究、辞藻华丽的美文，如诗赋之类。有些人两者兼长，有些人不能两者兼长，如《南史·颜延之传》记载，宋文帝问颜延之几个儿子的才能，颜延之说："竣得臣笔，测得臣文……"这是说，儿子没有父亲高明，不能既长于写应用之文，又长于写美文。其实，就当时的风气说，美文是列在上位的，所以就是无韵之文也不能不学诗赋的藻饰。这就为后来风格方面的最大差异（朴素和藻饰）埋下了种子。南北朝以后，文笔的分别不大有人注意了，可是朴素和藻饰的对立却没有消亡，而是经过转化，成为古文和骈体的长期不合流。这在前面已经多次谈到，不再赘述。

古文和骈体的大分别之外，我们翻开文学史，通过对比，还可以很容易地看到许多风格方面的显著差异。比如《文心雕龙》和《世说新语》，都是南朝作品，可是风格迥然不同，前者骈四俪六，精雕细琢，后者用谈闲话的格调写，其中还常常掺入当时的口语。人也是这样，庾信和颜之推都是南朝末年人，流落到北朝的经历也相似，可是我们读《庾子山集》和《颜氏家训》，感到风格很不同，前者花团锦簇，后者质朴无华。唐宋的诗词也是这样，如元（稹）白（居易）和温（庭筠）李（商隐）相比，范成大和黄庭坚相比，柳永和吴文英相比，都是前者浅易，后者艰深，前者质朴，后者雕琢。明朝的前后七子和公安派相比，风格的差异更为明显，前者佶屈聱牙，后者浅易自然。最后，还可以比比梁启超和章太炎，执笔为文，前者简直是想用白话（因为是在"五四"以前，所以力不从心），后者则是想学《尚书》的典诰。

有明显特点的风格，不用对比，只要不断翻阅，也可以清楚地感觉到。比如读《楚辞》，我们总会感到感情深厚，想象奇妙；读汉赋，我们总会感到繁缛造作，铺张夸大。个别作家也是这样，如韩愈的诗像文，苏轼的词像诗，李贺的诗幽深奇崛，晏幾道的词委曲缠绵，等等，都是读了一些就可以体会出来的。

第九章 文言典籍

9.1 古今的变异

我们翻看大型的四部目录或者大图书馆的古籍卡片，也许会有这样的印象：书名浩如烟海，想来必是历代典籍的总汇。如果这总汇的意思是，战国的著作加两汉的著作加魏晋南北朝的著作……那就错了，因为我们现在有的全数古籍（公的、私的以及流到国外的），并不等于历代有过的典籍相加的总和。不只不相等，而且差得非常多。所谓差，不只是量，还有质。以下分项说说这种情况。

9.1.1 存　佚

古物保存不容易，因为有多种原因使它毁坏以至消亡。以建筑为例，阿房宫、铜雀台等不用说了，近的如畅春园，已经没有痕迹，圆明园有痕迹，但少得可怜。与这类建筑相比，书籍还是幸运的，经过历代的天灾人祸，就总的说，只是减少而没有消亡。不过就个别的说，消亡的就太多了。过去人常说，十不存一，这像是夸大，其实，如果这是指中古（开始有刻本）以前，那就不是夸大，而是缩小了。中古以前，记录我国书籍情况的最重要的书是《汉书·艺文志》和《隋书·经籍志》，我们看看就可以知道，前者记录的，两汉之际还有，后者记录的，唐朝初年大部分还有（因为兼记录梁、陈、齐、周四朝），可是现在怎么样？尤其《汉书·艺文志》著录的，绝大部分没有了。中古以前，书籍更难于保存，有多种原因。一是都要手抄，种数不多，尤其声名差的，抄的人很少，常常成为孤本，很容易灭绝。二是时间长了，存储的条件差，会渐渐由损伤残缺而灭绝。三是经过多次天灾和战乱，每次都闯过，成为幸存者，很不容易。四是统治者有计划地大批焚毁，如秦始皇焚书，梁元帝江陵失陷烧图书十四万卷，隋朝烧谶纬书，都是。五是存储的人不能代代是读书种子，有些很有价值的书不受重视，胡里胡涂地扔掉了。中古以后，有了刻本，因为数量多了，情况好一些。可是又有了新的难于流传的因素，是刻书容易，难免收不胜收，有些书未必没有可取之点，只是因为得不到重视，日久天长，甚至时间不长，也就销声匿迹了。如郑振铎是用力搜集清人文集的，他在所著《劫中得书记》中说曾得八百多种，但有不少汉学家的文集还是找不到。清代尚且这样，上推到宋元明就更不用说了。因此，我们谈到文言典籍，就所能有的全数说，如果用加法表示，应该是：战国著作的残余加两汉著作的残余加魏晋南北朝著作的残余……总之，与曾经存世的相比，只是星星点点罢了。

9.1.2 真 伪

上面第9.1节曾说,现存文言典籍的情况,还有质的问题。所谓质有问题,是现在有的,其中一些不是原装,甚至是冒牌,因而不能有一个算一个。简单说是有些书不真或不全真。《孟子·尽心下》说:"尽信《书》,则不如无《书》,吾于《武成》,取二三策而已矣。"这是说,武王伐纣,他以为殷人应该不抵抗,《武成》篇说战争很激烈,所记不实。王充《论衡》有《书虚篇》,说"世间传书诸子之语,多欲立奇造异",所以不可信。所记不实,不可信,是所写与事实有出入,几乎可以说一切著作都难免。这里说的不真是另外一回事,是张三作的硬说是李四作的。这绝大多数是后代人的作品冒充前代人的作品,通称为作伪,所作为伪书。书的真伪问题,尤其古代的,很复杂,因为年代远,本身模胡,文献不足,参与争论的人见仁见智,常常是难于取得定论。最典型的例是《尚书》,由汉朝起就有今古文之争,一直争到清朝,阎若璩作了《尚书古文疏证》,辨析细,证据多,古文部分不真才像是成为定论,可是其后,《尚书》还是整体地被人奉为经典。还不只《尚书》,唐宋以来,辨伪风气越来越盛,由明胡应麟《四部正讹》,清姚际恒《古今伪书考》到近人顾颉刚等编的《古史辨》,等等,提疑点,找矛盾,几乎一切早期的典籍都入了网罗,出现了漏洞。漏洞有大的,是全不真,如《竹书纪年》(原为战国时魏国史书,晋初出土,佚,宋以后人伪作)和《杂事秘卒》(明杨慎假托汉人作）；有小的，是部分不真，如《庄子》杂篇《让王》《盗跖》等四篇，一般承认是伪作，《韩非子》前两篇《初见秦》和《存韩》也是这样，一般认为不是韩非所作。还有一种情况，是书的内容颇有可取，只是究竟为何人所伪托，却不能十分清楚，如《列子》（旧题列御寇撰）和《西京杂记》（一说刘歆作）就是这样。此外，还有阴错阳差的情况，如郦道元为《水经》作注，引书很多，有时述明出处，也常常不提出处，后代人读《水经注》，碰到是引文而不述明出处的，如大家都熟悉的《三峡》（引自盛弘之《荆州记》），就以为一定是作者的手笔，其实不是，这不是作者有意作伪，而是疏忽。另一种阴错阳差是张冠李戴，如欧阳修的词集（书名不一）里收了一些冯延巳《阳春集》里的作品，这不是盗窃，是后代编书人疏忽。作伪，一般是在先秦、两汉下功夫，因为书以古为贵。但也有较晚的，如《南渡录》假托南宋初年的辛弃疾，《心史》假托南宋末年的郑思肖就是。读文言典籍，真伪问题非常复杂，确定真伪不容易，确定为伪作以后，评定其史料价值也不很容易，这牵涉到辨伪的专业知识，不宜于多说。这里只是想说明，就是我们所能见到的文言典籍的一点点残余，由货真价实方面要求，还不能不打些折扣。

9.1.3　正　变

正，指著作的本来面目；变，指著作或多或少有了改动，不是本来面目。以《论语》为例，战国时期曾经定稿，其后历代受到尊重，抄，刻，读，研究，应该说是受到稀有的爱护，可是汉人传授，不同的家数，字句不尽相同，可证是有了改动；并且，如《乡党》篇的"色斯举矣"，意义不明，有人推断"色"是错字，更可证今传本已经不是本来面目。保存最完好的尚且如此，其他就可想而知，几乎可以说，时间不很近的著作，世间流通的，没有一种是定稿时的本来面目。其实，就是相当近的，如《聊斋志异》，作者蒲松龄曾有定稿的手写本（只发现半部），与青柯亭刻本对勘，文字不尽同，这显然是刻书人作了改动。能够维持本来面目的大概只有稿本（现在有影印办法，不难看到）和作者自刻本，可惜为数不多。传世本不能维持本来面目，情况可以分为两类：一是残缺，二是改动。原因也可以相应地分为两类。残缺是来自各种变故，上面第9.1.1节曾经谈到。改动的情况比较复杂。一种是想恢复本来面目的改，就是校勘。因校勘而改，有可能改对了，但也有可能改错了。一种是传抄的改。有刻本以前的著作，靠抄写流传。抄，低手可能略识之无，最容易认亥为豕，因而不能不错；高手有高手的毛病，有时会随己意修改，甚至化繁为简。其结果是传抄次数越多，距离本来面目越远。有了刻印办法，情况会好一些，但一再翻刻，也会出现校勘和传抄那样的问题（明朝人刻书常常任意删改），因而也就难于保存本来面目。

变动大小，一般说是由时间和书的性质决定。就时间说，是越古越厉害，有了刻本以后，尤其到明清，情况就好多了。就书的性质说，是声名小的比较厉害，地位高的，如正史、大名家的文集之类，情况就好得多。至于变动的情况,那是五花八门,一言难尽(详见有些目录的解题)。这里想由重到轻,举一点点例。一种是"辑佚"。原书早已散失,可是其他书,如《文选》注和《太平御览》之类,常常引用它的语句,于是可以把这些都搜集来,编在一起,成为同名的一本书。清朝人喜欢做这个工作,如马国翰有《玉函山房辑佚书》,收书六七百种之多,都是这样拼凑的。当然,这样辑成的书只是名同,与原书的实况是距离很远的。一种是"残缺"。这是原书还有,只是不全了。先秦两汉著作,这种情况很多,如《管子》原为八十六篇,今传本缺十篇;应劭《风俗通义》原为三十篇,今传本只剩十篇。再一种为"错乱"。如《老子》,1973年在长沙马王堆三号汉墓发现的帛书本是德篇在前,道篇在后,今传本却颠倒过来;杨衒之《洛阳伽蓝记》,原来有正文有子注,后人连写,把两者混在一起,累得不少人在分辨上费力量。还有一种是"改字"。改的幅度有大有小,这里只说小的,如《论语·学而》"贫而乐道,富而好礼",旧抄卷子本有"道"字,今传本没有,可见是经过改动(多半是漏抄);陶渊明《桃花源记》"欣然规往",有的本子"规"作"亲",意思不对,显然也是改动过的。还有一种特殊的改字是避讳,如唐高宗名李治,"治乱"要改为"理乱",清康熙皇帝名玄烨,"玄鸟"要改为"元鸟"。此外,还有一种情况是"两歧"。如王之涣《出塞》,通行本作"黄河远上白云间",《乐府诗集》本作"黄沙直上白云间",南唐中主《摊破浣溪沙》中名句"细雨梦回鸡塞远,小楼吹彻玉笙寒",马令《南唐书》上句作"细雨梦回清漏永",都是可此可彼;但原作只能是一种,可见也是有了改动。这种种情况都表示,我们读的文言典籍,虽然一般都标明作者,可是与作者原作总不能不有或大或小的差异。

9.2.1 版本的形式

书籍版本是一门复杂的学问,只有多看(看讲目录的书,看实物)多记才能了解个大概。这里只是想回答一个小问题:所谓文言典籍,都有什么样式的?可以由粗到细谈三个方面。先谈外形。外形也相当复杂,但可以按照时间的顺序,概括为三类:最早是"册",中间是"卷",靠后是"本"(用常识一本书的"本"的意义)。

秦以前,文字大多是写在细长的竹片或木片上,称为简或策。把简竖着像横放的竹帘那样排在一起(右在前,左在后),靠上、靠下(或兼中间)用丝绳或皮条横着编起来或穿起来,展开可以读,读完可以由左向右卷起来,是册。表示册的单位是编或篇,后来也称为卷。如《孟子》七篇,每篇分上下,总数应该是十四卷。这样的书,我们想找来看看当然做不到了。但可以根据文献资料考见个大概。一种是远的,西晋初年汲郡人不(姓,音fōu)准盗战国魏王(一说襄王,一说安厘王)墓,发现竹书几十车,虽然已经散乱,推想都是这样编连的。一种是很近的,1975年12月,考古工作者在湖北云梦县睡虎地发掘战国到秦的墓葬十二座,在十一号墓里发现秦代竹简一千多支,合成《编年记》《语书》《秦律十八种》等十种法律书,竹简上中下有丝绳编系的痕迹,可证也是这样编连的。

册很笨重,《庄子·天下》说:"惠施多方,其书五车。"而且容易散乱,《史记·孔子世家》说孔子读《易经》,曾经"韦编三绝"。所以在先秦时期就有用丝织品(帛书)写文字的办法。帛是横向很长的一幅,文字写在上面,不必再编连,可以径直卷起来,成为一卷。这样的卷,只有很少的见于出土文物,想看看实物是不容易了。但是可以大量地看到写在纸上的,那是清朝末年在敦煌石室发现的唐朝及其前后写的卷子(内容主要是佛经)。卷子一般是很长的,要把许多张不很长的纸粘连起来。写是由右端开始;左端连在一个细圆木轴上,以轴为中心,向右卷成一卷(或一轴),这样,开卷就可以按文章的顺序读下去。到现在,书大多还称为若干卷,就是实际已变而用的仍是旧名。

卷轴也有不方便的地方,是想看一卷的尾部,必须把前面一长幅都展开。于是有人(可能是和尚)想出折叠的办法,就是不再卷,而是横着以四五寸为一段,左折右折地使长的纸成为长方形的一沓(像现在的书本),名为经折装或梵夹装。现在装裱碑帖拓片,大多还用这种形式。这样一改,想读一卷的末尾,就可以只展开尾部而前部不动。经折装有字的一面各页不连,纸背各页也不连,因而还可以展成有折的长幅。也许是为了加强整体性,有时用一幅整纸,左半粘在书本的上面,右半粘在书本的下面,形成完全同于现在的平装,就成为旋风装(意思是一页一页翻检很方便,像刮旋风一样)。此外还有蝴蝶装，形式同于现在的有些地图集，展开，左右两半连为一幅。以上这些属于"本"装的前期。其后到了过渡型，是包背装，一页分为前后两版，折叠，书背用纸或绫包裹，形式同于现在的精装。明朝是包背装和线装交替的时期，前期，尤其比较贵重的书仍旧用包背装，如《永乐大典》(这风气一直延续到清朝，如《四库全书》还是用包背装)。但是线装优点多，简便，坚固，因而木刻本的形式，明清时期，演变到最后，由线装独霸了。也就因此，我们提到古籍，想到的形象总是木刻、纸印、线订的长方形的本子。

9.2.2 各种版本

这里想谈的是"多种"刻本都有什么样的版本。限定刻本，是因为：一是册和卷没有版本问题；二是稿本、抄本的影印本数量很少；三是石印、铅印时代很近，关系不大。刻本（或称刊本），作为版本，由于刻印方面的各类特点，名称很多。例如着眼于时代的不同，有宋刻本，元刻本，明刻本，清刻本。宋元刻本名贵，难得，有人照原本再刻，于是又分为原刻本和翻刻本。刻书有公私。公的，如明有南北监本，清有内府（主要是武英殿）本；各官署刻书也属于此类。公家财力雄厚，人才多，一般说，所刻质量比较高。与公刻相对，有私家刻的，称家刻本或家塾本，一般说也是好的；坊刻本也属于此类。专着眼于质量高低，有精刻本、坊刻本（或称通行本）的分别。精刻本不只刻得好、印得好，有的还经过有名学者校勘；坊指一般书铺，质量当然就差了。讲版本，有时还着眼于开本的大小，开本小得多的称巾箱本（也称袖珍本）。着眼于字形的大小，分为大字本和小字本。着眼于字的颜色（绝大多数是黑色），还有少数朱印本、蓝印本和三四种颜色的套印本。字一般是刻在木板上，武英殿有一些书是用木活字印的，称聚珍本。刻板印书，有的印数多，分先印后印，先印的清楚，称初印本，后印的模胡，称后印本。此外，还有少数，字由作者自写（如郑燮《板桥集》）或由名书家写（如王士禛《渔洋山人精华录》是林佶写的），然后刻印，称写刻本，性质同于精刻本。时代早的刻本和精刻本等比较难得的，统称善本，其他是通行本。版本还有更细的分别，如汲古阁本（毛晋所刻）、湖北局本、《古逸丛书》本（黎庶昌所刻）等，那已经超出样式的范围，可以不谈。

9.2.3 不同版本

这里想谈的是"一种"书都有什么样的版本。有很多书是只刻一次的，那大多是因为作者声名不很大，所作不怎么受人重视。相反，作者（有些早期的著作不知作者）和所作都显赫，就几乎都刻过很多次。刻印次数多，不同的版本可能有高下的分别；想分辨高下，就不能不先弄清楚有什么版本。这当然是很难的，因为人的见闻有限，就算各种目录记载得相当丰富，遍看各种目录总是很费力的，何况丰富并不等于没有遗漏。还有，即使能够知道都有哪些版本，其中多数可能已经散失，或者是收藏在某处的善本，看到也很不容易。因此，所谓一种书的各种版本，对于一般读者来说，要求的只是了解一些既能看到又比较流行的，以及哪一种好些，哪一种差些。这也有范围大小的分别。范围大的是一种"著作"的不同版本。如陶渊明的诗文，通行的版本有影宋刊苏（轼）写大字本、影刊南宋汤汉注本、影刊曾集编本、焦竑刊本、李公焕笺注本、何孟春集注本、吴瞻泰汇注本、陶澍注本等，其中陶澍注本时代靠后，内容当然较为丰富。又如杜甫诗，历代各种刻本几乎多到数不清，通行的有《四部丛刊》影印宋刊本、贵池刘氏覆宋本、钱谦益注本、玉勾草堂刻巾箱本、杨伦《杜诗镜铨》本、浦起龙《读杜心解》本、仇兆鳌《杜少陵集详注》本等，其中仇兆鳌详注本内容最丰富。范围小的是一种"书"的不同版本。如刘向《新序》，有铁华馆仿宋本、明经厂刻本、何良俊刻本、《四部丛刊》影印明刻本、《汉魏丛书》本等，其中《四部丛刊》本和《汉魏丛书》本都可用。又如章学诚《文史通义》，有原刻本、粤雅堂刻本、长沙坊刻本、成都志古堂刻本、余氏宝墨斋刻本、刘氏《章氏遗书》本等，其中原刻本和《章氏遗书》本都可用。此外，为了利于阅读和研讨，也要注意近年经过整理的新印本。新印本后出，是现代人所编，常常材料丰富，条理清楚，通俗易解，如余嘉锡《世说新语笺疏》、王利器《颜氏家训集解》、中华书局编《李清照集校注》之类就是这样。

9.3.1 目　录

目录一名现在常用，人们多见的是指书之内的篇章节的名称；有时在书之外，指若干种书的各自的名称。这和古代的用法差不多，但有个小而相当重要的区别。例如西汉刘向校中秘书（皇家所藏）的时候，目是指书名，兼把书名和书的各种情况的说明写下来叫录，总称为目录。这书的说明，后代称为解题或提要，目录就只是书篇的名称了。名称很重要，比如到商店买物，如果没有名称，买卖双方就都没有办法，除非用手指指点点。书籍多到数不清，读书的人想知道都有什么书，自己需要的是哪些，以及怎么能找到，如果没有目录，那就更是一点办法也没有。因此，就像到某地旅游必须有个游览图一样，想了解文言典籍的情况，就必须先具有一些旧典籍目录的知识。

9.3.2　前期后期

书籍分类编目，有文献可考的，是从西汉后期刘向校中秘书开始。目录完成，汇为一编，就成为我国第一部目录书《别录》。《别录》把当时皇家藏书一万多卷分为六部三十八类：第一部"六艺"，包括《易》《诗》《书》等九类；第二部"诸子"，包括儒、道、阴阳等十类；第三部"诗赋"，包括赋、屈原等赋、陆贾等赋等五类；第四部"兵书"，包括兵权谋、兵形势、兵阴阳等四类；第五部"数术"，包括天文、历数、五行等六类；第六部"方技"，包括医经、经方、房中等四类；六部前有总序，合为七部。我国古今书籍编目分类，都是以书内容的性质为标准。但古籍所谓内容，与我们现在的看法不尽同，如第一部六艺，或说经书，是因为出自圣王，身分与众不同，才自成一部的。这个传统一直维持了两千多年，直到近年改用新的西化分类法才被打破。刘向死后，他儿子刘歆继承父业，把"别录"简化，编为《七略》，意思是存《别录》七部之略，分部是：辑略，六艺略，诸子略，诗赋略，兵书略，数术略，方技略。《别录》和《七略》都没有传下来，《汉书·艺文志》是抄《七略》的，所以就成为现存的我国第一部最有系统的目录。这七部（书目只是六部）分类法对后来影响很大，如宋王俭撰《七志》，梁阮孝绪撰《七录》，隋许善心撰《七林》，都是以七为部的总数。唐朝以前，也有分为甲、乙、丙、丁四部的，如西晋荀勖、东晋李充、宋殷淳等就是这样。不过这四部分类法与后期不尽同，因为甲乙丙丁并不表示书的性质。总之，前期分部是以七为主，或者向下游移，变为五或四，但没有定局。

后期由唐初修史，编《隋书·经籍志》开始，改用经、史、子、集四部分类法：一是经部，包括《易》《书》《诗》等十类，二是史部，包括正史、古史、旧事等十三类，三是子部，包括儒、道、法等十四类，四是集部，包括《楚辞》、别集、总集三类，共四十类；四部之外附有道经和佛经。在中国目录学史上，这种四部分类法成为后期的标准，此后公的，如各正史艺文志等，私的，如《郡斋读书志》《直斋书录解题》等，大多是照用。后期目录书，内容最多、分类最细、

189

势力最大的是清乾隆年间官修的（由纪昀整理定稿）《四库全书总目提要》。其四部分类的情况是：一为经部，包括《易》、《书》、《诗》《礼》、《春秋》、《孝经》、五经总义、"四书"、乐、小学，共十类；二为史部，包括正史、编年、纪事本末、别史、杂史、诏令奏议、传记、史钞、载记、时令、地理、职官、政书、目录、史评，共十五类；三为子部，包括儒家、兵家、法家、农家、医家、天文算法、数术、艺术、谱录、杂家、类书、小说、释家、道家，共十四类；四为集部，包括《楚辞》、别集、总集、诗文评、词曲，共五类。四部相加，共为四十四类。有的类内容复杂，再分为小类，如经部《礼》类再分为《周礼》、《仪礼》、《礼记》、三礼通义、通礼、杂礼书，共六小类；史部地理类再分为总志、都会郡县、河渠、边防、山川、古迹、杂记、游记、外记，共九小类。大类小类相加，分类超过一百。我们想了解旧时代典籍的情况，翻阅目录，可以把《四库全书总目提要》的分类当作架子，然后对照着看其他各时代各种类型的目录，就可以事半功倍。

9.3.3　各种目录

目录，已经散失的，如刘向《别录》、荀勖《晋中经簿》之类不算，存世的仍是数量很大，想了解个大概也不很容易。这里只能分类举一点点例。目录，尤其前期，绝大部分是公家的。这也难怪，因为书的绝大多数是在公家手里。公家目录主要可以分为两类：一类是记

190

皇家秘府所藏,《别录》、李充《晋元帝四部目录》、刘孝标《梁文德殿正御四部目录》、唐元行冲《群书四部录》、宋王尧臣《崇文总目》等都是;一类是史书艺文志,如《汉书·艺文志》《隋书·经籍志》《新唐书·艺文志》《宋史·艺文志》等都是。私家的目录,现存的由宋朝开始,如晁公武《郡斋读书志》、尤袤《遂初堂书目》、陈振孙《直斋书录解题》都是很有名的。宋以后,刻书盛行,私人藏书的越来越多,收藏量越来越大,私家目录如雨后春笋,简直数不胜数,如明范邦甸《天一阁书目》、黄虞稷《千顷堂书目》、清钱谦益《绛云楼书目》、徐乾学《传是楼书目》等都是很有名的。以上是一般的。还有各种性质的书目,如《出三藏记集》和《开元释教录》是佛经目录,《金石录》和《宝刻丛编》是金石目录,《宣和画谱》和《秘殿珠林》是艺术目录,《天禄琳琅书目》和《百宋一廛书目》是善本目录,等等。初学,想了解文言典籍的概况,能够找一两种讲目录的书看看,大有好处。

9.3.4 目录的利用

有关目录的知识,以博为好;至于利用,那就可以择要。所谓要,是不但内容丰富,而且能够为现代的读者引路。比如各史艺文志,尤其早期的,其中的许多书没有传下来,我们看它就用处不大。又如各种善本书目,其中的书即使没有散失,我们也难于找到,因而看它也用处不大。还有,有很多目录只列书名、版本等而没有解题,就不能起引路的作用。各种条件都计算在内，最合用的是《四库全书总目提要》(二百卷)，因为一，它时代近，所收的书，绝大多数还能找到；二，收书多，正式抄存和存目相加，超过一万种；三，每一种都有相当详细的提要，介绍版本、作者、内容、流传等情况，并评论其得失；四，书有多种版本，中华书局影印本并有书名和作者的索引，便于检查。这部书介绍古籍，无论评论还是考证，都有精到之处（当然也难免失误，近人余嘉锡《四库提要辨证》曾指出一些），所以学文言，探索文言典籍，我们可以把这部书当作书名辞典使用。

如果目的不是往深广方面探索，而只是想知道比较重要、比较通行的古籍都有哪些，以及某一种都有什么版本，那就可以参考张之洞（有人说是缪荃孙）编、范希曾补的《书目答问补正》。这部书收书两千多种，体例依照《四库全书总目提要》而略有变更，并收丛书和初学读本。优点是能够告诉读者，想读某一种书，可以找到什么版本，宜于用什么版本。所举版本都是通行的，容易找到的，所以实用。

明清以来，有集多种书刻成丛书的风气，有些书，单行的难找，常常可以在丛书中找到。所以读古籍，最好能够熟悉丛书的情况。近年中华书局出版《中国丛书综录》三册，内容丰富，条理清楚，可以帮助读者了解：一，现存的还有哪些丛书，每一种都收了哪些书；二，某一书是否收入丛书，如果收了，收入哪些丛书；三，某一作者有什么著作收入丛书，以及收入哪些丛书。现存丛书几千种，所收之书若干万种，因而读古籍，有这部书作向导就方便多了。

9.4 整 理

文言典籍，特别是早期的，文字简古，有的还有残缺、错乱的情况，因而不容易读。为了化难为易，历代都有人做整理的工作。整理过的比未经整理的易读，所以读古籍，最好能够知道整理的情况。这情况，有具体的，就是某一种书，都有什么人整理过，怎么整理的，现在想读，以哪一种本子为最好。显然，这样的具体情况是说不尽的。所以这里只想说说概括的，就是常用的整理方式。这有三种，是章句、校勘和注解。

有新式标点符号以前，我国所有著作的文字都是连写。这读起来当然费力，有少数地方还会断不清。汉朝的经师用立于学官的各种经典作教材，为了弟子能够读得正确，就把文字分章断句，于是有了章句之学。例如《诗经》，今本《周南·关雎》后面写"关雎五章，章四句"，《召南·草虫》后面写"草虫三章，章七句"；《孟子》，今本第一篇标题是"梁惠王章句上（凡七章）"，第二篇标题是"公孙丑章句上（凡九章）"：这都是章句之学的痕迹。章句，看起来容易，其实不然。因为分章断句之前，必须能够正确理解。以断句为例，《论语·子罕》"未之思也，夫何远之有"是传统的读法，近人杨树达《古书句读释例》举出许多证据，说"夫"字应该属上；《孟子·告子下》"空乏其身，行拂乱其所为"是传统的读法，近来有人怀疑，由句法方面看,"行"也许应该属上。断句有时不易,可见章句之学是不可轻视的。

校勘一般是与注解同时进行,这里分开说是为了方便。这是随着文字传抄有误产生的。《吕氏春秋·察传》记载,卫国有人读史记(古史书名),说"晋师三豕涉河",子夏听见,说"三豕"是"己亥"之误,这已经是校勘。到汉朝经师,校勘也成为专业。这风气一直延续到清朝,像卢文弨、王念孙、俞樾等还写了专书(《群书拾补》《读书杂志》《古书疑义举例》等)。对某一种书进行校勘,一方面要有广泛的材料,如不同版本,其他书的引文,本书上下文,有关的知识,等等,另一方面要有评判的能力;否则就很可能错。比较稳妥的办法是多举证,提看法,而不径自改动。不管怎样,我们总要承认,经过校勘的书,一般是比较容易读的。

整理古籍,注解是最难最重要的工作,因为它牵涉的面最广,没有渊博的学识难于胜任。由汉代起,历朝都有这方面的专家以及这方面的名作,如郑玄的多种经书注,《史记》的三家注,《世说新语》的刘孝标注,《文选》的李善注,《资治通鉴》的胡三省注,以至《说文解字》的段玉裁注,等等。注解有各种名称,如注经名"传",兼注经传名"疏";此外还有"笺""注""解""索隐""正义"等。就来路说,注解有出于一人之手的,如《庄子》郭象注;出于一人之手而吸收前人注解的,是集解或集注,如朱熹《四书集注》。注有出于多人之手的,如《文选》有五臣注和六臣注。还有的书,前人注过后人再注的，如《楚辞》先有王逸注，后有洪兴祖补注。有的重要典籍，注本不只一种，如杜甫诗和韩愈文，注本都很多。由内容方面看，注解通常是包括以下几个方面：一是训诂，就是用浅易的词句解释古奥词句的意义，如果词句牵涉到古名物或古事古语，也要指明形制和出处；二是正音，就是用直音、反切等办法注明生僻字和变读字的读音；三是明义，就是阐明词句的微言大义；四是证事，就是引用其他史料来更详细地说明情况；五是校勘。古人作注解，常常因原书的性质不同而有所偏重，如《老子》王弼注着重明义，《三国志》裴松之注着重证事，《文选》李善注着重词句的来历。旧注当然都是用文言，而且，常常是现代读者会感到难解的，它却未必注。但从积极一面看，它总是给我们解决了大部分疑难，所以读文言典籍，一定要学会利用旧注。

第十章 学以致用问题

10.1.1 认识的分歧

要不要学会文言,旧时代不是问题,因为文人要用,不会就不能应付科举考试,不能处理社会生活。"五四"前后兴起文学革命,问题来了。前进的许多人说文言是死文字,早该抛弃,要改用白话写。到30年代,照前进的人的看法,白话的新文学是彻底胜利了。胜利了,文言推位让国,当然就不再有要不要学会的问题。这样,好像问题就不再有。其实不然,因为事过境迁,平心静气地回顾,就会发现,那时候的胜利,主要是在改用白话写方面;至于怎样对待文言,是或者没有考虑,或者考虑而戴着有色眼镜,没看清楚。例如文学革命的倡导者胡适写了一本《白话文学史》(只有上卷),说有价值的文学作品都是白话的,意思是文言作品毫无价值;因为没有价值,似乎也就没有接受文化遗产的问题。这种极端的说法对吗?推想现在绝大多数人不会同意。其实,就是胡适自己,文学革命之后,还写了《中国哲学史大纲》(也是只有上卷),晚年还用力研究《水经注》。可见就是改用白话写已经成为定局之后,如何对待文言的问题并没有解决。没解决的重要表现还有，五六十年来，教材里有文言，学生还在学。学，当然希望学会。学会，有目的。目的可以广，是接受文化遗产；可以狭，是欣赏一些古典文学作品；此外，有些人还认为，用现代语写可以从文言里吸收些营养。总的精神是文言还有用，应该学。可是也有不少人，从实际出发，认为学会很难，并且对学习科技没有什么帮助，浪费时间不合算，应该不学。学，有理由，不学，也有理由，相持不下，于是这文学革命时期留下的问题反而复杂起来。

问题复杂，是因为相反的两方，所说都有道理，并且都有事实的根据。文言的价值，如第四章前半所说，大概绝大多数人会承认。这样，不学因而不会，接受文化遗产、欣赏古典文学作品等事自然就做不到。这就整个国家说是不小的损失，就个人说也是不很小的损失。可是，事实上，学会确是不易（主要由社会统计方面看），并且，不学不会，对于通晓科技，甚至在科技方面拔尖，似乎都没有什么影响。意见不一致，如何实行也就难于确定，所以说，问题更加复杂了。

10.1.2　应该兼顾

两极端的办法斩钉截铁，优点是干脆。但有缺点，是由对立的一方看，行不通。偏于一端行不通，显然，可行的办法只能在中间，也就是在学和不学之间。这中间的路是原则，至于具体办法，因为有整个国家和单个人的区别，那就还要分析。

就整个国家说，中间的路是有人学，有人不学。有人学，接受文化遗产一类的任务就不致完全落空；有人不学，浪费时间不合算的忧虑就可以相对减轻。这样打折扣的兼顾，推想相持不下的双方都不会十分满意，但也实在想不出能使双方皆大欢喜的办法。这里假定兼顾的办法可行，下面一些问题就来了。首先是什么样的人学，什么样的人不学。这原则上不难定，是需要用文言的人学，对文言有兴趣的人学。比如一个人的专业或愿意从事的专业是整理古籍、研究古代汉语或研究本国史等，他就不能不学文言。不从事与文言有关的专业的，也许愿意读《史记》、《文选》、杜诗等多种典籍，他也就不能不学文言。需要的和愿意的相加，会有多少人？这很难说，幸而关系不大，可以不管。接下来一个问题是，怎么能断定某些人是需要学或愿意学的，某些人是既不需要学又不愿意学的。想知道爱吃不爱吃，先要吃一些试试。这就使我们陷入像是矛盾的圈圈里：因为决定不全学，反而要全学。这是说，早期（比如小学后半和初中前半）总要都学，才能稳妥地分辨哪些人可以学，哪些人可以不学。再下来的问题是教育行政部门如何定学制，教师和家长如何考察和引导，出版部门如何制订出版文言读物计划，以保证这先尝后买的办法能够顺利实施。这些是具体措施方面的事，可以不多谈。

就个人说，中间的路是可以学，可以不学。决定学不学的标准仍是上一段指出的：要看有没有必要，有必要，非学不可；没有必要，可以不学，但是如果有兴趣，那就也非学不可。这样做，整个国家和个人，由实行和收获两方面看，就有了大差别：整个国家是两全，个人是走一极端。不过总的精神是一致的，都是：学，有机会；不学，有自由。

10.2.1 不同的要求

既然有人要学，就不能不考虑怎样学的问题。怎样学，决定于怎样要求。比如要求的是精通，像清朝许多汉学家那样，学就要通过严格训练，既要博，又要精。次一些的是各种与文言有关的专业，至少博的要求可以差一些，读书无妨取近舍远。在目前，绝大多数人学文言，要求更低，是想利用文言这个工具，读一些值得现代人读的文言典籍，吸收或欣赏其中的一些优秀成分，以便提高文化教养。这样要求，学，程度方面就只是一般，比如读《尚书》，大多不理解，读《史记》，参考今人注，十之九理解，读《阅微草堂笔记》，没有注，也十之九理解；范围方面可以任意，比如对史书有兴趣就多读一些，对经书没兴趣就几乎不摸。这样学虽然近于玩票，其实也就够了，因为我们制定任何措施，都不能不考虑客观条件容许的可能性，何况这半瓶醋的程度，无论对国家还是对个人，都有不很小的好处。

10.2.2 以熟为本

有人说，就是这低之又低的愿望，想实现也很不容易。理由不只一个，如文言是另一种语言，很难学；事实是好多人学了（如中学生），而学会并感到有用的人非常少。前一个理由，如果我们不同意,还有辩论的余地,后一个似乎就只能承认。前后两个相加,显然就可证,学会文言确不是轻易的事。不轻易,与社会环境有关系,因为就绝大多数人说,是可以不用;不用,学的动力自然就容易枯竭。这样的人,照上面提到的二分法,应该放在不学的一边,可以不论。问题是有些人在学,甚至愿意学,也不能如愿以偿,是为什么?我想,方法合适不合适恐怕有大关系。

学文言,过去几乎都是用传统的办法,多读,以熟求通;甚至由浅入深的原则也不大管,如《三字经》开头"人之初,性本善",其微言大义是连大儒也感到深奥的。可是这样随着旧格调吟诵,有不少人渐渐也就会了。这方法,就是晚到鲁迅先生弟兄也仍在用。他们是白日在三味书屋,随着老师读,放了学,杂览,读得更多。学通了,用的只是一个处方,多读。这很费时间,很费力量。有没有省时省力的近路?近年有不少人设想,有近路,办法是以知为本。所谓知,是了解文言的词汇和句法的规律,以纲统目,一通百通。这想得很好,如果真能行之有效,那就更好。但是这条路像是并不平坦。如所谓规律,即使大家都认为正确,也总是繁琐的,枯燥的,记住,尤其搞清楚,很不容易。还有更严重的,是规律都是概括的,而面对的词句总是具体的,以概括绳具体,就会苦于鞋太大,脚太小,沾不上边。这表现为现实就是,读过一篇,可以用规律的术语说得清清楚楚,如某字是词类活用,某词组是宾语提前,等等,可是翻开另一篇,常常感到茫然。这是因为只记了术语,而没有熟悉文言的表达习惯;而某词某句在某处表达什么意义,是由表达习惯决定的。这表达习惯,用《荀子》的话说是"约定俗成"。约定,是大家都点了头;俗成,是都这样用惯了就通了。约定俗成,就所以这样约而不那样约说,与规律或理有关;但理所管是大概,至于具体,那就有习惯的自由。比如说"喝酒""买酒",合于"动—宾"的理,但也可以说"醉酒",这是凭的习惯的自由。习惯决定意义,因而想确切理解词句的意义,就不能不通晓习惯。想通晓习惯,显然,除熟之外没有别的办法。总之,学文言,想学会,就不能不多读。当然,知识也不是毫无用处,比如读得相当多了,能够用知识综合一下,加深认识,那就如同红花之旁有了绿叶,更美。总之,原则要以熟为本,以知为辅。多读,还有读什么和怎样读的问题,并到下一节谈。

10.2.3 习惯和兴趣

多读,要费时间,要有耐心。没有时间是硬障碍,没有耐心是软障碍,两者相加,阻力就加倍大。许多人想学,半途而废,主要就是不能冲破这两个障碍。冲破障碍有秘方,是细水长流,逐渐养成习惯,然后以习惯为动力培养兴趣,以兴趣为动力巩固习惯。到习惯和兴趣混为一体的时候,水到渠成,那就保险可以学会。这说的是原则,还得略加解释。所谓细水长流,是要经常读,而每次时间不必多,比如每周三次,每次半小时,重要的是养成习惯,到时候能够不知不觉就翻书本。培养兴趣,还同读什么、怎样读有关系。读,当然要读好的，但同是好的，有的枯燥（如《齐民要术》），有的有趣味（如《唐人小说》），那就先读后者。有的作品比较艰深，容易破坏兴趣，那就先读浅易的。开始学，词句生疏，自己闯（如查辞书），难点多，也容易破坏兴趣，那就多利用今人的注释本。还有，开始学，生疏，不可贪快、贪多，尤其上好的作品，要作为基础，细咀嚼，甚至读熟。有了基础，以后可以渐渐加深、加快。还有一点，是不必求速成，两年三年不成，就延长，甚至十年八年也好，结果一定是功到自然成。

10.3 关于致用

致用，是从中吸取自己需要的，由现在看还有价值的。价值问题很复杂，如《梦溪笔谈》讲到活板，现在看来太落后了，但有价值，那是历史价值。就连许多宣传迷信的作品，因为能够使我们了解古人愚昧的一面，还可以引以为戒，也不能说没有价值。但这就牵涉到选取问题，认识错误，选取不当，就会本想有所得而成为有所失。因此，谈到致用，首先要具备分辨和取舍的见识。有了见识，吸取不成问题了；至于怎样表现为用，却又很难说。大致说，接受文化遗产的事相当模棱，怎么样算已经接受了，接受了多少，都不是尺丈升斗可以量出来的。吸收表达方法以充实现代语也是这样，多少，好坏，不容易说清楚。但我们总当承认，读多了，理解了，心里确是多了些什么，有时候这多的什么还会成为至少是加入处理社会生活的力量，这就是致了用。致用也有能够实实在在感受到的，那是欣赏优秀的文学作品。诗词之类最明显，秋风乍起，哼一句"霜叶红于二月花"，可以获得片时的飘飘然，这是任何人都知道的。就是史书，如《左传》，记得有人说，他有暇的时候总喜欢翻看，因为这可以使他获得看小说、看戏剧的乐趣。我们都知道，文言典籍中值得欣赏的作品太多了，因而学，尤其会了，就可以取之不尽，用之不竭。

说起用，我们还会想到写。现在用现代语交流情意，当然不要求用文言写。但不要求不等于禁止，如果兴之所至，也来一篇之乎者也，也来一首平平仄仄平，可以不可以？当然可以，但要符合两个条件：一是所写确是文言，不是之乎者也和的了吗啦同席；二是要看对象，比如写的是一封文言信，而收信人也是通文言的，那就也好，甚至很好。同理，如写日记，不准备给别人看，愿意用文言，自己当然有绝对自由。

写方面的致用，还有能不能把文言表达方面的优点吸收到现代白话里的问题，留到最后一章谈旧为新用的时候再谈。

最后，补充一点，学和用不是截然分为前后两段，而是在学的过程中，读懂了，就同时在吸收，也就是同时在致用。时时在学，时时在得，这也是学会文言并不太难的重要条件。

第十一章 何谓白话

11.1 白　话

以上谈了文言。文言是个怪东西，脱离口语，自成一套，而且寿命那么长，积累了那么多文献，创造了那么多花样，又离现代语比较远，很多人感到生疏，所以费的笔墨比较多。以下谈白话。白话，我们现在正在用，过去也有，都是怎么说就怎么写（理论上如此，实际做还有问题，留待下一章谈），许多方面都不像文言那样复杂，似乎没有什么可谈的。其实问题也不少。主要问题是，它应该和文言分道扬镳，却有时又和文言混在一起。混在一起，身分欠明晰，想说明它就会苦于不能斩钉截铁。确定身分是相当难的事，但为了能够有的放矢，我们总不能不大致了解，所谓白话究竟是一种什么样的语言。

11.1.1　白话的定义

白话，和文言一样，都要指书面语言，以及为什么这样限定范围，前面第1.2.2节已经谈过。这样的书面白话，定义不难，是文言渐渐离开口语，定了形，并且在书面上占优势甚至占压倒优势的时候，照当时的口语写的文字是白话。白话，口说的，当然年岁最大；手写的也可以这样说。可是定义说是在文言定了形之后，这是因为，如果没有文言，书面上都照口语写，虽然那是白话，却不必说它是白话。这意思，本书开头一节曾提到，是文言和白话，就名称说有依存关系：没有文言，就不必称照口语写的书面语为白话；没有白话，也就不必称脱离口语的书面语为文言。

这样认识，前面第二章提到的早期书面语，甲骨文、金文、《尚书》、《春秋》、《论语》之类究竟应该算什么的问题就比较容易解决。甲骨文、金文、《尚书》之类是商周的，推想都是照口语写或照口语而稍稍化简写。《春秋》《论语》之类时间较晚，与当时口语究竟有多大距离，我们不能确切知道。假定也距离很小或不远，那么，我们就可以根据上面的规定，说这些都不是白话，因为文言还没有定形。这是消极一面的否定。积极一面，肯定都是文言，就还要找另外的理由。在第二章我们说是依常识，也就是从俗，现在白话有了定义，似乎就可以加强一点说，既然不是白话，又和定了形的文言有前后相承的关系，就无妨说或只好说这些都是文言。这有如子孙腾达了，父祖辈借光得了封赠，也就可以称为师保之类了。

给白话定义，强调与文言对立，还有个好处，是辨认白话就有了比较明确的依据。办法是从词汇、句法、韵味等方面看，显然与文言有区别的，是白话，反之，不是白话。自然，真正去辨别，还不免会遇见像

205

是有区别而又不显然的,这怎么处理才合适,留待下面第十四章讨论。

11.1.2 白话的特点

特点是对比的产物,也唯有对比,才显得更有述说的必要。前面第五章介绍文言的特点,主要就是从与白话的不同方面说的。现在介绍白话的特点,当然也要从与文言的不同方面着眼。上面 11.1 节说,白话的许多方面都不像文言那样复杂。这是因为它是照口语写,口语是家常便饭,即使有些讲究也不很多。还有,文言和白话虽然有大异,却也有些小同,如字形、字音之类,前面已经讲过,当然就不必再讲。可以讲讲的大致有以下几个方面。

其一,当然是词汇和句法方面的不同。白话里有大量的词,以及很多说法,是文言里不用的。这类现象,无论翻看中古的白话还是现代的白话,都可以清楚地感觉到。例证当然是随处可见,这里只举一点点。先说词汇方面的。《史记·陈涉世家》记载,陈涉称王之后,一个穷困时的旧相识来看他,走进王府,看到陈涉享用的阔气感到惊讶,说:"夥颐!涉之为王沉沉者。""夥颐"是感叹词,是白话,除绘影绘声以外,文言里不用。又如《世说新语·巧艺》篇记载,顾恺之画人不点睛,人问他,他说:"传神写照,正在阿堵中。""阿堵"是白话,意思是这个,也是除了绘影绘声以外,文言里不用。再以后,如《京本通俗小说·西山一窟鬼》说吴秀才"没甚么盘缠","没"、"甚么"和"盘缠"都是白话,文言里也不用。现代白话里大量的词,尤其新生的或新借的,如宏观、反馈之类,与文言更是风马牛不相及,这大家都清楚。再说句法方面的。同样的意思,白话用另一种说法,例证也是随处可见。如《京本通俗小说·西山一窟鬼》里有这样两句话:"都把孩儿们来与他教训","走将一个人入来",都是文言句法里没有的。现代白话,如把字句,两个动词带一个宾语,用助词"得"引出补语,等等,也是文言里没有的。现代白话里还有不少译文,大部分异国气很重,那就与文言相隔更远了。此外,表示语气的办法,白话和文言的分别更加明显,这在前面2.3.3节已经谈到,不重复。

其二是与作品有关的人群,阶层不同。这是就作者和读者说,与文言有牵连的人大多是上层的,与白话(现代白话例外)有牵连的人大多是下层的。原因很简单,是在旧时代人的眼里,文言和白话有雅俗之分,庙堂和士林要用雅的,引车卖浆者流只能用俗的。打开文献库藏看看,这项区别会表现得更加明显,文言典籍的作者十之九是这样那样的官;至于白话,以小说为例,早期的多是伎艺人所作,当然要成为无名氏,就是留名的,如罗贯中、施耐庵等,也等于不见经传。甚至世家出身的曹雪芹也不例外,如果曹家不败落,或者他腾达了,成为尚书、侍郎之类的高官,《红楼梦》也就写不出来了。至于读者,或扩大些说欣赏的人,阶层的区分也很明显。苏轼《东坡志林》卷一记载:"涂(途)巷中小儿薄劣,其家所厌苦,辄与钱,令聚坐听说古话。"陆游诗也有"满村听说蔡中郎"的句子,又《东京梦华录》《都城纪胜》一类书曾记载瓦肆(也称瓦舍)伎艺人说书的情况,可见讲小说,地点限于村野和市场,"大雅君子"是不去听的。宋元以后,小说更加流行,士大夫中有些人由不理会进而变为厌恶。如清初周亮工著《书影》,开头记他父亲的家训式的著作《观宅四十吉祥相》,其中第一相是"案头无淫书",下有小注说:"昔人谓黄鲁直作艳词,以邪言荡人心,其罪非止堕恶道。近日作小说人岂止艳词!非常报应,人人亲见之。案头如有片纸只字,当尽数焚却。坏心术,丧行止,皆此等书引诱。"这位周公没有大权,所以烧还限于自己家的案头,至于皇室,由顺治到同治,几乎历朝都下令禁止,烧全国的了。以上是说阶层方面有鸿沟。但这鸿沟又不是决不可逾越的,因为白话这个表情达意的工具,不只能够讲故事,而且能够讲哲理。这指的是语录,来源于和尚的讲禅机,宋明理学家学了去,用它讲性理,大和尚,理学家,当然都是上层人物。还有,人心之不同,各如其面,尤其到近代,上层人中也会有少数喜爱所谓俗文学,如俞樾修改《三侠五义》,刘鹗写《老残游记》就是这样。

其三是发展变化的迟速不同。前面谈文言,常常说到定形,意思是,某一时期这样,其后还是这样;即使有变化,也是零零星星的。白话没有这样的定形。原因很明显,是它要照口语写,口语变,它就不能不随着变。唐朝以前,我们几乎见不到纯粹的整篇的白话,可以不论。唐朝以后,宋元话本存世的还有一些,既纯粹,又整篇,可以作为那时期白话的代表。我们现在读它,与《红楼梦》《儿女英雄传》等比较,就会发现,韵味已经相差不少,如果与《呐喊》《子夜》等比较，那就相差更多。文言变化慢，是因为不只可以用旧的，而且乐得用旧的，如冠礼是早已不行了，明清人用文言写，表示成年，还要说弱冠或已冠，不这样就像是不够典雅。白话基本上不能这样照抄旧的，如"须——"，"——则个"等说法，话本里随处可见，《红楼梦》里不沿用，《子夜》里当然更不能用。专就这一点说，白话比文言个性强，不同的时期总是有不同的面目。

其四，文言和白话并存，难免互有影响，可是影响力量的大小不同：文言大，白话小。以国际贸易为喻，文言对白话是出口多进口少，白话对文言是出口少进口多。这当然有原因，是用文言写的人，一般认为白话是俚俗的；用白话写的人，有不少也会文言，或者由于需要，或者由于不知不觉，笔下很容易出现文言手法。用惯文言的士大夫间或用白话，个别的，情况千差万别；一般的，我想到的有两种情况。一种是作诗（主要是模仿乐府民歌），作词（主要是早期），用一些白话或比较通俗的文。因为这类文体来自民间，所以严格讲，这样用白话，是保留而不是吸收。另一种是明朝晚期的公安派以及受它影响的李渔、金圣叹、郑燮等，因为主张并表示行文要直写胸臆，所以文言里有时夹杂一些白话。这样的白话是宴席上的小菜性质，虽然上了席面，地位却并不高。至于相反的一面，文言给白话的影响，那就大多了。随便举一些例。一种是白话里夹用一些文言说法。如《西厢记》第一折张君瑞上场的道白，当然是用白话，可是里面夹用了"本贯西洛人也"，"小生书剑飘零"，"萤窗雪案，刮垢磨光"，"何

日得遂大志",这是白中藏着一些文绉绉。另一种是白话里用力玩弄文言的花样。如《破魔变文》用了大量的骈俪:

> 伏愿长悬舜日,永保尧年,延凤邑于千秋,保龙图于万岁。伏惟我府主仆射,神资直气,岳降英灵,怀济物之深仁,蕴调元之盛业。门传阀阅,抚养黎民,惣邦教之清规,均水土之重位。自临井邑,比屋如春,皆传善政之歌,共贺升平之化。致得岁时丰稔,管境谧宁。山积粮储于川流,价卖声传于井邑。谨将称赞功德,奉用庄严我府主司徒。伏愿洪河再复,流水而绕乾坤;紫绶千年,勋业长扶社稷。次将称赞功德,谨奉庄严国母圣天公主。伏愿山南朱桂,不变四时;岭北寒梅,一枝独秀。

(王重民等编《敦煌变文集》卷四)

还有一种是白话里大量引用文言作品(经常是诗词)。如《京本通俗小说》,《碾玉观音》,入话之前引诗词十首;《西山一窟鬼》,开篇是一首集句词《念奴娇》,然后举各句的出处,共引词十七首;故事当中夹用诗词以求画龙点睛,更是各体小说的常用手法。这样大量引用,当然是因为作者和读者都认为,只有这样才能够写得美,突出重点。此外,还有一种受影响更大的,是干脆用或绝大部分用浅易的文言。最典型的例是《三国演义》,如开头一段:

> 话说天下大势，分久必合，合久必分：周末七国分争，并入于秦；及秦灭之后，楚、汉分争，又并入于汉；汉朝自高祖斩白蛇而起义，一统天下，后来光武中兴，传至献帝，遂分为三国。推其致乱之由，殆始于桓、灵二帝。桓帝禁锢善类，崇信宦官。及桓帝崩，灵帝即位，大将军窦武、太傅陈蕃，共相辅佐；时有宦官曹节等弄权，窦武、陈蕃谋诛之，机事不密，反为所害，中涓自此愈横。

这虽然够不上地道文言，但作为话本系统的作品，文言的气味总是太重了。

其五，文言大致是超方言的；白话不然，虽然大多用所谓官话，却常常不能离开方言。原因是任何人都能想到的：文言可以脱离口语而独立，独立，自然就不受口语的约束；白话不然，照口语写，作者口中的语就必致影响手中的笔。文言还没有定形的时候，方言有可能在书面语中占一席地，这我们可以从《楚辞》《尔雅》和扬雄《方言》里找到一些痕迹。定形之后，方言渗入的可能几乎没有了，文言成为各方言区的通用语，因而江苏的顾炎武才可以和山西的傅山用笔墨交往。白话照口语写，严格说，就是用官话写的话本，也不能没有一点方言的成分。但一般是量不大，或不是鹤立鸡群那样明显，可以不在话下。有比较明显的，如《金瓶梅词话》里有山东话；《海上花列传》，对话部分用苏州话；《何典》，杂用了苏州、上海等地的话。在戏曲里，这种现象表现得更为突出，如现代的越剧、川剧等地方戏，用的都是方言，这是大家都知道的。

最后，还可以比比了解的难易。现代白话与文言比，当然是文言难，白话容易。宋元以及更靠前的，似乎也可以这样说，但又不可一概而论。因为专就难点（指生僻的词语和说法）说，文言难，有个边际，而且绝大多数可以遵循老路走通；白话就不然，而是没有边际，想得确解，常常苦于无处查证。举例说，《鲍参军集》和《世说新语》都是南朝初年的作品，前者是纯文言，后者夹杂一些白话，我们现在读，总觉得前者问题少而后者问题多，即使参考旧注，一些南朝的口语究竟是什么意思，也常常难于搞清楚。宋元白话也是这样，即如"莫须有"，我们现在还在引用，究竟是什么意思？解说的人不只一位，直到吕叔湘先生解为"恐怕有"或"别是有"（《语文杂记》第二条），像是才取得多数人的首肯。其实，白话有些词语难解，是很多人早就感觉到的，所以过去也出了些诠释的书，如钱大昕《恒言录》、翟灏《通俗编》、张相《诗词曲语辞汇释》、陆澹安《小说词语汇释》等。但终归是条目有限，不能解决可能遇见的所有难题。

11.2 白话的分期

分期，可以是严格的，那要以口语的变化情况为标准。可是在这方面，我们知道得不多，并且，唐宋以前，可以为例证的资料也不多。不得已，只好以文献资料的历史情况（或说白话势力的情况）为依据。这样考虑，我们可以把白话分为三期。先谈谈上限问题。两汉时期，文言定了形，可以作为上限。秦以前，问题复杂。如《左传》宣公二年记宋国筑城者嘲笑战败的华元，讴曰："于思于思，弃甲复来。"这应该是照口语记的。可是同样是记言，如《孟子·公孙丑上》引齐人之言曰："虽有智慧，不如乘势；虽有镃基，不如待时。"我们就不好硬说是白话。因为像是经过修润，而且这样一来，文言和白话的界限就更加模胡。问题来自那个时期文言还没有定形，或至少是为了不知其不可而为，我们只好从两汉说起。第一期的下限是隋唐之际。这第一期的白话，特点是处于"附庸"地位，或说是藏在文言的大海之中，上一节引的"夥颐"是这样，乐府民歌之类也是这样。第二期是由唐宋到明清，白话的特点是取得"独立"地位，典型的例是长短篇白话小说、南北曲以及多种俗文学作品，印本都是单行。第三期是现代白话，由"五四"前后起，下限当然不能预言。这一期的白话，特点是取得"独霸"地位，因为文言已经成为古董，不再用作交流情意的工具。各期有各期的白话，就是说，有各自的内涵和特点，这都留到第十五章举例介绍。

第十二章 白话与口语

12.1.1 一致的可能

言文一致是个大问题。有应该不应该一致的问题，有可能不可能一致的问题。至少从中古起，白话作品取得独立地位，会碰到这样的问题。可是没有考虑，原因大概是，白话与文言和平共处，就用不着争辩，也想不到争辩。在话本的早期，白话照口语写是当然的。所谓话本，话是故事，话本就是说话人讲故事的脚本。《董解元西厢》卷一说："此本话说唐时这个书生，姓张名珙，字君瑞，西洛人也。"此本话说，意思是这本故事，说的是。此本话，或称话本，对以前的说话人说，是讲说的记录，对以后的说话人说，是讲说的教材。总之，文字都要与说的一致。语录也是这样。这是"实际上"应该一致。"五四"文学革命，攻击文言是死文字，主张改用白话写。白话和口语究竟是什么关系，没有明确说。但胡适《文学改良刍议》里有这样的话："以今世眼光观之，则中国文学当以元代为最盛；可传世不朽之作，当以元代为最多：此可无疑也。当是时，中国之文学最近言文合一。""迨诸文豪兴，始以'活文学'代拉丁之死文学；有活文学而后有言文合一之国语也。"现在看来，有些意思，当时大概没有想清楚，或至少是没有说清楚。例如反对文言，问题的核心是，用笔写，应该不应该脱离通用的口语。如果不应该，那就大至写国史，小至写便条，都应该用白话；张口闭口总是"文学"，是把问题缩小了，或者看偏了。其次，即使照口语写是好作品的条件，也只能是"一个"必要条件，而不是充足条件，只要是白话作品必优越的看法分明是偏见。这里还是只谈言文一致问题，他们一再推崇"言文合一"，可见他们心目中的一致是"道理上"应该一致。

一致是口说的音节和手写的文字保持一对一的关系，可能不可能？当然可能，不只可能，而且事实上有不少例证。如果整篇中的个别语句也算，应该说文言里也有，如最常见的"诗云""子曰"，恐怕就是照口语写的。白话文字，照口语写的当然更常见。其中有最严格的，如法院的口供记录，要担保一字不差。其次，像白话小说里的对话，尽力摹拟讲话人的声音笑貌，应该也是与口语一致的。自然，这里会碰到一个大问题，是怎么能够证明是严格的一对一。也许除口供记录以外，都不能担保处处是一对一，因为文人的笔总是惯于修润。但我们可以通过比较而推断，如和尚和宋儒的一些包括俚俗词语、生僻说法的语录，早期话本（尤其是其中的对话），方言小说（如《海上花列传》）里的对话，我们说那是与口语一致的，大概没有什么问题。

12.1.2 难于一致

但这没有什么问题的与口语一致的白话,是由大量的白话作品中挑选来的。那绝大部分是记人物的话,而白话作品的内容,显然只有很少是记人物的话;何况就是记人物的话,也未必都是照口语写。如《今古奇观·杜十娘怒沉百宝箱》中一处记李公子的话:"我非无此心。但教坊落籍,其费甚多,非千金不可。我囊空如洗,如之奈何!"有相当重的文言味,可见是作者加了工的。至于记作者或说唱者叙述的话,那就更容易脱离口语,如上节所引《董解元西厢》那段话,"西洛人也"以下是:"从父宦游于长安,因而家焉。父拜礼部尚书,薨。五七载间,家业零替,缘尚书生前守官清廉,无他蓄积之所致也。"文言味就更重了。"五四"文学革命,开始时期难免矫枉过正,对文言深恶痛绝,可是两篇发难的重要文章,胡适《文学改良刍议》,开头是:"今之谈文学改良者众矣,记者末学不文,何足以言此?"陈独秀《文学革命论》,开头是:"今日庄严灿烂之欧洲,何自而来乎?"(均见《中国新文学大系·建设理论集》)用的都是文言。当时及以后,响应的人都不再用文言写。但不用文言并不等于就是照口语写,因为出于笔下的常常成为白话"文"而不是白话"语"(这种趋势,越靠后越厉害,下一节谈)。

举早期的和稍后的各一篇为例。

（1）半农先生：本志三卷所登先生对于文学革新的大作两篇，我看了非常佩服，以为同适之先生的"文学改良刍议"正如车之两轮，鸟之双翼，相辅而行，废一不可。文学革新的事业，有你们两位先生这样的积极提倡，必可预卜其成绩之佳良，我真欢喜无量。

（钱玄同《新文学与今韵问题》，1917年作，见《中国新文学大系·建设理论集》）

（2）和善的燧人氏是该被忘却的。即使伤了食，这回是属于神农氏的领域了，所以那神农氏，至今还被人们所记得。至于火灾，虽然不知道那发明家究竟是什么人，但祖师总归是有的，于是没有法，只好漫称之曰火神，而献以敬畏。看他的画像，是红面孔，红胡须，不过祭祀的时候，却须避去一切红色的东西，而代之以绿色。

（鲁迅《关于中国的两三件事》，1934年作，见《且介亭杂文》）

前一篇是想向白话靠拢而力不从心，后一篇是随心所欲，并没有想靠拢的问题。总之，写在书面上的都与口语有或近或远的距离。

12.1.3 难于一致的原因

推崇白话照口语写的一致而未能一致，当然有原因。原因有主观的，如没有努力这样做之类，但占的比例不大。主要原因几乎都是客观的。

（一）当然是口和笔的不同。显而易见的，如口散漫，笔严密，口冗杂，笔简练，口率直，笔委曲，出于口的内容大多是家常的，出于笔的内容常常是专门的，等等，都会使书面语自成一套，至少是虽然离口语不远而不能重合。这很容易证明，如讲话的记录，整理出来，总不会和原话一模一样，因为甲讲乙记，甲有说的自由，乙有写的自由，成为书面，总不能不因乙的笔而有少量的变动。

（二）刚说过的不能重合是无意的；事实上，执笔为文，不能重合还常常来自有意，就是修改或修润。由理论方面说，修润也未尝不可以要求向口语靠拢，但事实上总是越求好，文的气味越重。最典型的例证是近年的，一种是论文之类，一般是多用长句，一种是散文、特写之类，一般是多用粉饰词语，这些，我们一念就知道，都是经过修润，因而远离口语的。

（三）执笔为文，总是通文的人，通文，旧时代的，脑子里装满庄、骚、史、汉，新时代的，脑子里装满鲁迅、巴金，自己拿起笔，自然就不知不觉，甚至心摹手追，也就庄、骚、史、汉，或者鲁迅、巴金。这就是茛什么卖什么，学什么唱什么。我们看白话发展的历史，常常会发现白话作品不随着口语变的保守现象，如《三国演义》以及戏曲宾白的文绉绉，清人小说间或有早期话本用语，近年的文有些反而不像"五四"时期那样浅易，都是学文而不学语的结果。

（四）白话照口语写，不能不碰到一个大问题，是口语的所指问题。就汉语说，用的人，唐宋时期不少，现在更多。可是汉语由口里出来，形态是"多"，不是"一"。如往南，有广东人的口语，往北，有黑龙江人的口语。即使地区缩小到北京市，还有老旗人的口语、小学生的口语、知识分子的口语、文盲的口语等分别。地区不同会有方言的大差异，年岁不同和阶层不同也会出现土语多少的小差异。照什么口语写？显然，人人照自己的口语写这个办法行不通。任何人都知道，写白话作品，过去要用官话，现在要用普通话。说普通话，有地道的，如电台的广播员，一部分中小学教师，但为数不多。绝大多数人是口里有或多或少的方言土语，这就使照口语写，也就是所谓白话，碰到严重的障碍，甚至架了空。怎么办？当然是执笔的人要学。可是学用官话或普通话写，许多人是只能通过书面。这条路，或说这种苦恼，"五四"时期提倡白话的人早已感觉到，如胡适曾说："我的家乡土话是离官话很远的；我在学校里学得的上海话也不在官话系统之内。我十六七岁时在《竞业旬报》上写了不少的白话文，那时我刚学四川话。我写的白话差不多全是从看小说得来的。我的经验告诉我：《水浒》《红楼》《西游》《儒林外史》一类的小说早已给了我们许多白话教本，我们可以从这些小说里学到写白话文的技能。"（《中国新文学大系·建设理论集·导言》）以小说的语言为师，这是半个多世纪以前的事了，我们当然不能机械地照用。但是作为一条路，我们中的许多人似乎还在走，就是说，拿起笔，以之为师的，上者是鲁迅、朱自清等，下者是书刊上的流行文字（最典型的例是有不少年轻记者写报道，像是写小说），而不是出于口的普通话。这样写成的白话，自然只能是与口语有相当距离的"文"。

（五）照口语写，中古白话，像话本系统的作品所表现的，没有什么困难。现代白话就不然，而是有困难。这是指大量译文引进来的欧化句法，是口语里本来不见的，可是不能不用。一种想法，是走严复的路，用先秦诸子的笔法译《天演论》《原富》之类。这可以不欧化，但离口语更远。更严重的是雅而不信；要信，就不能不酌量吸收原文的组织和韵味。几十年来，许多卓越的翻译家，即使不标榜直译，也都是这样做的。这欧化句法虽然是进口货，却不能不挤入本土的货堆，就是说，执笔为文，表现新时代的新意，就不知不觉也会欧化，或不能不欧化。很明显，这大多不是来自口语；从另一面说，照口语写，这样的白话就难于产生。

（六）以上白话离开口语的几种情况，都是时势使然；还有超过时势，显然是有意远离的。这是指近年来报刊上常见的尽力粉饰造作的那类作品。为了容易说明，先看下面的例。

（1）扮演总理的演员用精湛的表演再现了总理在江青的要挟面前临危善战，坚持原则的风貌，揭示了总理在世事艰难、病势沉重的日子里胸有成竹，回肠荡气的内心世界，令人难忘。扮演朱委员长的演员较好地掌握了朱老总耿直厚道，忠心为党，嫉恶如仇的性格特征，表现了一个炉火纯青的老一辈无产阶级革命家对江青毫不容情地撕皮剔骨的驳斥的崇高形象。

（2）音乐是这幅画上的瑰丽璀璨的色彩。昨天的田野，淡彩轻抹，审视了年轻人精神的被践踏和他们的憧憬、追求、奋起；今天的田野，浓墨重彩渲染他们的勃发英姿和色彩斑斓的创造性生活。……韩七月坟前一场戏的音乐是颇有哲人睿语似的撼人心魄的力量的。人们都默默无语，因为在这里无须任何人作凄清苦冷的表露。

两个例都见于报刊，例（1）是吕叔湘先生摘录的（见《吕叔湘语文论集·文风问题之一》），例（2）是我自己摘录的。前一例，吕先生评论说，多用套语是写文章的邪路；后一例是多用什么语呢？这里不评论好坏，只是想说明，像例（1）那样拉不断扯不断的长句，例（2）那样堆砌难懂的词语，在口语里是决不会有的。写白话，竟至离口语这样远，我想，笔下的功夫虽然是个原因，但更主要的恐怕在认识方面，就是说，有些人似乎坚信，既然是文，就不能不远离口语。言文不能一致，或说不能接近，至少就近年的一部分作品说，这种看法想来是个相当重要的原因。

由于以上种种原因，我们见到的白话，几乎都是与口语有或多或少的距离的。因此，关于白话，实事求是，我们应该说它是"参照"

口语写的文字,而不是"同于"口语的文字。

同是一致,不同是不一致。一致有好不好的问题,上面没有着重谈。谈好不好,不能撇开能不能;如果事实上做不到,那就没有最好一致的问题。在本章开头两节我们分析,言文一致并非不可能,但不容易做到。这里我们可以从另一个角度,先认可言文不一致,看看这条路是不是可行。中古系统的白话的账不必算了,只说"五四"以来的,大量的优秀作品证明,这条路不只可行,而且像是势在必行。这所谓优秀的作品,以鲁迅先生的杂文为例,与口语的关系是"不即不离"。不即,是和日常的谈话韵味不一样(比一般的口语丰富、深刻、严密);不离,是就格局说,仍然属于口语的系统。所谓属于口语的系统,意思是,口语有多种,例如有鲁迅先生的口语,他的杂文的语言就属于他的口语的系统。这样不即不离的白话,比近年来所谓"写话"的白话,一定低一筹吗?恐怕不好这样说,因为除了很难衡量轻重之外,还会碰到能不能一致的问题。所以就事论事,我们至少要承认,某种形式的不一致是同样可行的,甚至可取的。

12.2 距离口语的一般情况

白话与口语不能合一,距离有远近的分别。逐个辨认某一白话作品与口语的距离,过于繁琐,也没有必要。这里只谈一般的情况,可以从以下几个方面看。

（一）就同一系统的作品说，一般是早期的距离近，晚期的距离远。话本可以作为显著的例。如：

（1）说话的因甚说这春归词？绍兴年间，行在有个关西延州延安府人，本身是三镇节度使，咸安郡王，当时怕春归去，将带着许多钧眷游春。至晚回家，来到钱塘门里，车桥前面。钧眷轿子过了，后面是郡王轿子到来。只听得桥下裱褙铺里一个人叫道："我儿出来看郡王。"当时郡王在轿里看见，叫帮总虞候道："我从前要寻这个人，今日却在这里。只在你身上，明日要这个人入府中来。"当时虞候声诺来寻。这个看郡王的人是甚色目人？正是……

（《京本通俗小说·碾玉观音》）

（2）这首诗，乃本朝嘉靖年间，一个才子所作。那才子姓卢，名楠，字少楩，一字子赤，大名府濬县人也。生得丰姿潇洒，气宇轩昂，飘飘有出尘之表。八岁即能属文，十岁便娴诗律，下笔数千言，倚马可待。人都道他是李青莲再世，曹子建后身。一生好酒任侠，放达不羁，有轻财傲物之志。真个名闻天下，才冠当今。与他往来的，俱是名公巨卿。又且世代簪缨，家资巨富，日常供奉，拟于王侯。

（《今古奇观·卢太学诗酒傲公侯》）

例（1）是宋元话本，例（2）是明朝人的拟话本，前者照口语写，后者有不少文言成分。语录也是这样，如朱熹《朱子语类》与王守仁《传习录》相比，后者难免有模仿宋元人旧调的痕迹，这就与当时的口语有距离了。近几十年的情况是大家都熟悉的，二三十年代，作家拿起笔，大多还想想口语的情况，或说是有意写白话，到近些年，除了少数重视语文的人以外，几乎都不管口语了。因为不管，不像"话"的白话就随处可见了。

（二）上面的例还可以说明另一种情况，是与口说挂钩的，距离近；只是写而不说的，距离远。宋元话本要口说，明人拟话本是供人看，所以前者要照口说的写，后者不必。下面的例也可以说明这种情况。

（3）这个人打扮与众姑娘不同，彩绣辉煌，恍若神妃仙子：头上戴着金丝八宝攒珠髻，绾着朝阳五凤挂珠钗；项上戴着赤金盘螭璎珞圈；裙边系着豆绿宫绦双衡比目玫瑰珮；身上穿着缕金百蝶穿花大红洋缎窄裉袄，外罩五彩刻丝石青银鼠褂，下着翡翠撒花洋绉裙。一双丹凤三角眼，两弯柳叶吊梢眉，身量苗条，体格风骚。粉面含春威不露，丹唇未启笑先闻。……黛玉忙陪笑见礼，以"嫂"呼之。这熙凤携着黛玉的手，上下细细打谅了一回，仍送至贾母身边坐下，因笑道："天下真有这样标致的人物，我今儿才算见了！况且这通身的气派，竟不像老祖宗的外孙女儿，竟是个嫡亲的孙女，怨不得老祖宗天天口头心头一时不忘。只可怜我这妹妹这样命苦，怎么姑妈偏就去世了！"说着，便用帕拭泪。贾母笑道："我才好了，你倒来招我。你妹妹远路才来，身子又弱，也才劝住了，快再休提前话。"这熙凤听了，忙转悲为喜道："正是呢！我一见了妹妹，一心都在他身上了，又是喜欢，又是伤心，竟忘记了老祖宗。该打，该打！"

（《红楼梦》八十回校本第三回）

作者叙述的话可以较文，如"以'嫂'呼之"之类，记人物的对话，就"今儿""正是呢"等地道京白都出现了。现代白话，这方面的表现也很明显，如讲稿、广播稿、说唱脚本、剧本对话、发言记录之类，与一般记叙文、论说文相比，总是前者离口语近，后者大多离口语远。

（三）作品用方言或夹用方言，方言部分与官话或普通话的作品相比，常常是前者离口语近，后者离口语远。以《海上花列传》为例：

（4）杨家姆站在一旁，向洪善卿道："赵大少爷公馆来哚陆里嘎？"善卿道："俚搭张大少爷一淘来哚悦来栈。"杨家姆转问张小村道："张大少爷阿有相好嘎？"小村微笑摇头。杨家姆道："张大少爷无拨相好末，也攀一个哉哕。"小村道："阿是耐教我攀相好？我就攀仔耐末哉哕，阿好？"说得大家哄然一笑。杨家姆笑了,又道:"攀仔相好末,搭赵大少爷一淘走走,阿是闹热点?"小村冷笑不答,自去榻床躺下吸烟。

(第一回)

对话部分用苏州方言,自然只能照口语写,因为官话和文言有纠缠不清的关系,方言没有,照方言写就不会出现杂七杂八的东西。

(四)译文以及受外文影响大的作品,与基本上是本土味的作品相比,总是前者离口语远,后者离口语近。看下面的例:

(5)一切这辽远的,异常的事故都被那种安静和幽寂的生活,与那种催眠而又和谐的梦想代替了,这种梦想,正如当你坐在面临花园的木头露台上,美丽的细雨淫放地吵闹着,敲击着树叶,滚出浡浡的水流,同时在你底身体里来了睡意,这当儿,树林后面抹出一道虹,在半破碎的弧线形中,以自己底艳丽的七色光在天空辉耀的时候,——或者当马车把你摇得昏晕欲睡,穿进碧绿的丛林中间,草原上的野鸟喧哗地啼叫着,芬芳的青草混杂着麦穗和野花,飞进车窗,温柔地打在你底手上和脸上的时候,所引起的那种感觉一样。

(果戈理《密尔格拉得·旧式的地主》,孟十还译)

（6）我们由看见人家办喜事的红，而联思到坚白异同学说，此中不但有联思而且有联想，并且大部分的联思是跟着联想而来的；只有由思白而联思到坚白异同的联思不必根据于联想。这联思底根据是意义上的，可以是而不必是意象上的。我们在这里虽然承认有不根据联想的意义上的联思，然而大部分的联思是根据于联想的。

（金岳霖《知识论》第323页）

例（5）是译文，例（6）是欧化气味较明显的文章，虽然都用的是白话，距离口语却是相当远了。

（五）近年来，有些重视文风的人主张"写话"，就是要求写的和说的一样。这能不能，好不好，是另外的问题。这里只是说，这样主张的人的作品，与不注意这类问题的人的作品相比，常常是前者离口语近，后者离口语远。看下面的例：

（7）在大家看来，驾长是船上顶重要的人物。我们雇木船的时候，耽心到船身牢实不牢实。船老板说："船不要紧，人要紧。只要请的人对头，再烂的船也能搞下去。"他说的"人"大一半儿指的驾长。船从码头开出，船老板就把他的一份财产全部交给驾长了，要是他跟着船下去，连他的性命也交给了驾长。乘客们呢？得空跟驾长聊几句，晚上请他喝几杯大曲。"巴望他好好儿把我们送回去吧,好好儿把我们送回去吧。"

(叶圣陶《我与四川·驾长》)

（8）沧浪此书,虽自矜为实证实悟,非傍人篱壁得来,实则任何人都不能不受时代影响,更不能不受阶级的限制,故于注释文中,特别重在沧浪以前之种种理论,以说明沧浪诗说之渊源所自。至于后人对《沧浪诗话》评介之语,则取其异而不取其同。凡辩驳之语,即稍涉意气,近于谩骂,亦较多采取;至申阐之语,取有特见,若仅表赞同,无所发明,则摒弃不录。

(郭绍虞《沧浪诗话校释·校释说明》)

叶圣陶先生是近年来最推崇写话的人,所以笔下的文总是浅易流畅如话。郭绍虞先生是研究古典文学的,下笔任其自然,所以杂有文言成分,离口语就不那么近了。

第十三章 用白话的原因

13.1 指文言定形以后

文字起初是记录有声语言的,形状和声音应该是一致的。如果问为什么要这样,可以答,文字的性质就是这样。这样的书面语言,性质是白话,却不必称为白话,因为如前所述,那时还没有出现离开口语的文言,写的人不会想到它是白话,后代人也就不必称它为白话。文言渐渐离开口语,定了形,并且成为通用的书面语的时候,情况就不同了,白话,至少在唐朝以前,成为不常见的异类,出现,就会引人注意,有的人甚至会问,为什么要这样写?原因有多种,下面谈几种主要的。

13.1.1 来自民间

在我们的文献库存里,有不少作品(或只是零星的资料)来自民间。民间的人大多不熟悉文言,也没有那么多雅兴去诌文,写了,幸而流传下来,就成为白话。比较显著的如:

（1）一尺布，尚可缝；一斗粟，尚可舂。兄弟二人不能相容。

(《史记·淮南衡山列传》引民歌)

（2）坏陂谁？翟子威。饭我豆食羹芋魁。反乎覆，陂当复。谁云者？两黄鹄。

(《汉书·翟方进传》引童谣)

（3）以贫求富，农不如工，工不如商，刺绣文不如倚市门。

(《汉书·货殖传》引谚语)

（4）灶下养，中郎将；烂羊胃，骑都尉；烂羊头，关内侯。

(《后汉书·刘玄传》引俚语)

（5）有所思，乃在大海南。何用问遗君？双珠玳瑁簪，用玉绍缭之。闻君有他心，拉杂摧烧之。摧烧之，当风扬其灰，从今以往，勿复相思。相思与君绝！鸡鸣狗吠，兄嫂当知之。妃呼狶，秋风肃肃晨风飔，东方须臾高知之。

(《乐府诗集·鼓吹曲辞·有所思》)

（6）门前一株枣，岁岁不知老。阿婆不嫁女，那得孙儿抱。

(《乐府诗集·横吹曲辞·折杨柳枝歌》)

（7）我念欢的的，子行由豫情。雾露隐芙蓉，见莲不分明。

(《乐府诗集·清商曲辞·子夜歌》)

例（1）到（4）是谣谚之类，例（5）到（7）是乐府诗，都是汉魏六朝的无名氏所作，可以算作早期的白话。

由中古起，唐宋以来，来自民间的白话作品就更多了。最显著的有出于伎艺人的变文、话本之类，留待第十五章介绍。民歌之类也不少，如流行于唐朝的曲子词和流行于明清的各种俗曲都是。这类民间歌曲，性质同于乐府诗，都有曲调，押韵。如：

（8）天上月，遥望似一团银。夜久更阑风渐紧，为奴吹散月边云，照见负心人。

（王重民辑《敦煌曲子词集·望江南》）

（9）孟姜女，杞梁妻，一去燕山更不归。造得寒衣无人送，不免自家送征衣。长城路，实难行，乳酪山下雪霏霏。吃酒则为隔饭病，愿身强健早还归。

（同上书《捣练子》）

（10）这几夜做一个不祥梦，请先生卜一卦问个吉凶。你看此卦那爻动，要看财气旺不旺，禄马动不动。仔细推详，仔细推详，切莫将人哄。

（《劈破玉》，引自郑振铎《中国俗文学史》第十章）

（11）前日瘦，今日瘦，看看越瘦。朝也睡，暮也睡，懒去梳头。说黄昏，怕黄昏，又是黄昏时候。待想又不该想，待丢时又怎好丢。把口问问心来也,又把心儿来问问口。

(《挂枝儿》,出处同上)

(12)人儿人儿今何在,花儿花儿为谁开,雁儿雁儿因何不把书来带。心儿心儿从今又把相思害,泪儿泪儿滚将下来。天吓天吓,无限的凄凉,教奴怎么耐。

(《寄生草》,引自郑振铎《中国俗文学史》第十四章)

(13)大雪纷纷迷了路,糊里糊涂。前怕狼来,后怕是虎,吓的我身上酥。往前走,尽都是些不平路,怎么插步。往后退,无有我的安身处,两眼发乌。你心里明白,俺心里糊涂,照你身上扑。既相好,就该指俺一条明白路,承你照顾。且莫要指东说西将俺误,误俺前途。

(《马头调》,出处同上)

这类来自民间的作品也许没有经过文人改动,或者经过文人之手而大致保存原样,所以离口语总是很近的。

13.1.2 纪 实

文言定形之后,不只叙事,就是记言,用文言也成为行文的习惯。这样写,不管怎么忠实,总不免要隔一层,容易化明确为模棱。有两位史学大师反对这种做法。一位是唐朝的刘知幾,他在《史通·言语》篇里说:"而后来作者,通无远识,记其当世口语,罕能从实而书,方复追效昔人,示其稽古。"另一位是清朝的章学诚,他在《文史通义·古文十弊》篇里说:"记言之文,则非作者之言也,为文为质,期于适如其人之言,非作者所能自主也。"适如其人之言有好处,是逼真。文言作品间或有这样写的,但是不多,只有《世说新语》是例外。如:

(1)简文道王怀祖,才既不长,于荣利又不淡,直以真率少许,便足对人多多许。

(《赏誉》)

(2)庾玉台,希之弟也。希诛,将戮玉台。玉台子妇,宣武弟桓豁女也,徒跣求进。阍禁不内(纳),女厉声曰:"是何小人,我伯父门,不听我前!"因突入,号泣请曰:"庾玉台常因人脚短三寸,当复能作贼不(否)?"宣武笑曰:"婿故自急。"遂原玉台一门。

(《贤媛》)

(3)桓南郡与殷荆州语次,因共作了语。顾恺之曰:"火烧平原无遗燎。"桓曰:"白布缠棺竖旒旐。"殷曰:"投鱼深渊放飞鸟。"次复作危语。桓曰:"矛头淅米剑头炊。"殷曰:"百岁老翁攀枯枝。"顾曰:"井上辘轳卧婴儿。"殷有一参军在坐,云:"盲人骑瞎马,夜半临深池。"殷曰:"咄咄逼人。"仲堪眇目故也。

(《排调》)

以上是一般的纪实,是逼真好,不逼真也未尝不可。还有特殊的纪实,非照原话写不可的。如:

(4)一日上堂曰:"汝等诸人肉团心上有一无位真人,常向诸人面门出入,汝若不识,但问老僧。"时有僧问"如何是无位真人",师便打云:"无位真人是什么干屎橛!"师问乐普云:"从上来一人行棒,一人行喝,阿那个亲?"对曰:"总不亲。"师曰:"亲处作么生?"普便喝,师乃打。师问木口和尚"如何是露地白牛",木口曰:"哞。"师曰:"哑。"木口曰:"老兄作么生?"师曰:"遮畜生!"

(道原《景德传灯录》卷十二,义玄禅师语录)

(5)问:"每日暇时,略静坐以养心,但觉意自然纷起,要静越不静。"曰:"程子谓心自是活底物事,如何窒定教他不思?只是不可胡乱思,才着个要静底意思,便是添了多少思虑。且不要恁地拘逼他,须自有宁息时。"又曰:"要静,便是先获,便是助长,便是正。"

(张伯行《朱子语类辑略》卷六)

(6)某尝说知是行的主意,行是知的功夫;知是行之始,行是知之成。若会得时,只说一个知,已自有行在;只说一个行,已自有知在。古人所以既说一个知又说一个行者,只为世间有一种人懵懵懂懂的任意去做,全不解思惟省察也,只是个冥行妄作,所以必说个知,方才行得是;又有一种人茫茫荡荡悬空去思索,全不肯着实躬行也,只是个揣摸影响,所以必说一个行,方才知得真。

(王守仁《传习录》上)

原话都是讲学道立身的理,想正确了解,要靠悟,就是现在所谓体会。体会的所得有深浅,甚至有对错;想不错,先要保证原话确是原话,所以只能用"子曰"或"如是我闻"的形式记下来。

纪实,还有的是为了表明法律责任,如:

(7)谨案、齐故西阳内史刘寅妻范,诣台诉,列称:出适刘氏,二十许年,刘氏丧亡,抚养孤弱。叔郎整,常欲伤害。侵夺分前奴教子、当伯,并已入众。又以钱婢姊妹弟温,仍留奴自使伯,又夺寅息逡婢绿草,私货得钱,并不分逡。寅第二庶息师利,去岁十月,往整田上,经十二日,整便责范米六斗哺食。米未展送,忽至户前,隔箔攘拳大骂,突进房中,屏风上取车帷准米去。二月九日夜,婢采音偷车栏、夹杖、龙牵,范问失物之意,整便打息逡。整及母并奴婢等六人来至范屋中,高声大骂。婢采音举手查范臂。求摄检,如诉状。

(《文选》任昉《奏弹刘整》)

这篇弹文，照南朝风气，用骈体写；中间叙述原告范氏声诉的部分（上面所引）和调查刘家旧奴海蛤供述的部分（未引）都用原话。这样写，是表示事实都是当事人所说，其中一点不掺杂作者（时任御史中丞）的私见。

13.1.3 绘影绘声

记言，照原话写，还常常是为了绘影绘声，使读者不只了解意义，而且能够想见说者的身心状态。如：

（1）李昭德为内史，娄师德为纳言，相随入朝。娄体肥行缓，李顾待不即至，乃发怒曰："叵耐杀人田舍汉！"娄闻之，反徐笑曰："师德不是田舍汉，更阿谁是？"

（刘餗《隋唐嘉话》卷下）

（2）一日，有少妇笑入曰："翩翩小鬼头快活死！薛姑子好梦，几时做得？"女迎笑曰："花城娘子，贵趾久弗涉，今日西南风紧，吹送来也！小哥子抱得未？"曰："又一小婢子。"女笑曰："花娘子瓦窑哉！那弗将来？"曰："方鸣之，睡却矣。"于是坐以款饮。又顾生曰："小郎君焚好香也。"……花城笑曰："而家小郎子，大不端好！若弗是醋葫芦娘子，恐跳迹入云霄去。"女亦哂曰："薄幸儿，便值得寒冻杀！"相与鼓掌。

（《聊斋志异·翩翩》）

例（1）是形容一人性急，一个性缓，例（2）是形容花城和翩翩两个仙女聪明活泼，如果不用白话，效果就会差一些。

13.1.4 亲　切

上面第13.1.2节说，记言用文言，难免隔，不够明确。隔的另一种结果是不亲切，因为用文言的套语，总像是照例的应酬。为了避免这种缺欠，可以照原话写，也就是用白话。如：

> （1）昔在武川镇生汝兄弟，大者属鼠，次者属兔，汝身属蛇。鲜于修礼起日，吾之阖家大小，先在博陵郡住。相将欲向左人城，行至唐河之北，被定州官军打败。……于后，吾共汝在受阳住。时元宝、菩提及汝姑儿贺兰盛洛，并汝身四人同学。博士姓成，为人严恶，汝等四人谋欲加害。吾共汝叔母等闻之，各捉其儿打之。唯盛洛无母，独不被打。其后尔朱天柱亡岁，贺拔阿斗泥在关西，遣人迎家累。时汝叔亦遣奴来富迎汝及盛洛等。汝时著绯绫袍、银装带，盛洛著紫织成缬通身袍、黄绫里，并乘骡同去。盛洛小于汝，汝等三人并呼吾作"阿摩敦"。
>
> （阎姬与其子宇文护的信，见《周书·晋荡公护传》）
>
> （2）今则不然，一捧书本，便想中举，中进士，作官，如何攫取金钱，造大房屋，置多田产。起手便错走了路头，

后来越做越坏,总没有个好结果。其不能发达者,乡里作恶,小头锐面,更不可当。夫束修自好者,岂无其人;经济自期、抗怀千古者,亦所在多有。而好人为坏人所累,遂令我辈开不得口;一开口,人便笑曰:"汝辈书生,总是会说,他日居官,便不如此说了。"所以忍气吞声,只得挨人笑骂。

(郑燮《范县署中寄舍弟墨第四书》)

两封信都是给家里人的,用白话,像是谈家常,亲切得多。

13.1.5 放　任

用文言,完全照旧规格写,总难免有正襟危坐诌文的意味。为了表示无拘无束,不修边幅,有时可以夹用一些白话。如:

(1)即如以诗为喻,陶彭泽未尝较声律,雕句文,但信手写出,便是宇宙间第一等好诗。何则?其本色高也。自有诗以来,其较声律,雕句文,用心最苦而立说最严者无如沈约,苦却一生精力,使人读其诗,只见其捆缚龌龊,满卷累牍,竟不曾道出一两句好话。何则?其本色卑也。

(唐顺之《答茅鹿门知县书》)

(2)孤山处士,妻梅子鹤,是世间第一种便宜人。我辈只为有了妻子,便惹许多闲事,撇之不得,傍之可厌,如衣败絮行荆棘中，步步牵挂。近日雷峰下，有虞僧孺，亦无妻室，殆是孤山后身。所著《溪上落花诗》，虽不知于和靖如何，然一夜得诗百五十首，可谓迅捷之极。至于食淡参禅，则又加孤山一等矣，何代无奇人哉！

（袁宏道《孤山》）

用白话表示无拘无束，是在重雅轻俗的风气中故意俗一下，一贯板着面孔的文人是很少这样的。

13.2 通俗易懂

以上主要是说在文言的大海之中，间或冒出一些白话，究竟是什么来由。原因虽然说了不少，其实都不是最重要的。最重要的原因是绝大多数的一般人不会文言，你要想取得一般人的称许，就不能不用白话。唐朝以前的情况，我们知道得很少，因为除了一部分乐府诗以外，几乎没有独立的白话作品流传下来。由唐朝起，情况就不同了，我们今天能见到的，除了第13.1.1节提到的曲子词以外，还有大量的"变文"。这是来自和尚的识时务。和尚是佛教的信士弟子，要宣扬佛教教义。教义讲的人生之道，有不少是反世俗的，最突出的是饮食男女一类事。奇，难，而想取信于人，不得不讲求技术，于是而有转（通"啭"，意思是吟唱）读、唱导、梵呗一类办法，总之是既要说得天花乱坠,又要声音好听。但教义总难免是严正的,为了听众不打瞌睡或半路退席,只好加点适合群众口味的东西,这就成为"俗讲"。由佛教的立场看,俗讲内容浅显有趣,是迁就一般人;至于暗里的目的,《资治通鉴》卷二四三胡三省注说得好,是"不能演空有之义,徒以悦俗邀布施而已"。可是这样一放弃原则,形势就急转直下,起初还是讲《降魔变文》《大目乾连冥间救母变文》之类,后来索性撇开教义,专讲世俗故事,如《伍子胥变文》《孟姜女变文》之类了。变文的"变",意思是非常,指神奇、神通一类事,所以变文就是神奇故事书。讲变文名为"转变",即说唱神奇故事,原来是和尚的专业;因为能够邀布施,也就是挣钱,所以很快就被世俗的伎艺人学了去,在寺院之外,设场,也说唱,挣钱。大概在早期,世俗故事可以称为变文,也可以称为"话",如发现于敦煌的有《王昭君变文》,也有《庐山远公话》,后来就都称为话本了。唐朝有以说话为业的;到宋朝就更加盛行,不只遍于瓦肆,而且有不同的家数。转变凭变文,今所见基本上是白话;说话凭话本,今所见大多数是纯粹白话。为什么要用白话?因为这类作品,早期都是供人"听"的,不是供人"看"的。供一般人听,并且希望多多的人听,自然只能用白话。这里隐含着白话和文言的竞争,如果只是从捧场的人多少方面看,胜利的应该是白话。以优秀的文言小说为例。唐人传奇白行简作的《李娃传》约四千字,可是伎艺人说"一枝花(即李娃)话"是"自寅至巳(约八个小时),犹未毕词"(《元氏长庆集》卷十《酬翰林白学士代书一百韵》自注)。《聊斋志异》写狐鬼故事出神入化,可是人民大众却愿意到茶馆去听白话聊斋。这都足以证明,想取得多数人的欢迎,就只能用通俗易懂的白话。

变文、话本等所谓俗文学作品,因求通俗易懂而用白话写的,种类很多,数量很大,都留待第十五章介绍。

13.3 反对文言

以上说的用白话写的原因,连通俗易懂在内,都还是与文言和平共处。挑起白话的大旗,扬言不再用文言,是从民国初年开始。这样做,是旧的一团糟,因为君主专制的结束,西方文化所谓德、赛二位先生的输入,而成为更加明显。糟,要挽救,办法当然是除旧布新。旧的包括许多方面,有些知识分子看到文言,当时称为"文学",觉得内容和表现形式都很坏,于是主张改用白话。这样,白话起兵反对文言,动力其实有内外两种;如果分为远近,内因是远的,外因是近的。这近因,直截了当地说,是觉得西方言文不分家的办法好,我们应该照办。如胡适在《逼上梁山》(见《四十自述》)一文里说:"若没有各国的活语言作新工具,若近代欧洲文人都还须用那已死的拉丁文作工具,欧洲近代文学的勃兴是可能的吗?"此后不久,他就提出九点意见,其中第一条是"今日之文言乃是一种半死的文字",第二条是"今日之白话是一种活的语言"。他说这些话是在美国,时为1916

年。差不多二十年之后，他写《中国新文学大系·建设理论集》的《导言》，说到白话文学运动的三种最重要的原因，第三种是："我们的海禁开了，和世界文化接触了，有了参考比较的资料，尤其是欧洲近代国家的国语文学次第产生的历史，使我们明了我们自己的国语文学的历史，使我们放胆主张建立我们自己的文学革命。""和世界文化接触了"这句话说明了革新的动力是外来的。其实，当时的起兵以及其后的胜利，专就参与的人说，也可以清楚地看出这一点，因为那绝大多数是喝过洋墨水的。这外来的动力有厌恶一切传统文化的色彩，而突出地表现为反对文言，如胡适在《建设的文学革命论》中提出的"八不主义"，不做"言之无物"的文字，不做"无病呻吟"的文字，不用典，不用套语滥调，不重对偶——文须废骈，诗须废律，不做不合文法的文字，不摹仿古人，不避俗话俗字，就是对文言说的。

现在看来，当时反对文言，推崇白话，所据的理由难免片面，话也说得过于偏激。这可以举胡适的意见为代表，他在《建设的文学革命论》里说："这二千年的文人所做的文学都是死的，都是用已经死了的语言文字做的。死文字决不能产出活文学。"这是消极一面的话，说文言如何坏。还有积极一面的，是说白话如何好："白话文学史就是中国文学史的中心部分。中国文学史若去掉了白话文学的进化史，就不成中国文学史了，只可叫作'古文传统史'罢了。"(《白话文学史·引子》)他就真戴着这副有色眼镜，去评价文献库存里的所有作品，办法很简单：凡是文言作品都是要不得的，凡是白话作品都是珍宝。这样说，好像他是清楚地认识白话的价值了。其实不然，因为，即使白话作品都是上好的文学作品（事实当然不是这样，因为用白话还可以写便条，也可以海淫海盗），它能够战胜文言也还是由于它自身具备的优点。这至少还有三种。其一是能够为人民大众服务，就是既容易学，又容易用。文言就不成，因为不同于口语，就既难学又难用。其二是经济，因为文白不分家是用一套语言，分家就不能不用两套语言。其三是表现新意的力量强。文言是用古语说今事，有时难免雾里看花，捉襟见肘。白话是用今语说今事，就不会有这样的毛病。这方面的实例多得很。如《聊斋志异》成就很高，可是与《红楼梦》比，就显得不够真切，不够细致，那吃亏的是没有用白话。翻译文字也是个好例，林纾译《块肉余生述》和严复译《法意》，都费力不小，可是与董秋斯译的《大卫·科波菲尔》、张雁深译的《论法的精神》相比，就显得既不忠实，又不明确。更显著的是，表示新时代的新内容，用文言就简直行不通，因为其中不能容纳波音747和可口可乐。总之，由于多种原因，再加上新生力量比衰老力量强千百倍，于是白话就如陈胜、吴广的揭竿而起，不久就占了大片阵地，不只侵入报刊，还侵入教科书，又不久，到二三十年代，就统一了书面天下，人人笔下都是白话了。

文言差不多绝迹，白话稳坐了宝座，当然要有政绩，即所谓像样的作品。这方面也是种类很多，数量很大，都留待第十五章介绍。

第十四章 文白的界限

14.1.1 文白界限问题

文言和白话有分别，概括地说，文言是以秦汉书面语为标本，脱离口语而写成的文字，白话是参照当时口语而写成的文字。可是两者又有千丝万缕的关系。即以词汇和句法而论，它们有异点，可是同点也不少。还有，在历史上，它们虽然是分了家的，可是分得不彻底，不只你来我往不少，有时甚至还合伙过日子。这就使我们不能不想到界限问题。这问题突出地表现在，如果把一块场地分为两半，规定一半放文言作品，一半放白话作品，这个任务交给我们，我们能够顺利地完成吗？恐怕困难很大，因为情况复杂，有些作品会难于处理。

这个问题自然是古已有之，可是直到"五四"时期才表面化，因为在此以前，文言和白话和平共处，就用不着也想不到分家问题。最早谈到这个问题的是胡适。他宣扬文言是死文字，创造的文学是死文学；白话是活文字，创造的文学是活文学。怎见得？于是他作《白话文学史》，证明在历史上，凡是有价值的作品都是白话的。这部文学史只写了上卷，止于唐朝元稹和白居易。看目录，元白以前有王、孟、高、岑和李、杜等，专说杜，不只收了《丽人行》《哀王孙》等，还收了《自京赴奉先县咏怀五百字》，这都算白话，恐怕除他本人以外，没有人会同意。他自己大概也感到这将是孤军作战，于是在《自序》里说：

> 我把"白话文学"的范围放的很大，故包括旧文学中那些明白清楚近于说话的作品。我从前曾说过，"白话"有三个意思：一是戏台上说白的"白"，就是说得出，听得懂的话；二是清白的"白"，就是不加粉饰的话；三是明白的"白"，就是明白晓畅的话。依这三个标准，我认定《史记》《汉书》里有许多白话，古乐府歌辞大部分是白话的，佛书译本的文字也是当时的白话或很近于白话，唐人的诗歌——尤其是乐府绝句——也有很多的白话作品。

看来这三个意思可以单用，就是只具备一个条件也算，如果是这样，那就远到《孟子》和《战国策》，近到《阅微草堂笔记》和《春在堂随笔》，都成为白话作品了，因为不只明白晓畅，而且是不加粉饰的。这样放大范围，结果当然是文言和白话的界限更加模胡，如周作人在《文学革命运动》一文中所说："即在胡适之先生，他从唐代的诗中提出一部分认为是白话文学，而其取舍却没有很分明的一条线。即此可知古文白话很难分，其死活更难定。"（《中国新文学大系·史料·索引》）

14.1.2　界限不清的情况

很难分,是因为分家本来就没有分清楚。也难得分清楚,因为文言和白话是一种语言走向两歧的路,而不是由不同的路走来的两种语言。这"一种"规定它们有很多同点,如都用汉字,词汇有同有异,句法大同小异;关系更重大的是使用者都属于号称炎黄子孙的一群,他们大多兼通文言和白话,即使常常是文而不白或白而不文,但总难免,有些人不知不觉就利用他们笔下的自由,忽文忽白,或既文又白了。这种文白断而又连的情况,程度有轻重的不同,以下由轻到重,谈谈几种较明显的。

(一)词语,句式,有很多是文言和白话通用的。如:

(1)桃李不言,下自成蹊。

(《史记·李将军列传》)

(2)家贫未遇,夫妻二口,住于陋巷蓬门。

(《今古奇观·金玉奴棒打薄情郎》)

例(1)是文言,例(2)是白话,可是除"蹊"以外,词语都可以交换使用;句式也是两处都通用。这说明文言和白话,即使不是一家人,也总是同族近亲。

(二)白话吸收了文言成分,如成语和一些惯用语之类,虽然可

以看作白话语汇的一部分,可是文言的色彩很明显。如:

(3)次日,蘧公孙上厅谢亲,设席饮酒。席终,归到新房里,重新摆酒,夫妻举案齐眉。此时鲁小姐卸了浓装,换几件雅淡衣服。蘧公孙举眼细看,真有沉鱼落雁之容,闭月羞花之貌。三四个丫鬟养娘,轮流侍奉。又有两个贴身侍女——一个叫作采苹,一个叫作双红,都是袅娜轻盈,十分颜色。此时蘧公孙恍如身游阆苑蓬莱,巫山洛浦。

(《儒林外史》第十回)

(4)才子原是多愁多病,要闻鸡生气,见月伤心的。一到上海,又遇见了婊子。去嫖的时候,可以叫十个二十个的年青姑娘聚集在一起,样子很有些像《红楼梦》,于是他就觉得自己好像贾宝玉;自己是才子,那么婊子当然是佳人,于是才子佳人的书就产生了。内容多半是,惟才子能怜那些风尘沦落的佳人,惟佳人能识坎坷不遇的才子,受尽了千辛万苦之后,终于成了佳偶,或者是都成了神仙。

(鲁迅《二心集·上海文艺之一瞥》)

这些加点的词语在这里虽然可以看作已经化入白话,但借用文言的痕迹却是很明显的。

(三)还有并不化入的掺和。文言作品夹用白话,上一章已经谈

247

到,这里只说白话作品夹用文言的。如:

(5)那宝玉也在孩提之间,况他天性所禀,一片愚拙偏僻,视姊妹兄弟皆如一体,并无亲疏远近之别。如今与黛玉同处贾母房中,故略比别的姊妹熟惯些。既熟惯,便更觉亲密;既亲密,便不免有些不虞之隙(《孟子·离娄上》作"不虞之誉"),求全之毁。

(《红楼梦》第五回)

(6)停了一会,闹声稍定,只听那台下正座上,有个少年人,不到三十岁光景,是湖南口音,说道:"当年读书,见古人形容歌声的好处,有那'余音绕梁,三日不绝'的话,我总不懂。空中设想,余音怎样会得绕梁呢?又怎会三日不绝呢?及至听了小玉先生说书,才知古人措辞之妙。每次听他说书之后,总有好几天耳朵里无非都是他的书,无论做甚么事,总不入神,反觉得'三日不绝'这'三日'二字下得太少,还是孔子'三月不知肉味','三月'二字形容得透彻些。"旁边人都说道:"梦湘先生论得透辟极了,'于我心有戚戚焉'。"

(《老残游记》第二回)

这些加点的话都是从古代的文言典籍里借来的。

（四）有的体裁在文言和白话之间摇摆，想干干脆脆说它算文还是算白有困难；两属，当中砍一刀，也困难。最明显的例是乐府诗和曲子词。问题来自时间的早晚。早期的作品来自民间，依照我们文学史的传统，不能不算白话。可是我们所能见到的，一是有可能不是很早的，二是大多是经过文人修润的，修润，总会由俗而渐渐移向雅，或者说，文气加重。要重到什么程度就可以不再算白话？还有，文人仿作，也总是越来越文，是都算文言呢，还是文到相当程度才算文言呢？这类问题，我们翻阅《乐府诗集》和《敦煌曲子词集》之类，如果目的只是欣赏，当然可以不管，或者想不到；如果想分辨文言和白话，那就躲不开。怎样处理才合适，留到下面第14.2.2节谈；这里为了说明问题的性质，举下面两类作品为例。

（7）乐府《相和歌辞·江南曲》

江南可采莲，莲叶何田田，鱼戏莲叶间。鱼戏莲叶东，鱼戏莲叶西，鱼戏莲叶南，鱼戏莲叶北。

（古辞）(《乐府诗集》卷二十六，下两首同）

桂楫晚应旋，历岸扣轻舷。紫荷擎钓鲤，银筐插短莲。人归浦口暗，那得久回船。

（梁简文帝拟作）

艳唱潮初落，江花露未晞。春洲惊翡翠，朱服弄芳菲。画舫烟中浅，青阳日际微。锦帆冲浪湿，罗袖拂行衣。含情

249

罢所采，相叹惜流晖。

（唐刘希夷拟作）

（8）词《菩萨蛮》

霏霏点点回塘雨，双双只只鸳鸯语。灼灼野花香，依依金柳黄。　盈盈江上女，两两溪边舞。皎皎绮罗光，轻轻云粉妆。

（《敦煌曲子词集》）

花明月暗笼轻雾，今宵好向郎边去。刬袜步香阶，手提金缕鞋。　画堂南畔见，一晌偎人颤。奴为去来难，教君恣意怜。

（李煜作，见《南唐二主词》）

银河宛转三千曲，浴凫飞鹭澄波绿。何处望归舟？夕阳江上楼。　天憎梅浪发，故下封枝雪。深院卷帘看，应怜江上寒。

（周邦彦作，见《片玉集》）

每类三首，按时间早晚排列。早的一首，无论由出身看还是由文字看，算白话，推想多数人会同意。晚的一首相反，同样根据出身和文字，大概应该算文言。如果这两端的都定了性，中间的呢？不戴有色眼镜，我们似乎不能不说它是骑墙派，向一边推算白话可以，向另一边推算文言也未尝不可。

（五）还有一种情况是，文言和白话，不同的作品在文白的程度上常常不相等，而是有的纯粹，有的不很纯粹，有的甚至很不纯粹。这是因为，文言和白话都有不同的体裁，出于不同的时代和不同的作者。如果两种作品，一文一白，行文都纯粹，由语言方面看就距离远；如果都不纯粹，由语言方面看就距离近。距离近，也会使文白的界限显得模胡。如：

（9）有二措大相与言志。一云："我平生不足，惟饭与睡耳，他日得志，当饱吃饭了便睡，睡了又吃饭。"一云："我则异于是，当吃了又吃，何暇复睡耶？"吾来庐山，闻马道士善睡，于睡中得妙，然吾观之，终不如彼措大得吃饭三昧也。

（苏轼《东坡志林》卷一《措大吃饭》）

（10）乌帽鹑衣犊鼻裈，风流犹自傲王孙。三都赋后才名重，百尺楼头气岸尊。手不太真休捧砚，眉非虢国敢承恩。佳人端的书中有，老大梁鸿且莫婚。小生韩世勋，字琦仲，茂陵人也。囊饥学饱，体瘦才肥。人推今世安仁，自拟当年张绪。虽然好色，心还耻作登徒；亦自多情，缘独悭于宋玉。不幸二亲早背，家道凌夷，四壁萧然，未图婚媾。赖有乡达戚补臣，系先君同盟好友，自幼抚养成人，与他令郎戚友先同窗肄业。今乃元旦之日，须要整肃衣冠，候他出来贺岁。

（李渔《风筝误》第二出生上场白）

例（9）是文人的笔记，照例算文言；例（10）是戏曲的宾白，照例算白话。可是我们读了，会觉得后一例文气更重，或至少要承认，前一例是离白话近的文言，后一例是离文言近的白话。两者靠近，如果近到难解难分，文白的界限问题就更复杂了。

（六）更麻烦的是还可以找到一些，像是处于文白之间，推向哪一方都不能水乳交融。这方面的例，吕叔湘先生在《文言和白话》一文中举了不少，前面第2.1节曾引用其中的两个，都来自文言典籍；这里再补充一些来自其他方面的。

（11）佛告阿难："汝行诣维摩诘问疾。"阿难白佛言："世尊！我不堪任诣彼问疾。所以者何？忆念昔时，世尊身有小疾，当用牛乳，我即持钵诣大婆罗门家门下立。时维摩诘来谓我言：'唯，阿难！何为晨朝持钵住此？'我言：'居士！世尊身小有疾，当用牛乳，故来至此。'维摩诘言：'止，止，阿难！莫作是语。如来身者，金刚之体，诸恶已断，众善普会，当有何疾？当有何恼？默往，阿难！勿谤如来，莫使异人闻此粗言，无令大威德诸天及他方净土诸来菩萨得闻斯语。阿难！转轮圣王以少福故，尚得无病，岂况如来无量福会普胜者哉！行矣，阿难！勿使我等受斯耻也。外道、梵志，若闻此语，当作是念：何名为师？自疾不能救，而能救诸疾人？可密速去，勿使人闻。当知，阿难！诸如来身即是法身，非思欲身；佛为世尊，过于三界；佛身无漏，诸漏已尽；佛身无为，不堕诸数。如此之身，当有何疾？'时我，世尊！实怀惭愧，得无近佛而谬听耶？即闻空中声曰：'阿难！如居士言，但为佛出五浊恶世，现行斯法，度脱众生。行矣，阿难！取乳勿惭。'世尊！维摩诘智慧辩才，为若此也，是故不任诣彼问疾。"

（鸠摩罗什译《维摩诘所说经·弟子品》）

（12）昔南天竺有一大国，号舍卫城。其王威振九重，风扬八表，三边息浪，四塞尘清。辅国贤相厥号须达多，善几策于胸衿，洞时机于即代。人称柱石，德重盐梅。每以邪见居怀，未崇三宝；不贪荣位，志乐精修。家有子息数人，小者未婚妻室。时因节会，忽自思惟："吾今家无所之（乏），国内称尊，小子未婚冠，理须及时就礼。本国若无伉俪，发使外国求之。"当日处分家中，遂使开其库藏，取黄金千两，白玉数环，软锦轻罗，千张万匹，百头壮象，当日登途。"君须了事向前，星夜不宜迟滞，以得为限，莫惜资财。但称吾子之心，回日重加赏赐。"拜别已了，唯诺即行，日夜奔波，即达前所。巡街历巷，注耳倾心。

（《敦煌变文集》卷四《降魔变文》）

（13）那才子姓唐名寅，字伯虎，聪明盖地，学问包天，书画音乐，无有不通；词赋诗文，一挥立就。为人放浪不羁，有轻世傲物之志。生于苏郡，家住吴趋。做秀才时曾效连珠体,做《花月吟》十余首,句句中有花有月,如"长空影动花迎月,深院人归月伴花","云破月窥花好处,夜深花睡月明中"等句,为人称颂。本府太守曹凤见之,深爱其才,值宗师科考,曹公以才名特荐。

(《今古奇观·唐解元玩世出奇》)

(14)玄德见孔明身长八尺,面如冠玉,头戴纶巾,身披鹤氅,飘飘然有神仙之概。玄德下拜曰:"汉室末胄,涿郡愚夫,久闻先生大名,如雷贯耳。昨两次晋谒,不得一见,已书贱名于文几,未审得入览否?"孔明曰:"南阳野人,疏懒性成,屡蒙将军枉临,不胜愧赧。"二人叙礼毕,分宾主而坐,童子献茶。茶罢,孔明曰:"昨观书意,足见将军忧民忧国之心;但恨亮年幼才疏,有误下问。"玄德曰:"司马德操之言,徐元直之语,岂虚谈哉?望先生不弃鄙贱,曲赐教诲。"孔明曰:"德操、元直,世之高士。亮乃一耕夫耳,安敢谈天下事!二公谬举矣。将军奈何舍美玉而求顽石乎?"玄德曰:"大丈夫抱经世奇才,岂可空老于林泉之下。愿先生以天下苍生为念,开备愚鲁而赐教。"

(《三国演义》第三十八回)

(15)露寒烟冷庭梧坠,又是深秋时序。空闺独坐,无人存问,愁肠万缕。怕到黄昏后,窗儿下甚般情绪。映湖山左,芭蕉几叶,空阶静散疏疏雨。　　一自才郎别后,尽自家凭栏凝伫。碧云点淡，楚天空阔，征鸿南渡，飞过蒹葭浦。暮蝉噪，烟迷古树。望野桥西畔，小旗沽酒，是长安路。

(《董解元西厢》卷四)

（16）〔缑山月〕金粉未消亡，闻得六朝香，满天涯烟草断人肠。怕催花信紧，风风雨雨，误了春光。〔锦缠道〕望平康，凤城东、千门绿杨。一路紫丝缰，引游郎，谁家乳燕双双。隔春波，碧烟染窗；倚晴天，红杏窥墙。一带板桥长，闲指点茶寮酒舫。听声声卖花忙，穿过了条条深巷。插一枝带露柳娇黄。〔雁过声〕端详，窗明院敞，早来到温柔睡乡。鸾笙凤管云中响，弦悠扬，玉玎珰，一声声乱我柔肠。翱翔双凤凰。海南异品风飘荡，要打着美人心上痒。〔小桃红〕误走到巫峰上，添了些行云想，匆匆忘却仙模样。春宵花月休成谎，良缘到手难推让，准备着身赴高唐。

(孔尚任《桃花扇·访翠》生唱)

（17）雨霏霏店舍无烟，榆荚飞钱，柳线搓绵。绿水人家，残花院落，美女秋千。　沽酒春衣自典，思家客子谁怜？第一桥边，恋住流莺，不信啼鹃。

(张可久《双调·折桂令》〔湖上寒食〕)

(隋树森《全元散曲》，下一首同)

伤心莫问前朝事，重上越王台。鹧鸪啼处，东风草绿，残照花开。　怅然孤啸,青山故国,乔木苍苔。当时明月,依依素影,何处飞来?

(倪瓒《黄钟·人月圆》)

(18)少年早挂紫罗衣,美貌佳人作众妻。画戟横挑胡虏惧,绣旗远布姓名奇。人间富贵荣华尽,膝下芝兰玉树齐。美满良缘留妙迹,过百年,又归正果上清虚。虽然说,风流一世无惆怅,尚有余情未尽题。郑氏如昭商客女,于归谢府作偏妻。德性温柔无妒忌,仁心慷慨少嫌疑。敬公姑,晨昏不缺饥寒礼;和姊妹,闺阁无争大小仪。如此为人真可羡,正应该,同胶似漆作夫妻。偏怀身孕临盆晚,谢玉辉,暗信谗言致见疑。便令贤人怀抱恨,冤情虽白怨犹遗。若非生子如亲父,一旦清明化作虚。长斋一世修真性,得作仙宫执拂姬。虽则上天成正果,前生景况尚依依。更兼美妇陈芳素,也得修行上太虚。玉皇封作焚香女,一点痴心未肯离。这时候,早已大元登九五,英明世祖定华夷。江山传至元朝帝,新主龙飞国礼齐。异域来朝真大治,边疆不扰果咸宜。九重有德天心顺,要选英才佐衮衣。

(陈端生《再生缘》第一回)

(19)苏人有二婿者,长秀才,次书手,每薄次婿之不文。次婿恨甚,请试。翁指庭前山茶为题,咏曰:"据看庭前一树茶,如何违限不开花?信牌即仰东风去,火速明朝便发芽。"翁曰:"诗非不通,但纯是衙门气。"再命咏月,咏曰:"领甚公文离海角?奉何信票到天涯?私度关津犹可恕,不合黉夜入人家。"翁大笑曰:"汝大姨夫亦有此诗,何不学他?"因请诵之,闻首句云"清光一片照姑苏",哗曰:"此句差了,月岂偏照姑苏乎?须云照姑苏等处。"

(冯梦龙《笑府》,下一则同)

有贫士馁甚,见市有鬻馒头者,伪大呼仆地。主人惊问其故,曰:"吾性畏馒头。"主人因设数十枚于空室中,而闭士于内,冀相困以为一笑。久之寂如。乃启门,见其搏食过半,诘之,则曰:"不知何故忽不觉畏。"主人怒叱曰:"汝得无尚有他畏乎?"曰:"无他,此际只畏苦茶两碗。"

(20)知道了,应如此者。百凡悉照此据实无隐,自然永久蒙朕之眷注也。勉之!检举一摺留中,俟张楷来面询。张楷甚不妥协,朕欲黜其江苏之任。观其一切奏对,悉属悖谬之极。江苏官民作何评议,及伊居官实迹,如何之处,尔其据实奏闻。

(雍正《朱批谕旨》第一册,下一条同)

朕日理万机,刻无宁晷,毫不体朕,且值岁底事繁,那得工夫览此幕客闲文!况朕屡经训谕,只待秋成,方可释怀,冬雪不过来年预兆耳,何至如此夸张声势!观汝并无就业之心,若屡训不悛,则为下愚不移矣。

例（11）是佛经译文，本意要通俗，却不能脱离文言的格调。例（12）是变文，当然更要通俗，可是因为不像译经，还受原文的拘束，所以受文言的影响常常更深。例（13）是拟话本，已经不像早期的话本那样要记口所说，所以文言的格调就多起来。例（14）是章回小说，有不少出于文人或经过文人修润，而有的文人并不注意用白话，所以就很容易成为文绉绉了。例（15）是诸宫调，例（16）是戏曲，都是有说有唱，唱词求雅，就不能不大量地借用文言的修辞手法。例（17）是散曲，例（18）是弹词，无论用意还是措辞，都在通俗和典雅之间摇摆。例（19）是笑话，中古以后，内容和用语都求通俗，可是究竟是经过文人之手才成为书面，所以其中不少还是掺有较多的文言格调，例（20）是皇帝对奏本的批示，看样子是想随口说，可是因为亲近文言惯了，下笔还是离不开之乎者也。所有以上这些都处在文白的交界地带，因而算文言算白话都有理由，原因是都可以找到词汇和句法方面的正面证据；但又都有困难，原因是也都可以找到词汇和句法方面的反面证据。文白界限有时候会成为麻烦问题，主要就是由于有这些稳坐在中间，推向哪一边都不合适的作品。

14.1.3 文言惯于越界

由上一节的例证可以看出，文言和白话界限不清，主要是文言越界，混入白话，而不是白话越界，混入文言。所以会这样，原因很简单，是"五四"以前，一直是文言势力大。这表现在几个方面。其一是文言有以秦汉作品为标本的相当严格的词汇句法系统，这"严格"有闭关自守性，系统之外的表现方式很难闯进来。例如叙事追述以前的情况，文言通常用"初"引起，就决不能改用"以前"。其二是文言有"雅"的声誉，执笔为文的人，包括阶层不高的，总是愿意照用旧调。这风气一直到现在也没有灭绝，如请人来还是要写"光临"。其三是用某种格调惯了，换个格调反而觉得费力。正面的，隋朝李谔是个好例，他大声疾呼反对骈体，可是那篇奏章用的是清一色的骈体。反面的，"五四"时期高呼文学革命的那些人是个好例，他们决心改用白话，可是起初总是力不从心，反而不如用文言得心应手。元明以来许多白话作品杂有文言格调，除了有意求雅以外，文人熟悉文言，因而不知不觉就之乎者也，想来是个最重要的原因。其四是文言的许多修辞手法有较强的表现力，这有如好的工具，人都愿意用，甚至不能不用。举两种为例。一种是情景交融的写法，诗词里最常见，有不少并且很出色，戏曲的唱词正好也想这样，所以就吸收进来，成为"碧云天，黄花地，西风紧，北雁南飞。晓来谁染霜林醉？总是离人泪"(《西厢记》第四本第三折旦唱)。另一种是对偶，白话作品里几乎到处都用，如"妾身姓李，表字贞丽，烟花妙部，风月名班；生长旧院之中，迎送长桥之上；铅华未谢，丰韵犹存。养成一个假女，温柔纤小，才陪玳瑁之筵；宛转娇羞，未入芙蓉之帐"(《桃花扇》第二出小旦白)。这两处都要出诸口，诉诸耳，尚且这样，写出供眼看的就更不用说了。

文白界限不清，除了文言势力大之外，旧时代的人没有"五四"时期那样划清界限的思想也是个原因。早期的白话是记说话人的口所说，所以不能不随着口语走。但这随着只是情势使然，不是思想上要求这样。后来情势不同了，记口说变为文人写，既然思想上不要求划清界限，那就总是随文人自己的习惯，怎样方便就怎样写。这有成为纯粹白话的可能，但更大的可能是容纳或多或少的文言成分。因为照那时候的看法，即使有意要求通俗易懂，也不会想到必须同于口语的白话才通俗易懂。换句话说，在他们眼里，兼用些浅近的文言是同样通俗易懂的。总之，文白界限不清，十之九是由于文言越界，可是这越界不是侵入，而是受到欢迎才混进去的。

14.2.1 文白有不同面目

以上说文白界限不清，意思是在一部分作品里有混杂现象，这同说文白没有区别是两回事。其实，我们说文白有混杂现象，就是已经承认文白有区别，因为如果没有区别，那就是一而不是二，就无所谓混杂了。文言和白话，性质不同，各有特点，这在前面已经多次谈过。这里再总地说一下，如果取大舍小，我们应该说，文言和白话是有明显的区别的。理由可以举出很多。最重要的当然是词汇句法系统，文言有自己的一套，白话另有自己的一套，其中相当多的部分，两者不能通用。分辨这不能通用的异点很重要，就像分辨两个人一样，他们同属于人类，自然同点很多，但我们能够认识，一个是张三,一个是李四,因为他们总是同中有异。文言和白话也是这样,如"吾谁欺"是文言,"你生气啦"是白话,"谁""欺""生""气"几个字,文言和白话通用。可是还有不通用的,吾,白话要说"我",谁欺,白话要说"骗谁";你,文言要说"君""汝"等;生气,文言要说"怒";啦,文言没有这样的语气词。就这样根据异点,我们很容易断定,一部书,一篇文章,是文言还是白话。甚至少到一两句话也是这样,如"须臾,蛇不见了"(《三国演义》第一回),"似这般都付与断井颓垣"(《牡丹亭·惊梦》),我们能够分辨,"须臾"和"断井颓垣"是文言,"蛇不见了"和"似这般都付与"是白话。也就因为有明显的区别,所以在我们的文献库存里,文言作品和白话作品照例分作两堆,这表示,依照常识,文言和白话是有明确的界限的。此外,"五四"以来一些老作家的笔下也可以为证,他们常常是,写供多数人看的用白话,写供少数人看的(如书信)或仅仅备忘的(如日记和札记)用文言,这表示,在他们的心目中,以及实际上,文言和白话确是不同的两套语言。

14.2.2 划界的原则及其运用

文言和白话有明显的区别,断定某些文字(包括长篇和短句)是文言还是白话就有了依据。下面就用这个依据,谈谈文白界限的处理问题。

可以先开除现代白话,因为现代白话很少文白界限不清的问题。

前面第11.2节说过,现代白话打倒了文言,已经取得独霸地位。这样,文言销声匿迹了,自然就不会再出现越界现象。这意思还可以说得具体一些。"五四"前后,积极参加文学革命的那些人都会文言,可是他们拿起笔,时时不忘革命,就是说,要视文言如仇,所以笔下不容易混入文言的格调。下一代以及下两代,有的接触过文言,有的没接触过文言,总之,与老一代相比,都是不通文言,自然也就不会用文言表情达意。就因为这样,半个多世纪以来的白话作品都是纯粹的白话(意思只是非文言格调的白话,不是同于口语的白话),几乎没有文白夹杂的。文白不夹杂,划界就非常容易,或者说就不再有划界问题,因为都要放在白话那一边。有人也许会说,事实上是还有文白夹杂的,如吕叔湘先生在《恶札二例》(《语文学习》1984年6月号)一文里就举过两篇,下面是其中的第二篇,题目是《牡丹园记》。

……黎明闻鸡而起,踏星光去赏国色天香,原非我们之意;但主人告诫我们说:天明后观牡丹者车水马龙,如不捷足先登,你们只能看千人之面孔,而不能赏牡丹之百姿了。主人意笃情挚,我们用冷水洗面,以却倦意,后驱车离旅舍而去。向东疾行约十余里,忽闻一股浓烈的幽香穿窗口而来——车停,此即曹州方圆千亩的牡丹园了。

星落霞升,借东方晨曦之微光,首见路旁彩牌矗立,彩牌上横书"曹州牡丹园",五个金字龙飞凤舞,使人联想到是笔者赏花归来时的春风得意之作。迈进彩牌红柱，见绿叶层叠如海，乍起晨风，抖起绿叶如大海涌潮；牡丹娇羞妩媚，像披着七彩霓裳的丽人在对着碧波装扮……

这确是文白夹杂，但考虑文白界限问题的时候可以不管，因为那是从文言里捡拾一些套语硬往白话里塞，成为"不通"的白话，我们处理的是合格的"作品"，不通的不能算数。

把现代白话撇开，界限问题就只剩下古白话和文言之间的。显然，作品还是多到数不清，所以谈定性，谈划界，只能涉及一些原则，而不能个个过关。所谓原则，就是遇见某种情况，我们可以用什么方式来处理。总的原则是"实事求是"，就是多注意词汇和句法方面的特点，据实陈述而不随心所欲或人云亦云。运用的时候，这总的原则可以变化或划分，那就成为以下这些。

一是"从众"的原则。这包括两层意思。一是要重视格局，就是看基本架子是文言还是白话。如元杂剧的曲词，有些吸收文言词语不少，可是格局是白话，文言成分是拿来放在白话的格局里，所以总的可以算作白话。二是由数量方面看，不管是一篇还是一句，如果多数是文言，少数是白话，总的可以算作文言，反之可以算作白话。

二是"归类"的原则。根据来源、用途等的不同，作品可以分为不同的类，如小说和戏曲。类有大小，如戏曲是大类，杂剧是小类。归入一类的作品有类的同点，如戏曲都有白有曲。类越小，同点越多，如杂剧都是限定四折，传奇不是这样。类的同点包括用语，因而断定某作品是文言还是白话，也可以参照类的性质。举例说，变文，有些是文绉绉的，如果文的程度不太严重，考虑到类的性质，我们就无妨把它算作白话。戏曲的宾白也是这样，如果文的程度不太严重，也应该算作白话。

三是"分治"的原则。给文言和白话划界，定作品的性质，首先当然要对付整体。整体有大小。大的，如说二十几种正史都是文言的，话本系统的小说都是白话的。缩小一些，如说《资治通鉴》是文言的，《镜花缘》是白话的。再缩小，可以说某一篇文章是文言的，某一则故事是白话的。还可以更缩小，打破整体，说某一句话是文言，某一个词语是白话。这样分层次，整体和部分，在文白的性质方面可以调和，但更大的可能是不能调和，就是说，也许文言中有少量白话，或白话中有少量文言。遇到这种情况，就可以采取分治的办法，如《世说新语》，可以说整体是文言，其中某些部分是白话；戏曲的宾白，可以说整体是白话，其中某些部分是文言。

四是"随缘"的原则。这主要是对付上面第14.1.2节第（六）项提到的那些算文算白都不合适的情况。那类作品是坐在文白的中间，我们与其费力向两边推而推不动，毋宁承认现实，同意它们坐在中间。这种脚踩两只船的作品，几乎都是常识认为属于白话那一堆的，而且大多是较小的个体，所以数量不大。但伤脑筋的是制造的麻烦不小。坐在中间，使我们不能一刀砍断，是麻烦。放在中间，许多人未必同意,也是麻烦。后一种麻烦牵涉到仁者见仁、智者见智,自然不是这里所能解决的了。

五是"放松"的原则。这比上一个原则又退一步,是近于不求甚解。不求甚解,是因为有少数文字(一般是简短的),就是难于断定是文言还是白话。上一节曾说,文言和白话有同有异。这样,至少在理论上,一个短句可以只有同点而没有异点,那就不能断定它是文言还是白话。另一种情况是,我们对古人的语言,并不时时处处都清楚,例如晋人杂帖和《世说新语》中有些话,在当时是文言还是白话,我们常常不能确切地知道。还有一种情况是文白可以转化,如"宁馨儿",在《世说新语》里是白话,到《聊斋志异》里就成为文言;反面的例是有不少词语,尤其是很多成语,出于文言,可是已经化入白话。此外,可以推想,只要常接触书面,我们总会遇见不少难于分辨文白的情况。分辨不清,难于定性,根据总的实事求是的原则,似乎只有安于不知为不知才是上策。

文白界限问题是个很复杂的问题。问题来自无数的各式各样的具体作品,因而以几个概括原则为尺度去量一切,有时候是还会遇到麻烦的,但推想不会很多。

第十五章 白话典籍

15.1 概 况

前面第11.2节曾把白话文献分为三期：第一期是唐以前，第二期是唐宋到明清，第三期是现代。严格说，第一期只有些白话资料，还没有成为典籍，因为那是夹在文言的大海之中，处于附庸地位。现代白话，由"五四"时期起，作品数量不小，可是终归时间短，而且都是我们熟悉的，可谈的也不多。因此，谈白话典籍，主要是中间一段。这一段时间长，花样多，巨细不遗很难，所以只能用举例的办法，介绍一些重要的，常见的。这些常见的，与文言典籍相比，数量像是少得多，原因未必是作得少，而是没有受到重视，很少人保存，难于流传下来。举较远的例，杜诗，历代都有多种版本，见于公私书目，保存到现在的还是不少；可是变文，如果没有埋藏千年以上的敦煌石窟，我们就会一种也看不到。近的，如民歌，郑振铎《中国俗文学史》第十四章说："刘复、李家瑞编的《中国俗曲总目稿》所收俗曲凡六千零四十四种，皆为单刊小册，可谓洋洋大观。其实，还不过存十一于千百而已。著者昔曾搜集各地单刊歌曲一万二千余种，也仅仅只是一斑。"这是专家搜集，至于一般人，甚至一般图书馆，那就也许连一种也看不到。总之，以常见为标准，白话典籍是不像文言那样多的。

上一章说，文言和白话有界限问题；第14.1.2节并且说，有少数作品，算文算白似乎都不合适。这牵涉到白话典籍的取舍问题。我的想法，讲文白界限道理的时候应该说清楚。至于实际处理，那就宜于从宽，就是，可以算白话的尽量算白话。这样做主要有三种意义或三种情况。一是白话里夹杂少量的文言词语，我们应该容忍文言越界，总的仍旧算白话。二是文言成分虽然不少，但基本格局是白话，应该仍旧算白话。三是某作品太文，或某作品的某些部分太文，但对前者来说，某作品所属的类，对后者来说，某作品的整体，也应该仍旧算白话。

还有个小问题是很多材料，性质不同，时代不同，怎么安排。为了简而明，想兼以作品的时代和性质为纲。兼，意思是，可以分先后的时候以时间先后为序；介绍某些体裁的时候也可以连类而及，那就时间靠后的一些作品也许先介绍。还有，因为材料多，宜于化繁为简，举实例，一般限于前面没有举过的，以及较难见到或看见样品才能较清楚地了解情况的。

15.2.1　前期白话资料

唐以前，文言典籍里的白话资料大致可以分为三类：一是谣谚之类，二是夹在文言作品里的一些白话，三是早期的乐府诗。

先说第一类的"谣谚"之类。这包括民歌、童谣、谚语、俚语等，前面第13.1.1节已经举过例。这类白话资料大多见于记事的文字，清朝晚年杜文澜曾经按四库目录的次序，从各种书中搜集，成为《古谣谚》一百卷，有中华书局出版的周绍良校点本，可以参考。不过杜氏搜集谣谚，目的不是辑白话资料，因而其中有不少未必是白话，翻阅时要分辨。

再说"夹在文言作品里的一些白话"。这大多是为了保留口语的原样，有两种形式：一种是零碎的，如前面第十三章所举《世说新语》等书里的那些都是；一种是整段的，如前面第13.1.2节所举任昉《奏弹刘整》中照录的诉状就是。南北朝以后，文言作品夹杂一些零碎的白话，自然还是不少见。大段引用的也间或有。如：

（1）俊于八月二十二日夜，二更以来，张太尉使奴厮儿庆童来，请俊去说话。俊到张太尉衙，令虞候报复，请俊入宅。在莲花池东面一亭子上，张太尉先与一和尚何泽，点着烛对面坐地说话。俊到时，何泽更不与俊相揖，便起向灯影黑处潜去。俊于张太尉面前唱喏。坐间，张太尉不作声。良久，问道："你早睡也，那你睡得着？"俊道："太尉有甚事睡不着？"张太尉道："你不知自家相公得出也。"俊道："相公得出，那里去？"张太尉道："得衢、婺州。"俊道："既得衢、婺州，则无事也，有甚烦恼？"张太尉道："恐有后命。"俊道："有后命如何？"张太尉道："你理会不得。我与相公从微相随，朝廷必疑我也。……"

（王明清《挥麈录余话》卷二《王俊首岳侯状》）

（2）你如今回去寻师问友，但是有见识人，师问于他。你学得高了，人皆师问于你，便不做官也高尚了。你每父亲都是志气的人，说的言语都说得是，人都听他。那时与我安了一方，至有今日，我的子孙享无穷天下，你老子的子孙享无穷爵禄。男子汉家学便学似父亲样，做一个人，休要歪歪搭搭的过了一世。你每趁我在这里，年年来叩头，你每还是挨年这歇来。你每小舍人年纪少，莫要花阶柳市里去。你父亲都是秀才好人家，休要学那等泼皮的顽。

（刘基《诚意伯文集》卷一《诚意伯次子阁门使刘仲璟遇恩录》记明太祖语）

（3）李四妻范氏招云：（洪武）八年九月，李四回家说："我早起和汪丞相、太师哥在胡丞相家板房吃酒，商量谋反，我也随了他。"范氏骂李四："你发风！你怎么随他？"李四说："我哥哥随了，我怎么不从他？"

仪仗户赵猪狗招云：（洪武）十六年六月，太师请延安侯饮酒。延安侯说："我们都是有罪的人，到上位根前小心行走。"太师说："我每都要小心，若恼着上位时，又寻起胡党事来，怕连累别公侯每。"十七年五月，太师说："上位寻胡党又紧了，怎么好？"吉安侯说："上位不寻着我，且繇他。"

（钱谦益《初学集》卷一○四《太祖实录辨证四》考李善长参与胡惟庸谋反事）

在文言占上风的时代，对话一般是经过文人的笔就变成文言，像这样保留口语原样的是漏网之鱼。

再说第三类"乐府诗"。前面第13.1.1节例（5）(6)(7)曾举了三首，说明那是无名氏所作，来自民间，可以算作早期的白话。那里说民间，说早期，是因为会碰到界限问题。第14.1.2节谈文白界限不清的情况，例（7）曾举不同时期的《江南曲》三首，说明早的一首宜于算白话，晚的一首宜于算文言。问题是中间的。界限问题已经谈过，不重复；这里只想补充说明，旧文献里所谓民间作品，几乎没有不经过文人修润的。《木兰诗》是个好例，由"唧唧复唧唧，木兰当户织"起，都是用通俗的文字写，可是中间忽然夹上文绉绉的四句，"万里赴戎机，关山度若飞。朔气传金柝，寒光照铁衣"，很有唐人格律诗的韵味，想来必是出于文人的修润，甚至增加。修润，增加，已是既成事实，我们只好容忍，就是说，要多照顾出身，承认带些文气的仍旧是白话。这样，像下面这样的，古辞质朴，拟作用意求通俗，就都可以看作白话作品。

（4）青青河畔草，绵绵思远道。远道不可思，宿昔梦见之。梦见在我傍，忽觉在他乡。他乡各异县，展转不相见。枯桑知天风，海水知天寒。入门各自媚，谁肯相为言？客从远方来，遗我双鲤鱼。呼儿烹鲤鱼，中有尺素书。长跪读素书，书中竟何如？上言加餐饭，下言长相忆。

（《乐府诗集·相和歌辞·饮马长城窟行》，古辞）

长城窟，长城窟边多马骨。古来此地无井泉，赖得秦家筑城卒。征人饮马愁不回，长城变作望乡堆。蹄迹未干人去近，续后马来泥污尽。枕弓睡着待水生，不见阴山在前阵。马蹄足脱装马头，健儿战死谁封侯？

（同上，王建拟作）

（5）梅花落已尽，柳花随风散。叹我当春年，无人相要唤。

（《乐府诗集·清商曲辞·子夜春歌》，古辞）

陌头杨柳枝，已被春风吹。妾心正断绝，君怀那得知。

（同上，郭元振拟作）

15.2.2 佛经译文及其他

胡适《白话文学史》只有十六章，却用两章的篇幅讲《佛教的翻译文学》，除了说译经对中国文学有大影响以外，还极力称赞佛经译文的"不加文饰"。所谓不加文饰，意思是不用骈俪。他说这是有新意境的新文体,不同于"半通半不通的骈偶文字"。这使我们想到两个问题:一是译经文字是否完全摆脱了骈俪的束缚,二是这种新文体应否写入白话文学史。两个问题,答案恐怕都难于是肯定的,因为译经文字多用四字句,分明是顺从了六朝的骈俪风气;还有,即使异于当时的骈四俪六,也不见得就是白话。前面第14.1.2节例(11)曾引鸠摩罗什译《维摩诘所说经》,说它不能脱离文言的格调。为了避免以偏概全,再举早晚两期的译文为例。

(1)昔有梵志年百二十,少小不娶妻,无淫泆之情,处深山无人之处,以茅为庐,蓬蒿为席,以水果蓏为食饮,不积财宝。国王聘之,不往。意静处无为。于山中数千余岁,日与禽兽相娱乐。有四兽:一名狐,二者猕猴,三者獭,四者兔。此四兽日于道人所听经说戒,如是积久,食诸果蓏皆悉讫尽。后道人意欲使徙去。此四兽大愁忧不乐,共议言:"我曹各行求索,供养道人。"猕猴去至他山中,取甘果来,以上道人,愿止莫去。狐亦复行化作人求食,得一囊饭麨来,以上道人,可给一月粮,愿止留。獭亦复入水,取大鱼来,以上道人,给一月粮,愿莫去也。兔自思念:"我当用何等供养道人耶?"自念:"当持身供养耳。"便行取樵,以然火作炭,往白道人言:"今我为兔,最小薄能,请入火中作炙,以身上道人,可给一日粮。"兔便自投火中,火为不然。道人见兔,感其仁义,伤哀之则自止留。

(吴康僧会译《旧杂譬喻经·梵志与四兽》)

(2)观自在菩萨行深般若波罗蜜多时,照见五蕴皆空,度一切苦厄。舍利子!色不异空,空不异色;色即是空,空即是色;受想行识,亦复如是。舍利子!是诸法空相,不生不灭,不垢不净,不增不减。是故空中无色,无受想行识,无眼耳鼻舌身意,无色声香味触法。无眼界,乃至无意识界。无无明,亦无无明尽,乃至无老死,亦无老死尽。无苦集灭道,无智亦无得。

(唐玄奘译《般若波罗蜜多心经》)

例(1)是早期译文,虽然文白掺和,文气确是轻一些,专就这一点看,说它是白话似乎也没有什么不可以。例(2)不同,而是文气很重,算白话就太勉强了。

真正用白话翻译是到唐宋以后。值得说说的有两个时期:一是元朝,二是清末。

元朝统治者是蒙古人,记事,处理公务,常常用蒙文。编入汉文典籍,要译为汉文。也许为了适应原文的格调,常常译为白话。如:

(3)当初元朝人的祖是天生一个苍色的狼与一个惨白色的鹿相配了,同渡过腾吉思名字的水,来到于斡难名字的

273

河源头、不儿罕名字的山前住着。产了一个人,名字唤作巴塔赤罕。……一日,都蛙锁豁儿同弟朵奔篾儿干上不儿罕山上去,都蛙锁豁儿自那山上望见统格黎名字的河边有一丛百姓,顺水行将来。都蛙锁豁儿说:"那一丛起来的百姓里头有一个黑车子,前头有一个女儿生得好,若是不曾嫁人呵,索与弟朵奔篾儿干为妻。"就叫朵奔篾儿干去看了。朵奔篾儿干到那丛百姓里头看了,这女儿名阿阑豁阿,果然生得好,也不曾嫁人。

(《元朝秘史》卷一)

(4)薛禅皇帝可怜见嫡孙、裕宗皇帝长子、我仁慈甘麻剌爷爷根底,封授晋王,统领成吉思皇帝四个大斡耳朵,及军马、达达国土都付来。依着薛禅皇帝圣旨,小心谨慎,但凡军马人民的不拣甚么勾当里,遵守正道行来的上头,数年之间,百姓得安业。在后,完泽笃皇帝教我继承位次,大斡耳朵里委付了来。已委付了的大营盘看守着,扶立了两个哥哥曲律皇帝、普颜笃皇帝,侄硕德八剌皇帝。我累朝皇帝根底,不谋异心,不图位次,依本分与国家出气力行来;诸王哥哥兄弟每,众百姓每,也都理会的也者。

(《元史·泰定帝纪》即位诏)

《元朝秘史》全书是翻译的白话。还有《元典章》,收元朝早期的公文,也全部是翻译的白话。这类白话,我们现在念会感到别扭,这是因为用的是当时的白话,没有掺用浅易的文言。

清朝晚年,西方到中国来传教的人多了,教会势力越来越大,自然要用翻译的办法介绍所谓西学(主要是教义)。翻译过来的书不少,有些用白话(当时称为官话)。如:

(5)在耶路撒冷作王,大卫的儿子,传道者的言语。传道者说,虚空的虚空,虚空的虚空,凡事都是虚空。人一切的劳碌,就是他在日光之下的劳碌,有甚么益处呢?一代过去,一代又来,地却永远长存。日头出来,日头落下,急归所出之地。风往南刮,又往北转,不住的旋转,而且返回,转行原道。江河都往海里流,海却不满,江河从何处流,仍归还何处。万事令人厌烦,人不能说尽,眼看,看不饱,耳听,听不足。已有的事,后必再有,已行的事,后必再行,日光之下并无新事。

(《新旧约全书〔通称《圣经·传道书》〕·第一章》)

(6)世间好比旷野,我在那里行走,遇着一个地方有个坑。我在坑里睡着,做了一个梦,梦见一个人,身上的衣服十分褴褛,站在一处,脸儿背着他的屋子,手里拿着一本书,脊梁上背着重任。又瞧见他打开书来看,看了这书,身上发抖,眼中流泪,自己拦挡不住,就大放悲声喊道:"我该当怎么样才好?"他的光景这么愁苦,回到家中,勉强扎挣着,不叫老婆孩子瞧破。但是他的愁苦渐渐儿的加添,忍不住了,就对他家里的人叹了一口气,说:"我的妻我的子呵!你们和我顶亲爱的,现因重任压在我身上,我将死了。而且我的确知道我们所住的本城,将来必被天火焚毁,碰着这个灾殃,我和你们都免不了灭亡。若非预先找一条活路,就不能躲避,但不晓得有这活路没有。"他的老婆孩子听了这话,诧异得狠,害怕得狠,不是把他的话当做真的,是怕他发疯。

(《天路历程》官话本卷一)

这样的翻译白话,与文学革命后的译文属于两个时期,因为中间还隔着林纾和严复(译文都用文言)。文字虽然不够灵活,本意却是极力追口语。

15.3.1 变　文

变文是个举要的名字,因为敦煌发现的白话文献,还有讲经文、押座文、赋、诗、词等,严格说,内容不神奇就不能称为"变"。这里从俗,称这些文献都是变文,或主要是变文。变文沿袭佛教经典的传统,有讲有唱。唱词用诗的形式,大多是七个字一句。讲词,文白的程度不一致,有的不只很文,而且大段用对偶,前面第11.1.2节曾举例。很文，就有应否算作白话的问题，这在前面第14.1.2节例（12）部分也曾谈到。不过变文究竟是讲给一般人听的，用语不能不走白话的路，就是说，至少基本格局不能不是白话的。事实上，有些变文确是相当通俗的，如：

（1）汉高皇帝大殿而坐，招其张良附近殿前。张良蒙诏，趋至殿前。汉王曰："前月廿五日夜，王陵领骑将灌婴，斫破项羽营乱，并无消息。拟差一人入楚，送其战书，甚人堪往送书？"张良奏曰："卢绾堪往送书。"皇帝问曰："卢绾有何伎艺？"张良曰："其人问一答十，问十答百，问百答千，心如悬河，问无不答。"皇帝闻奏，便诏卢绾，送其战书。卢绾奏曰："前后送书，万无一回，愿其陛下，造其战书，臣当敢送。"皇帝造战书已了，封在匣中，分付卢绾。卢绾辞王已讫，走出军门，秣马攀鞍，不经旬日，须到楚家界首。游奕探着，奏上霸王。霸王闻奏，诏至帐前。卢绾得对，拜舞礼讫，霸王便问："汉主来时万福？"答曰："臣主来时万福。"

（《敦煌变文集》卷一《汉将王陵变》）

（2）昔有目连慈母，号曰青提夫人，住在西方，家中甚富，钱物无数，牛马成群，在世悭贪，多饶杀害。自从夫主亡后，而乃霜居。唯有一儿，小名罗卜。慈母虽然不善，儿子非

277

常道心，拯恤孤贫，敬重三宝，行檀布施，日设僧斋，转读大乘，不离昼夜。偶因一日，欲往经营，先至堂前，白于慈母："儿拟外州，经营求财，侍奉尊亲。家中所有钱财，今拟分为三分：一分儿今将去，一分侍奉尊亲，一分留在家中，将施贫乏之者。"娘闻此语，深惬本情，许往外州，经营求利。

（同上书卷六《目连缘起》）

这样，依照从众的原则，我们不能不把变文看作白话作品。变文原件，绝大部分在英法两国，王重民、向达等编《敦煌变文集》八卷（人民文学出版社出版）收录不少，可以参考。

变文在唐朝是全盛时期，后来虽然渐渐衰落，可是它的讲唱交替的形式却对后代的俗文学有重大影响，几乎可以说，俗文学的各种体裁都是它的变种。这里先介绍一种和它关系最密切的，是"宝卷"。郑振铎《中国俗文学史》有专章介绍宝卷，他认为，唐代变文、宋代说经和稍后的宝卷是一个系统的三种形式，所以宝卷是变文的嫡派子孙。今所见最早的宝卷是宋元之际的抄本《销释真空宝卷》。明清两代宝卷传本不少，内容可分为佛教的和非佛教的两大类，如《香山宝卷》《刘香女宝卷》等就是宣扬佛教的最有力的作品。宝卷都用白话写，有讲有唱，下面举《目连救母出离地狱升天宝卷》的一个段落为例。

（3）尊者驾云，直至灵山，拜告如来。尊者言曰："弟子往诸地狱中，尽皆游遍，无有我母。见一铁城，墙高万丈，黑壁千层，铁网交加，盖覆其上。高叫数声，无人答应。弟子无能见母，哀告世尊。"佛说："你母在世，造下无边大罪，死堕阿鼻狱中。"尊者听说，心中烦恼，放声大哭。

母堕长劫阿鼻狱，

何年得出铁围城？

玉兔金鸡疾似梭，堪叹光阴有几何！四大幻身非永久，莫把家缘苦恋磨。忽然死堕阿鼻苦，甚劫何年出网罗？若要脱离三涂苦，虔心闻早念弥陀。光阴似箭，日月如梭，人生有几多？堆金积玉，富贵如何？钱过北斗，难买阎罗，不如修福向善念弥陀。

一生若作恶，身死堕阿鼻。

一生修善果，便得上天梯。

世尊言曰："徒弟，你休烦恼，汝听吾言。此狱有门，长劫不开。汝今披我袈裟，持我钵盂锡杖，前去地狱门前，振锡三声，狱门自开，关锁脱落。一切受苦众生听我锡杖之声，皆得片时停息。"尊者听说，心中大喜。

饶你雪山高万丈，

太阳一照永无踪。

世尊说与目连听，汝今不必苦伤心。赐汝袈裟并锡杖，幽冥界内显神通。目连闻说心欢喜，拜谢慈悲佛世尊。救度

279

我母生天界，弟子永世不忘恩。投佛救母，有大功能，振锡杖便飞腾。恩沾九有，狱破千层。业风停止，剑树摧崩，阿鼻息苦，普放净光明。

手持金锡杖，身着锦袈裟。

冤亲同接引，高登九品华。

（引自郑振铎《中国俗文学史》第十一章）

夸张，繁复，绘影绘声，多不合实际，都是变文的旧传统。近年来有些人注意这类通俗作品，有的人并且多方搜集，编为目录。但究竟爱读的人不多，所以没有辑本或选本出版。

15.3.2 曲子词

前面第14.1.2节第（四）项曾举乐府诗和曲子词为例，说有些体裁在文言和白话之间摇摆。摇摆，就是不能全部算作文言或者白话。这里专说曲子词，讲白话典籍提到它，显然主要是由出身方面考虑的。不过，如果因为它出自敦煌就算作白话作品，我们就会碰到一个难于处理的问题，就是其中有很多首文言气很重，既然算了白话，那其后大量的文人作品就只好也算作白话，何况其中已经掺有少量的温庭筠、欧阳炯等人的作品。词都算白话，常识上大概难于通过；还有实际，是五代以后慢词渐多，尤其到南宋，像吴文英、张炎等人的作品，秾丽纤曲，不算文言是说不过去的。由文学史的系统考虑，词作为类，宜于算作文言。但这种体裁起初来自民间，而且早期有些作品确是相当通俗，那就不能不就事论事，把这一部分算作白话。这样自然会碰到分界问题，如果有些难于定性，就只好承认有中间。中间的一端是文言，另一端，即使数量不多，也应该有白话。像下面这样的曲子词就可以看作白话。

（1）枕前发尽千般愿，要休且待青山烂。水面上秤锤浮，直待黄河彻底枯。　白日参辰现，北斗回南面。休即未能休，且待三更见日头。

（《敦煌曲子词集》上卷《菩萨蛮》）

（2）燕语莺啼三月半，烟蘸柳条金线乱。五陵原上有仙娥，携歌扇，香烂漫，留住九华云一片。　犀玉满头花满面，负妾一双偷泪眼。泪珠若得似真珠，拈不散，知何限，串向红丝应百万。

（《敦煌曲子词集》中卷《天仙子》）

早期出于文人的，有些也可以算作白话，如：

（3）西塞山前白鹭飞，桃花流水鳜鱼肥。青箬笠，绿蓑衣，斜风细雨不须归。

（张志和《渔父歌》）

281

（4）一叶落，褰朱箔，此时景物正萧索。画楼月影寒，西风吹罗幕。吹罗幕，往事思量着。

（后唐庄宗李存勖《一叶落》）

在文白分界的问题上，诗词比散体文言麻烦得多，因为文严格，诗词有时杂用一些白话成分。例如金昌绪诗，"打起黄莺儿，莫教枝上啼"，辛弃疾词，"众里寻他千百度，蓦然回首，那人却在灯火阑珊处"，"打起""黄莺儿""莫教""里""他""蓦然""那""却"都是白话。依照从众的原则，白话成分占少数，问题不大；比例增加，麻烦的程度就会随着增加。怎样处理才合适，前面第14.2.2节已经谈过，不重复。这里是想说，诗词也有完全用白话写的，虽然数量不多，我们谈白话作品的时候却不能忽视。

先说诗，不只有白话的，唐朝还出了一些专写白话诗的。一位是唐初的王梵志，他的诗集早已失传，近年在敦煌发现一些残本，引两首如下：

（5）梵志翻着袜，人皆道是错。乍可刺你眼，不可隐我脚。

（6）吾有十亩田，种在南山坡。青松四五树，绿豆两三窠。热即池中浴，凉便岸上歌。遨游自取足，谁能奈我何？

其后还有寒山、拾得，也引两首如下：

（7）东家一老婆，富来三五年。昔日贫于我，今笑我无钱。渠笑我在后，我笑渠在前。相笑倘不止，东边复西边。

（《寒山子诗集》，下一首同）

（8）有个王秀才，笑我诗多失。云不识蜂腰，仍不会鹤膝。平侧不解压，凡言取次出。我笑你作诗，如盲徒咏日。

词人写词，有的用语求雅，如吴文英，有的不避俗，如柳永，还没有像王梵志那样，专用白话写的。现在见到的白话词，几乎都是文人的游戏之作，如：

（9）对景惹起愁闷。染相思、病成方寸。是阿谁先有意，阿谁薄幸。斗顿恁、少喜多嗔。　合下休传音问。你有我、我无你分。似合欢桃核，真堪人恨。心儿里、有两个人人。

（黄庭坚《山谷词·少年心》）

（10）要见不得见，要近不得近。试问得君多少怜，管不解、多于恨。　禁止不得泪，忍管不得闷。天上人间有底愁，向个里、都谙尽。

（同上《卜算子》）

283

（11）千峰云起，骤雨一霎儿价。更远树斜阳，风景怎生图画。青旗卖酒，山那畔、别有人家。只消山水光中，无事过这一夏。　午醉醒时，松窗竹户，万千潇洒。野鸟飞来，又是一般闲暇。却怪白鸥，觑着人、欲下未下。旧盟都在，新来莫是，别有说话。

（辛弃疾《稼轩词·丑奴儿近》）

（12）长夜偏冷添被儿。枕头儿、移了又移。我自是笑别人底，却元来、当局者迷。　如今只恨因缘浅，也不曾、抵死恨伊。合手下、安排了，那筵席、须有散时。

（同上《恋绣衾》）

以上这些白话诗词都有诙谐意味。由诙谐更进一步就成为嘲戏，几乎都是用白话写。旧时代笔记一类书记这类事不少，各引两则为例。

（13）（李白）尝言："兴寄深微，五言不如四言，七言又其靡也，况使束于声调俳优哉！"故戏杜曰："饭颗山头逢杜甫，头戴笠子日卓午。借问别来太瘦生，总为从前作诗苦。"盖讥其拘束也。

（孟棨《本事诗·高逸》）

（14）咸通末，执政疾举人仆马太盛，奏请进士举人许乘驴。郑光业材质瑰伟,或嘲之曰:"今年敕下尽骑驴,短辔长鞦满九衢。清瘦儿郎犹自可,就中愁杀郑昌图。"

(王定保《唐摭言》卷十二《轻佻》)

(15)政和元年,尚书蔡嶷为知贡举,尤严挟书。是时有街市词曰《侍香金童》方盛行,举人因其词加改十五字,作《怀挟词》云:"喜叶叶地,手把怀儿摸。甚恰恨出题厮撞着。内臣过得不住脚,忙里只是,看得斑驳。

骇这一身冷汗,都如云雾薄。比似年时头势恶,待检又还猛想度,只恐根底,有人寻着。"

(胡仔《苕溪渔隐丛话》后集卷三十九引《上庠录》)

(16)滑稽取笑,加酿嘲辞,合于《诗》所谓"善戏谑不为虐"之义。陈晔日华编集成帙,以示予,因采其可书并旧闻可传者,并记于此。……"水饭"词云:"水饭恶冤家,些小姜瓜,尊前正欲饮流霞。却被伊来刚打住,好闷人那。不免着匙爬,一似吞沙。主人若也要人夸,莫惜更掺三五盏,锦上添花。"

(洪迈《夷坚三志》己卷七记《浪淘沙》词)

此外,话本系统小说开卷的诗词,也常常用白话。如:

(17)万事由天莫强求,何须苦苦用机谋。饱三餐饭常知足，得一帆风便可收。生事事生何日了，害人人害几时休。冤家宜解不宜结，各自回头看后头。

(《醒世恒言》第二十卷)

（18）偌大河山偌大天，万千年又万千年。前人过去后人续，几个男儿是圣贤？

(《好逑传》第一回)

（19）人生南北多歧路，将相神仙，也要凡人做。百代兴亡朝复暮，江风吹倒前朝树。 功名富贵无凭据，费尽心情，总把流光误。浊酒三杯沉醉去，水流花谢知何处？

(《儒林外史》第一回《蝶恋花》)

（20）不会谈天说地，不喜咬文嚼字。一味臭喷蛆，且向人前捣鬼。放屁，放屁，真正岂有此理！

(《何典》第一回《如梦令》)

诗词以执着为本色，执着是看不破；像上面这些是看破了，一切不过尔尔，所以纵使有人觉得有意思，终归是外道。

所有以上各种情况的白话诗词，在"雅"人眼里不过是花圃里的几棵杂草，虽然也占一席地，身价却是不高的。

15.3.3 语　录

语录，意思是口语的照写，自然是白话。唐宋时期最多。可以分为两大类：禅宗和尚的是一类，用机锋教后学求顿悟，时代靠前；理学家的是一类，学禅宗和尚的办法讲天理性命，时代靠后。因为学理的性质不同，语的内容也有分别：前者迷离怪异，后者细碎玄远。但用的都是当时的白话。前面第2.2.2节举的例（2）是禅宗语录，第13.1.2节举的例（4）也是禅宗语录，例（5）（6）是宋明理学家语录，这里不再多举。语录是中古的重要白话文献，因为不只语言纯粹，而且材料多。禅宗的有名和尚几乎都有语录的刻本传世。汇辑本也有一些，重要而常见的有宋道原编《景德传灯录》三十卷、宋普济编《五灯会元》二十卷。理学家的语录分别见于个人的文集。摘要汇辑各家的，有清黄宗羲等编的《宋元学案》一百卷和《明儒学案》六十二卷。只是这类作品都性质过专，不是研究思想史或汉语史的人是不会有兴趣读的。

15.3.4 话 本

由这一节起，连续四节，介绍第二期白话典籍的中心部分：小说、各种弹唱作品和戏曲。严格说，话本和章回小说是一个系统，只是因为篇幅短长不同，从过去习惯，分作两节讲。说这些是白话典籍的中心部分，意义有两种：一是数量大。形象一些说，这三类以外的加在一起（当然指我们通常能够见到的），也许一个中型书柜就容得下，至于这三类，那就非几间屋子不可。二是和多数人关系最密切。一个人不管怎样古板，总不会没有进过剧场或戏院，没听过或看过小说；而是相反，不只都亲近过，而且有很多成为戏迷和小说迷。这些过去所谓俗文学作品，分为三类，是根据它们主要的作用方式的不同：小说是"说"，弹唱作品是"唱"，戏曲是"演"。自然，如果写成书本，也可以"读"。这三类，前两类关系近，因为一，都是叙事体，就是，说者唱者的所说所唱是别人的事；二，并且，其中有不少是既有说又有唱。第三类是代言体，上场，虽然也是既说又唱，可是所演是自己的事。

主要供"说"的作品是小说。早期的小说名为"话"，意义是故事。故事写到书本上，仍然可以称为话，如敦煌文献里有《庐山远公话》，说南朝高僧慧远的故事。宋元以来，这类小说都是继承变文的传统，散体和诗词交替；至于名称，可以是"诗话"，如《大唐三藏取经诗话》，也可以是"词话"，如《灯花婆婆词话》，还可以是"平话"，如《新编五代史平话》，更多的是只标故事名而不表明书本的性质，如《碾玉观音》《合同文字记》《大宋宣和遗事》等。

这类小说篇幅都不很长，一般不分章回，因为起初都是供说话人用的脚本，所以统称为话本（就篇幅说，相当于现在的短篇小说）。宋元时期的话本都是伎艺人所说和文人所记（还难免修润）的合作的产物，所以没有作者的名字。这是名副其实的话本。从明朝后期起，有不少文人喜欢这种讲故事的形式，或者利用旧料，或者新找题材，也写这种形式的小说。这不是从伎艺人的口中来，写成，也许只有人看而没有人说，是"拟话本"。

名副其实的话本，宋元时期一定很多，因为，如《东京梦华录》《梦粱录》一类书所记，有那么多伎艺人靠讲说吃饭，当然不能不有大量的话本供使用。只是可惜，绝大部分连名字也没有传下来。幸而留下名字的，如孙楷第先生《中国通俗小说书目》卷一"宋元部"所记，也是十不存一。能见到并且比较重要的是以下几种：《新编五代史平话》，梁、唐、晋、汉、周各上下两卷；《大宋宣和遗事》，元亨利贞四集；《新刊全相平话》，武王伐纣、乐毅图齐等共五种；《大唐三藏取经诗话》，上中下三卷；《京本通俗小说》，只存第十卷至第十六卷共七篇；《清平山堂话本》十五篇，今印本并收《雨窗集》五篇，《欹枕集》七篇，有残缺。

拟话本时代晚，失散的机会比较少，所以传世的还相当多。这里只能举少数有名的。占首位的是大家都熟悉的"三言二拍"和它的选要本《今古奇观》。三言包括《喻世明言》四十卷四十篇（四十卷本同于《古今小说》），《警世通言》四十卷四十篇，《醒世恒言》四十卷四十篇，都是明冯梦龙纂辑；二拍包括《拍案惊奇》四十卷四十篇，《二刻拍案惊奇》三十九卷三十九篇，附一卷一篇，绝大多数是明凌濛初自作；《今古奇观》四十卷四十篇（选自"三言二拍"），题姑苏抱瓮老人辑。此外还有《石点头》十四卷十四篇，题天然痴叟著；《醉醒石》十五回，题东鲁古狂生编辑；《西湖二集》（一集佚）三十四卷三十四篇，明周楫撰；《西湖佳话》十六卷十六篇，题古吴墨浪子搜辑；《十二楼》十二卷十二篇，清李渔撰；《豆棚闲话》十二卷十二则，清无名氏撰。

以上这些作品都放在话本一堆，是取其大同。其实是同中还有异。例如就体制说，都应该是短篇，可是《大宋宣和遗事》字数超过五万；都应该不分章回，可是《大唐三藏取经诗话》分上中下三卷十七节。就语言说，白的程度也不尽同，绝大多数是白而少文；尤其《京本通俗小说》中有一些，用的是相当纯粹的白话。但是也有夹杂一些文言，甚至文多于白的，如：

> 崇宁元年七月，徽宗除蔡京做右丞相。制下，中外大骇。又赐京坐延和殿。徽宗向蔡京道："昔神宗创法立制，未尽施行；先帝继之，两遭帘帷变更，国是未定。朕欲上述父兄之志，历观在朝，无可与为治者。今朕相卿，其将何以教我？"蔡京顿首谢："愿尽死以报陛下。"徽宗尝出玉盏玉卮，将示辅臣，道是："朕此器久已就，只怕人言，故未曾将用。"蔡京回奏："事苟当于理，多言不足畏也。陛下当享太平之奉，区区玉器，又何畏哉！"帝悦。
>
> （《大宋宣和遗事》元集）

这显然是来自文人的生吞活剥旧史籍，所以远远地离开白话。我们现在研讨白话典籍，应该注意这种情况，以便能够分辨纯驳，取大舍小。

15.3.5　章回小说

这一节很难着笔。原因之一是材料太多,孙楷第先生《中国通俗小说书目》"明清讲史部"和"明清小说部乙"收长篇章回小说,现存的还有四百多部,除去一书的不同版本,总不少于三百种。照抄,太繁,也没有必要,因为有不少并没有排印流通,也有不少不值得排印流通。原因之二是,如果只是举要,说明朝有《西游记》等几种,清朝有《红楼梦》等几种,这都是家喻户晓,似乎就用不着再费笔墨。不得已,想参考鲁迅先生《中国小说史略》,并照顾流通、影响等情况,举一些比较出名的,以当全豹的一斑(次序依《中国通俗小说书目》)。这些是:《东周列国志》二十三卷一百零八回,明冯梦龙新编,清蔡元放评点;《三国演义》六十卷一百二十回,旧题罗贯中撰,清毛宗岗评;《隋唐演义》二十卷一百回,清褚人获撰;《说岳全传》二十卷八十回,清钱彩撰;《三宝太监西洋记通俗演义》二十卷一百回,明罗懋登撰;《扬州梦》十六回,不著撰人;《洪秀全演义》二集二十九回,清黄小配撰;《二十四史通俗演义》二十六卷四十四回,清吕抚撰;《金瓶梅词话》一百回,明兰陵笑笑生撰;《续金瓶梅》十六卷六十四回,清丁耀亢撰;《红楼梦》一百二十回(八十回本名《石头记》),清曹雪芹(霑)撰,高鹗补;《品花宝鉴》六十回,清陈森撰;《花月痕》十六卷,清魏秀仁撰;《青楼梦》六十四回,清俞达撰;《海上花列传》六十四回,清韩邦庆撰;《九尾龟》十二集一百九十二回，清张春帆撰；《海上繁华梦》初集三十回，二集三十回，后集四十回，清孙家振撰；《玉娇梨小传》(又名《双美奇缘》)四卷二十回，清张匀撰；《平山冷燕》二十回，题荻岸散人编次；《好逑传》四卷十八回，题名教中人编次；《铁花仙史》二十六回，题云封山人编次；《野叟曝言》二十卷一百五十四回，清夏敬渠撰；《儿女英雄传》四十一回，清文康撰；《三遂平妖传》四卷二十回，题罗贯中编次；《西游记》二十卷一百回，明吴承恩撰；《续西游记》一百回，明人撰；《西游补》十六回，明董说撰；《后西游记》四十回，清无名氏撰；《封神演义》一百回，明许仲琳撰，一说陆长庚撰；《济公传》十二卷，清无名氏撰；《绿野仙踪》八十回，清李百川撰；《镜花缘》二十卷一百回，清李汝珍撰；《水浒传》七十回，旧题施耐庵撰，清金人瑞删定，又一百二十回本名《忠义水浒全传》，题李卓吾评；《水浒后传》八卷四十回，明陈忱撰；《荡寇志》七十卷七十回，附结子一回，清俞万春撰；《忠义侠义传》(又名《三侠五义》，俞樾改订本名《七侠五义》)一百二十回，旧题石玉昆述；《忠烈小五义传》(通称《小五义》)一百二十四回，清无名氏撰；《续小五义》一百二十四回，清无名氏撰；《施公案奇闻》(通称《施公案》)九十七回，清无名氏撰；《永庆升平前传》二十四卷九十七回，清姜振名、哈辅源演说；《永庆升平后传》一百回，清贪梦道人撰；《彭公案》二十三卷一百回，清贪梦道人撰；《七剑十三侠》三集一百八十回，清无名氏撰；《九命奇冤》上中下三卷三十六回，清吴沃尧撰；《儒林外史》五十六回，清吴敬梓撰;《何典》十回,清张南庄撰;《文明小史》上下二卷六十回,清李宝嘉撰;《官场现形记》五编六十回,清李宝嘉撰;《二十年目睹之怪现状》八卷一百零八回,清吴沃尧撰;《老残游记》二十卷,续集六卷,清刘鹗撰;《孽海花》三编三十回,清曾朴撰;《醒世姻缘传》一百回,题西周生辑著,有人疑为蒲松龄撰。

像话本一样,这些章回小说,因为时代、地域、作者的不同,语言常常有这样那样的差异。如《水浒传》时代早,白话的格调接近中古,《红楼梦》时代近,白话的格调接近现代。地域对语言也有不小的影响,如《金瓶梅词话》夹杂一些山东话,《儒林外史》夹杂一些南京话,《海上花列传》的对话完全用苏白。因为作者行文习惯不同,有些作品在文白程度方面相差很大,如:

(1)那店主人道:"我倒有个主意。客官,你可别想左了。讲我们这些开店的,仗的是天下仕宦行台,那怕你进店来喝壶茶,吃张饼,都是我的财神爷,再没说拿着财神爷往外推的。依我说,难道客官你真个的还等他三更半夜的回来不成?知道弄出个什么事来。莫如趁天气还早,躲了他。等他晚上果然来的时候,我们店里就好合他打饥荒了。你老自想想,我这话,是为我,是为你?"

(《儿女英雄传》第五回)

(2)(文素臣)是铮铮铁汉,落落奇才,吟遍江山,胸罗星斗。说他不求宦达，却见理如漆雕；说他不会风流，却多情如宋玉。挥毫作赋，则颉颃相如；抵掌谈兵，则伯仲诸葛。力能扛鼎，退然如不胜衣；勇可屠龙，凛然若将陨谷。旁通历数，下视一行；间涉岐黄，肩随仲景。以朋友为性命，奉名教若神明。真是极有血性的真儒，不识炎凉的名士。

(《野叟曝言》第一回)

例（1）是用意追口语，所以连"真个（gé）的""打饥荒（轻声）"一类土语也用上了；例（2）是喜欢诌文，所以典故和对偶就一齐出现。我们点检白话资料，要注意差异的情况，以免不分青红皂白，有一个算一个。

15.3.6　弹唱作品

这大致相当于现在所谓曲艺，门类很多，材料更杂。从文献储存方面考虑，可以取其大略，只举诸宫调、弹词和鼓词三种。弹，指有乐器伴奏，乐器主要是弦乐器和鼓。乐器伴奏，唱给人听，是这类作品共有的性质。传世的白话文学作品，有不少是要唱的。如变文，晚唐吉师老有《看蜀女转昭君变》的诗，转通"啭"，可见是用吟唱的方式说王昭君故事，可是未必有乐器伴奏。又如明清的民歌《挂枝儿》《马头调》等，自然也是要唱的，可是也未必有乐器伴奏，并且未必设场唱给人听。设场，卖钱，既是讲唱作品兴旺的原因，又是兴旺的结果。可是不管如何兴旺，究竟是"俗"而不雅，流通并传世却不很容易，尤其早期的。以下依次说说这三类的情况。

（一）诸宫调。宋元时期很流行，可是传世而完整的只有一种：董解元《西厢记诸宫调》（通称《董西厢》）。另外两种，一是《刘知远诸宫调》，残缺；二是王伯成《天宝遗事诸宫调》，只在曲的选本《雍熙乐府》《太和正音谱》等书里保存一部分唱词。这种体裁名诸宫调，是因为唱词都是依照某宫某调。唱词和讲说交替，仍是继承变文的传统。董解元是金朝人，唱词里保存一些较早期的白话；讲词却是文绉绉的，推想是以唱词为主，讲词是附属品，所以随笔写出。举一个段落为例（格式依原作，低二字的是讲词）。

  仙吕调（乐神令）君瑞心头怒发，忿得来七上八下。烦恼身心怎按纳，诵笃笃地酩子里骂。　　夫人可来夹衩，刚强与张生说话。道礼数不周休怪呵，教我女儿见哥哥咱。

  夫人令红娘，命莺莺出拜尔兄。久之，莺辞以疾。夫人怒曰："张生保尔之命；不然，尔虏矣。不能报恩以礼，能复嫌疑乎？"又久之，方至。常服悴容，不加新饰，然而颜色动人。

  黄钟宫（出队子）滴滴风流，做为娇更柔，见人无语但回眸。料得娘行不自由，眉上新愁压旧愁。

天天闷得人来毂,把深恩都变做仇。比及相见待追求,见了依前还又休,是背面相思对面羞。

(尾)怪得新来可唧嗾,折倒得个脸儿清瘦。瘦即瘦,比旧时越模样儿好否。

当初救难报恩,望佳丽结丝萝;及至免危答贺,教玉容为姊妹。此时张生筵上无话,情怀似醉,偷目觑莺,妍态迥别。

(卷二)

诸宫调是叙事体,可是和代言体的戏曲太接近了,所以如《董西厢》,一变就成为王实甫的《西厢记》杂剧(有不少地方照抄《董西厢》)。诸宫调这股水流忽然中断,想来就是因为它被淹没在戏曲的大海里。

(二)弹词。明清两代很流行;尤其到清朝,妇女特别喜欢这种体裁,不只听,而且作,有的篇幅长到上百万以至数百万字,如清代女作家李桂玉所作《榴花梦》,长达五百万字。可是也因为是俗文学作品,保存不易,现在还有的,除明杨慎作的《廿一史弹词》以外,都是清代的。还有,所谓有,是见于著录,如近人胡士莹《弹词宝卷书目》收弹词超过二百种(限于他知道的),可是我们想看看,那就绝大部分找不到,因为没有新印本流通。容易见到的是几部特别出名的,如陶贞怀《天雨花》、邱心如《笔生花》、陈端生《再生缘》,都有新印本。有不少弹词,旧时代在南方很流行,如《玉蜻蜓》《玉钏缘》《珍珠塔》《三笑姻缘》《白蛇传》《再造天》《双珠凤》等都是。清朝晚期，弹词还以各种形式和各种名称在各地流行，如木鱼书、评弹、道情、琴书等，应该说都属于同一个系统。

在用语方面，弹词的文白程度不一样。如《再生缘》偏于文，前面14.1.2节第（六）项例（18）已经谈过。偏于白的也不少，以《天雨花》为例：

因听得相公说道年十二，想着了天保孙儿苦十分。不知拐去如何了，自然不得命残生。婆婆说罢悲啼哭，两泪如泉似雨倾。公子听了方知道，原来内有这般情。

又问婆婆道："不知那拐子是如何人物，可有人看见否？"婆婆道："从未有人看见。不见小儿，都在薄暮时候，所以如今人家都不敢将小儿放去镇上顽耍。"

公子遂不去再问，婆婆说罢内中行。公子便对家将道，那晓村中出歹人。我想你等人二十，个个精通武艺能。何不此地停两日，察访捉拿作恶人。若得与他来除去，也与村中除祸根。众多家将听此语，开言便叫大爷身。知他拐子何人物，对面相逢认不明。搬柩回去多要紧，如何耽搁在乡村。算来这等闲事件，大爷不必管他身。公子听了无言语，少时来了众家人。安排饭食多停当，一齐摆在案中存。服侍大爷来用罢，众人俱各吃完成。便请大爷来上路，公子开言说事因。

"日已过午，能赶多少路程？就在这店中歇了罢。"众人道："大爷差矣！此时方当下午，还好行三四十里，赶着大店，才歇得多人。这乡村小店如何住得！"维明道："住不下时，便坐也坐它一夜，值甚大事？我今日不行了，汝等要去，只顾先行。"

（第一回）

《天雨花》是著名的弹词之作，所用语言，尤其唱词，要凑韵，难免杂七杂八，其他自郐以下就可想而知了。

（三）鼓词。鼓词和弹词有同有异。同是都属于讲唱系统，就是用讲唱的方式叙说故事。异是鼓词多流行于北方，内容偏于金戈铁马，伴奏是弦乐器之外加一面鼓；弹词多流行于南方，内容偏于才子佳人。根据现存的文献，知道宋朝已经有鼓词这种体裁。赵令畤是北宋后期人，著《侯鲭录》，载《元微之崔莺莺商调蝶恋花词》，咏张生和崔莺莺恋爱的故事，跋语说是"撰成鼓子词十一章"。陆游《小舟游近村舍舟步归》诗："斜阳古柳赵家庄，负鼓盲翁正作场。身后是非谁管得？满村听说蔡中郎。"所负之鼓是伴奏乐器，讲唱的当然是鼓词。只是可惜，现在知道的民间鼓词最早是明朝的，而且很少。到清朝，鼓词大为流行，坊间刻本、抄本，多到数不清，几乎凡是小说、戏曲以及民间传说的故事，没有不编成鼓词的。人民大众喜欢听的情况，只要看看《老残游记》对白妞在大明湖说书的描写就可以知道。但是，同其他俗文学作品一样，保存不易，现在想看看更是不易，因为没有新印本（新选本只见过赵景深的《鼓词选》）。旧时代最流行的本子，郑振铎《中国俗文学史》第十三章提到几十种，其中像《呼家将》《杨家将》《平妖传》《忠义水浒传》《蝴蝶杯》《巧连珠》《馒头庵》《施公案》《宝莲灯》《雷峰塔》等，是许多老年人还记得的。

这里想说一下，是这种体裁，有些出类拔萃的文人也喜欢。一位是明末清初的贾凫西（名应宠，字思退，号凫西，别号木皮散客），作《木皮散人鼓词》，愤世嫉俗，嬉笑怒骂，成为俗文学作品里的一株奇花。举一部分为例：

大海奔流去不回，一声长啸晚云开。从古来三百二十八万载，几句街谈要讲上来。权当作蝇头细字批青史，撒过了之乎者也矣焉哉。但凭着一块破鼓两页板，不教他唱遍生旦不下台。

盖自盘古开天，三皇治世，日久年深，原没有文字记纂，尽都是沿袭口传，附会荒唐，难作话柄。说的是此后出头的人物，各各要制伏天下，不知经了多少险阻，除了多少祸害，干了多少杀人放火没要紧的营生，费了多少心机，教导坏了多少后人。

你看起初时茹毛饮血心已狠，燧人氏泼油添盐又加上熬煎。有巢氏不肯在山窝里睡，榆林遭殃滚就了橼。庖牺氏人首蛇身古而怪,鼓弄着百姓们结网打净了湾。自古道"牝鸡司晨家业败",可怎么伏羲的妹子坐了金銮?女娲氏炼石补天空费了手,到于今抬头不见那补钉天。老神农闾着个牛头尝百草,把一些旺相相的孩子提起病源。黄帝平了蚩尤的乱,平稳稳的乾坤又起了争端。造作下那枪刀和弓箭,这是惯打仗的祖师不用空拳。嫌好那毛鞑靼的皮子不中看,弄出来古董斯文又制上衣冠。桑木板顶在脑盖子上,全不怕滴溜着泥弹儿打了眼圈。更可笑古里古董的讲礼数,蹶着个屁股唱的甚么喏圆。这都是平白地生出来的闲枝节,说不尽那些李四与张三。

以上为巢、燧、羲、轩,一个个单挑鞭的经纶。其下乃唐、虞、夏、商,一般般齐耍彩的世界。分说先加个闲注脚,合听且待俺细分腮。

(《历代史略鼓词》)

另一位是著《聊斋志异》的蒲松龄,也用这种体裁抒发他的满腹牢骚。举一部分为例:

这齐妇一路无言,那如酸如迷的光景不必细说。单说他小婆子在家里,做了中饭,把眼把眼的等候消息。又等不将来,就自己心里犯寻思,说道:"天到这般时候还不见回来,没的是无盐娘娘连他也请进宫去了？可是糊迷了呢？"正在那里犯思量，只见他大婆子气哝哝的泪撒撒的一步闯进门来，说道："您姨，哟，可了不的了！"

齐妇把门进，气的面焦黄。未曾张开口，先流泪两行。提起良人事，令人好痛肠。实指望嫁个汉子有倚靠，谁想他做的事儿太不良。俺脚跟脚的帮附着走，缩头缩尾看行藏。满城里没人合他说句话，（我还给他原成着哩）只说是弄款人儿好装腔。俺从西门里头跟到东门外，又到了东关东头墓野场。见了些王孙公子把坟上，他那里抬着食盒共猪羊。摆上筵席把头叩，管家小厮列两旁。咱良人照着那里跑了去，我只说先前约那厢。谁知膊胳盖朝前就下了跪，说不尽低三下四丑行藏。那一时全无一点人模样，他就是坑（炕）头以上来装王。你不信趁着这霎去看一看，未必不还在那里叫爷娘。这齐妇说罢良人前后事，他二人双眼落下泪四行。

（《聊斋白话韵文·东郭外传》）

还有只唱不讲的：

俺今日说了些不平的事，到惹的满腔火气往上翻。古来大圣说孔子，一生困苦老辙环。古来智略推诸葛，三分事业做不完。歇后郑五为宰相，有经济的豪杰困在林泉。弃子

301

存侄邓伯道绝了嗣，奸曹倒生了二十五男。屈杀了孝妇天无眼，难为了百姓大旱三年。忠良的后嗣多微弱，奸邪子弟贵且贤。蓼莪孝子终不得养，忤逆之人父母双全。聪明男子娶了个丑貌妇，绝代佳人配了个痴呆男。忠良偏遇着无道主，圣明朝里有奸权。文如班马不得掌制诰，才疏学浅得了兵权。是为何不会做的偏叫他做，会做的却着他一旁里观。……好善的贫穷又命短，作恶的多福又多男。横强人家人丁旺，良善人家受孤单。老天爷不扶井绳扶辘轳，又极好凹处掘来高处添。你不必照顾偏照顾，该周全的不周全。老天爷你不管就该全不管，为甚么一半清白一半憨。到几时寻一架万丈高梯跑上去，把这些根本原由问一问天。如此越说越有越不尽，还待要说墨池干。简断截说少为妙，传于后世翻传看。世人参透这些话，"二十一史"可得读全。编成鼓词稍舒吾意，就是铁石心肠也悲酸。

（同上书《问天词》）

到清朝后期，鼓词以各种类别和不同形式在各地发荣滋长，如子弟书、单弦、岔曲、各种大鼓以及河南坠子、莲花落、数来宝、快板之类都是。用语一般是通俗的；也有少数文气重一些，如子弟书，因为出于八旗子弟，常常有用力求雅的痕迹。

15.3.7 戏　曲

戏曲，与其他体裁的白话典籍相比，是豪富之家。这包括几种意思。一是量大。我们知道，白话小说是量很大的，可是孙楷第先生《中国通俗小说书目》（50年代修订）所收不过八百多种，王国维在清朝末年写成《曲录》，所收是两千多种。二是最受欢迎。文学艺术的欣赏，说穿了不过是想在自己所有的实生活境界（难免有各种性质、各种程度的困苦和缺欠）之外找个如意的境界，以消除困苦，弥补缺欠。这境界自然是假的，但想欣赏，就不得不弄假成真，或说信以为真。小说描写得好，人和事可以"像真的"，如林黛玉就是这样，不少年轻红迷信以为真，为之颠倒。可是，小说，不管写得怎样逼真，终归不如戏曲，人可以挑帘出来，以真的形象出现。这是说，看小说不如看戏真切；何况有很多人（尤其过去）不识字，不能看小说，却能够看戏。三是表达方面更精致。小说，绝大部分是用通常的散体文字写；戏曲相反，是绝大部分用精炼的韵文写。这精炼的词句，意义、色彩和声音都美，受到历代无数读者的赞叹。如王国维著《宋元戏曲史》，《元剧之文章》一章说元剧的佳处是自然、有意境，其中一个方面是"写景之工"，举马致远《汉宫秋》第三折为例：

（梅花酒）呀，对着这迥野凄凉。草色已添黄，兔起早迎霜，犬褪得毛苍。人拥起缨枪，马负着行装，车运着糇粮，打猎起围场。他他他伤心辞汉主，我我我携手上河梁。他部从入穷荒，我銮舆返咸阳。返咸阳，过宫墙；过宫墙，绕回廊；绕回廊，近椒房；近椒房，月昏黄；月昏黄，夜生凉；夜生凉，泣寒螀；泣寒螀，绿纱窗；绿纱窗，不思量。（收江南）呀，不思量便是铁心肠，铁心肠也愁泪滴千行。

美人图今夜挂昭阳，我那里供养，便是我高烧银烛照红妆。

这是精雕细琢，小说很少能够这样。四是身分高。说来奇怪，如果按照旧的观点，把文学作品分为雅俗两堆，一切所谓俗文学作品都要放在俗的一堆里，只有戏曲例外。这可以从许多方面表现出来。一种是常言道，"唐诗宋词元曲"，可见曲是同唐诗宋词平起平坐的。一种是"高雅"文士也乐于作，汤显祖、孔尚任等且不说，像毛奇龄和蒋士铨，都是钻故纸堆的学者，同样也作曲（毛奇龄作《买家记》），后者并且作了九种；士大夫作散曲的更多。一种是出了不少钻研曲学的专家，如钟嗣成（著《录鬼簿》）、徐渭（著《南词叙录》）、朱权（著《太和正音谱》）、王骥德（著《曲律》）等。一种是出了不少搜集编选刊印戏曲的名家，如臧懋循、陈与郊、沈泰、毛晋等。戏曲在俗文学作品中升了级，当然有原因，主要是以下两种。一是借了上源的光。《诗经》，《楚辞》，乐府，唐诗，宋词，元曲，一脉相传，都具有开始来自民间、兼用俗语的特色；由唐诗下传，又有个渐趋通俗的趋势，正如李渔在《闲情偶寄·词曲部》中所说，写词，要比诗俗一些，写曲，要比词俗一些，这样，既然承认诗词雅，就不能不承认曲也是雅的。二是曲的自力，既求精，又求雅（尤其后期）。办法主要是敞开大门，欢迎文言走进来，就是说，大量使用文言的词语和表现方法。前面第14.1.2节所举《风筝误》的宾白和《桃花扇》的曲词就是这种情况。

戏曲典籍，材料太多，想介绍，只好提纲挈领。可以借用清朝前期的名称，先分为"雅""花"两部：雅指昆曲，花指高腔、皮黄、梆子等各地方的新兴戏。关于花部，材料虽然理应很多，可是我们平常见到的却很少，所以这里介绍的主要是雅部。雅部在清朝指昆曲，我们谈戏曲典籍，却主要指昆曲的上源"杂剧"（通称"元曲"）和"传奇"（宋元时期名为"戏文"，明清又称"南戏"）。杂剧主要流行于元代，篇幅短，一般是一本四折，唱限于生旦。传奇主要流行于明清，篇幅长，一本几十出，唱不限于生旦。唱法等小的区别还有，我们这里是谈白话资料，可以不管。杂剧的总集不少。过去最习见的是明臧懋循编的《元曲选》，收元杂剧一百种。近年新印的有明赵琦美藏《脉望馆古今杂剧》，收元明杂剧二百四十二种；明沈泰编《盛明杂剧》，收明朝晚期杂剧六十种；郑振铎辑《清人杂剧》，收清人杂剧八十种。传奇篇幅长，总集不多。最有名的是明毛晋编的《汲古阁六十种曲》；其次有近年印的明冯梦龙编《墨憨斋定本传奇》，收传奇十四种。有专收自作的，如清杨恩寿《坦园六种曲》，清陈烺《玉狮堂十种曲》。还有兼收杂剧、传奇的，如近人吴梅《奢摩他室曲丛》，收明清人作品三十种，清蒋士铨《藏园九种曲》，所收皆自作。还有辑现在所谓折子戏的，如清玩花主人编《缀白裘》，兼收昆曲、高腔、梆子等共四百多出。

雅部剧本，有不少是现在大家还熟悉还喜爱的，如元关汉卿《窦娥冤》《救风尘》，元王实甫《西厢记》，元柯丹丘《荆钗记》，元无名氏《白兔记》《杀狗记》，元高则诚《琵琶记》，明无名氏《幽闺记》，明梁辰鱼《浣纱记》，明汤显祖《牡丹亭》，明高濂《玉簪记》，清李渔《风筝误》，清洪昇《长生殿》，清孔尚任《桃花扇》，清蒋士铨《临川梦》，都是。

散曲包括小令和套数，性质近于诗词，可唱可读而并不上演。因为是文人的消闲之作，一般说文言成分多些（尤其到明朝）。但它属于曲的系统，并且早期大多是相当通俗的，所以就类说应该算作白话。元人的散曲选集，现在还有《阳春白雪》《太平乐府》《乐府新声》等。今人隋树森辑《全元散曲》（选本为《全元散曲简编》），比元人选本合用。元以后的散曲，清代的有今人凌景埏、谢伯阳辑的《全清散曲》。

花部指昆曲之外的新兴剧种，推想到清朝后期，各地大小合计，数目一定很大，因为解放后统计过，是三百多种。每个剧种都要有不少剧目，剧目要有剧本，这用乘法算，积数会是大得惊人的。只是可惜，它不像杂剧和传奇，可以登上大雅之堂，因而除了荣居首位的京剧之外，一般外行人简直看不到某某剧的剧本。就是京剧，虽然出版过《京剧大观》之类,想找来看看也很不容易。

雅部戏曲的语言,一般说是早期的离口语近,靠后的文言成分增加。后期的有些曲词,很文,甚至使我们产生可否算作白话的怀疑,如前面第14.1.2节例(16)就是这样。但绝大多数还是通俗的。如早期的戏文:

看的世上万般皆下品,思量惟有读书高。若论张协家住西川成都府,兀谁不识此人?兀谁不敬重此人?真个此人朝经暮史,昼览夜习,口不绝吟,手不停披,正是炼药炉中无宿火,读书窗下有残灯。忽一日堂前启复爹妈:"今年大比之年,你儿欲待上朝应举,觅些盘费之资,前路支用。"

(末白)

〔小重山〕前时一梦断人肠,教我暗思量,平日不曾为宦旅,忧患怎生当。〔浪淘沙〕迤逦离乡关,回首望家,白云直下,把泪偷弹。极目荒郊无旅店,只听得流水潺潺。(末唱)

(《永乐大典戏文三种·张协状元》)

早期的杂剧:

老身汴梁人氏,自身姓李,夫主姓宋,早年亡化已过。止有这个女孩儿,叫做宋引章。俺孩儿拆白道字,顶真续麻,无般不晓,无般不会。有郑州周舍,与孩儿作伴多年,一个要娶,一个要嫁,只是老身谎彻梢虚,怎么便肯?引章,那周舍亲事,不是我百般板障,只怕你久后自家受苦。

(卜儿白)

　　〔混江龙〕我想这姻缘匹配,少一时一刻强难为。如何可意?怎的相知?怕不便脚搭着脑杓成事早,怎知他手拍着胸脯悔后迟。寻前程,觅下梢,恰便是黑海也似难寻觅。料的来人心不问,天理难欺。〔油葫芦〕姻缘簿全凭我共你,谁不待拣个称意的?他每都拣来拣去百千回,待嫁一个老实的,又怕尽世儿难成对;待嫁一个聪俊的,又怕半路里轻抛弃。遮莫向狗溺处藏,遮莫向牛屎里堆,忽地便吃了一个合扑地,那时节睁着眼怨他谁。(正旦唱)

(《救风尘》第一折)

早期的传奇:

　　奴家早上安排些饭与公婆吃,岂不欲买些鲑菜,争奈无钱可买。不想婆婆抵死埋冤,只道奴家背地自吃了甚么东西。不知奴家吃的是米膜糠秕,又不敢教他知道,便做他埋

冤杀我我也不敢分说。苦,这糠秕怎的吃得下!(旦白)

〔雁过沙〕苦沉沉向冥途,空教我耳边呼。公公婆婆,我不能够尽心相奉事,反教你为我归黄土。教人道你死缘何故,公公婆婆,怎生割舍抛弃了奴。〔玉包肚〕千般生受,教奴家如何措手。终不然把他骸骨,没棺材送在荒丘。相看到此,不由人不泪珠流,正是不是冤家不聚头。(旦唱)

(《琵琶记》第二十一出)

像这些,不只通俗,而且用了不少当时的土语,算作道地的白话是当之无愧的。

15.3.8 民歌和笑话

这里说的民歌指明清的民歌,也可称为"俗曲",前面第13.1.1节已经举过例。这时期刊印民歌的典籍虽然非常多,但现在容易见到的只是明冯梦龙《山歌》和《挂枝儿》,清颜自德《霓裳续谱》和华广生《白雪遗音》,都有新印本。

笑话应该说是古已有之,像《孟子》"齐人有一妻一妾"吹牛出丑的故事,《韩非子》"郑人买履"信度不信足的故事,等等,都是。可是笑话书却是到三国时期才有,那是邯郸淳的《笑林》。唐宋以后,也许因为"专制使人化为冷嘲",笑话书成为相当流行的读物。这种体裁,起初是用浅易的文言写,后来白的成分渐渐增加,有些成为半

309

文半白,还有些基本用白话的格局,那就可以算白话。如:

(1)一亲家新置一床,穷工极丽。自思好床不使亲家一见,枉自埋没,乃假装有病,僵卧床中,好使亲家来望。那边亲家做得新裤一条,亦欲卖弄,闻病欣然往探。既至,以一足架起,故将衣服撩开,使裤现出在外,方问曰:"亲翁所染何症而清减至此?"病者曰:"小弟的贱恙却像与亲翁的尊病一般。"

(明冯梦龙《笑府》)

(2)一乞丐从北京回来,自夸曾看见皇帝。或问皇帝如何装束,丐曰:"头戴白玉雕成的帽子,身穿黄金打成的袍服。"人问金子打成的袍服如何作揖,丐啐曰:"你真是个不知世事的,既做了皇帝,还同哪个作揖?"

(清石成金《笑得好》)

(3)一僧追荐亡人,需银三钱,包送西方。有妇超度其夫者,送以低银,僧遂念"往东方"。妇不悦,(僧)以低银对。即笑补之,改念"西方"。妇哭曰:"我的天,只为几分银子,累你跑到东又跑到西,好不苦呀!"

(清游戏主人《笑林广记》)

同其他许多俗文学作品一样,笑话的刊本过去流行的不少,可是想找一些看看也不很容易。今人王利器编选《历代笑话集》，收笑话典籍七十多种，可以参考。

15.4 现代白话

现代白话，由"五四"时期起，到现在，时间不过六七十年，可是因为教育渐渐普及，能拿笔的人较多，印刷术改进快，出版物种多量大，时间近，公私收藏容易，所以资料却远远超过三千年的总和。这样多，就是提纲挈领地介绍一下也很不容易。幸而这些都是大家择要看过，甚至自己也参加写的，既然相当熟悉，就可以不必费力介绍。值得注意的是这个时期的白话有没有什么特点；如果有，与评价问题有没有干涉。评价，不容易，却很重要，因为它能够使我们从"是怎么样"的地方向前迈一大步，探测"应该怎么样"。关于特点，可以指出的相当不少，最值得注意的应该是与表达能力有关的那一些。语言是工具，书面的白话同样，简而表达能力强当然比繁而表达能力弱好。白话表达能力的强弱，会牵涉到与口语的关系，留到下面各节再说。（这时期白话的地位是独霸，与文言几乎不再有什么关系。）这里要先说明一下，无论分期、特点还是评价，都来自个人的感触，因而顾此失彼、舍大取小甚至混淆美丑的情况也许是难免的。

15.4.1 文学革命

为了适应表达方面的特点,想分作三个阶段谈。前一个阶段是"五四"时期的文学革命,其动力和进展情况以及取得的成果等,前面第13.3节已经谈过。这里专说那时期白话的格调,用我们现在的眼光看,给人的印象是,有不少人用力躲文言,亲口语,却不能写得流利自然。如:

（1）世界愈文明,则学术新理愈多。一个人的精力那里能彀尽读世界各国的书,又安能遍学各国的文字。若定要学外国文字,才能彀研究外国的学问,则学英文者不能研究法、德、俄等国的学问,学法、德、俄文字者亦然。如是,则非遍学各国文字不可。此翻译一道所以为学问上一件极有利益的事也。文字若能添造,译学若臻完美,则求学之人将那些学外国文的日子省出来,别有用处,岂不好吗。若谓西籍浩繁,美不胜收,不能遍译,则先其重要者,精妙者,简易者,徐及其余。人之读书,贵在触类而长,因故知新,岂以享现成家业,徒多为务哉。

（张寿朋《文学改良与孔教》,
《中国新文学大系·文学论争集》）

（2）我国近年来的新文化运动,把我国人底知识欲望增高了。敬杲深信，学问做那少数特权阶级装饰品的时代，由着这个运动，已经宣告终止。凡从前博学深思之士所能备具的学问，自今以后，一般民众，没有不应该加以修习；而现代繁剧多方面的生活状况，必须有丰富广博的知识来因应，也委实是无可如何的事。但是，现在我们出版界所贡献于我国人，做满足这知识欲望底工具的，除了杂志丛书之外，欲求一赅括各面，用最有组织的方法，把最确切，最完全的知识，供给我国人的，在我们意识范围之内，觉得似乎还不曾有过。不但什么主义，什么学说，不绝地奔腾澎湃而来的世界新潮，我们没有方法，直截了当地得到确切的概念；就如佛教，传入我国已经二千余年，为我国文化的一大权威，基督教亦已经数百年，我们要对于他的源流，沿革，组织，教义等等，以极短的时间，知道一个完全，稳确，而有系统的梗概，也觉得是难于登天。因为这种缘故，就不揣谫陋，编纂成功这本新文化辞书，想把最适切的求知工具来贡献给我国人。

（唐敬杲《新文化辞书叙言》）

（3）以上所说的话，没有一句不是真的。不要说别个，就是我自己所教的，也是如此。那么，照着方才所说的"既知即行"这句话，岂不是"自相矛盾"么？却又不然。高等小学的毕业生，虽有一半要去谋生了，但其他一半，是要升入中学的。现今中学里的国文先生,大半是那前清的老秀才老翰林,吃过"十年窗下"的苦味,所以一言一动,多含着八九分酸气。就因为他自己日日浸在酸气里,所以他要求的,自然是要有酸气的学生,这也是"同声相应同类相求"的老例。他所求的既然是要有酸气的,而我所造成的却是没有酸气的,那就不能合他的意思了,那就不能蒙他的赏识了。如此,岂不是我误了一般"殷殷向学"的学子么?

(盛兆熊《论文学改革的进行程序》,

《中国新文学大系·文学论争集》)

例(1)是文言的枷锁还套在脖子上,想白而白不了;例(2)是穿着长袍短褂勉强学引车卖浆者流,虽然也的了吗啦,味道却不对;例(3)是用力求白,时时处处设想口语怎么说,写出来却既没有口语的活泼味,又没有白话文的典重味。这表明那是草创时期,旧的,羁绊多,新的,样本少,步步需要自己试着走,自然就难免深一脚浅一脚。这现象使我们领悟一件事,是写白话并不容易。

15.4.2 三十年代

这是借用现在流行的一个名称,让它指1930年前后,白话文经过许多人的努力,已经达到成熟的阶段。30年代中期上海良友图书公司出版一部赵家璧主编的《中国新文学大系》,目的是总结一下文学革命的情况和收获。共计十册（由各门类的名家分编），除《建设理论集》《文学论争集》《史料·索引》三册以外，都是文选，计小说三册，散文两册，戏剧一册，诗一册。原定只收1917年到1927年的作品，实际也收了少数稍后的作品。照刚才说过的30年代的所指，这部书只能反映这阶段前一部分的情况。可是内容已相当丰富，以《史料·索引》目次的大项为例，包括"总史""会社史料""作家小传""史料特辑""创作编目""翻译编目""杂志编目"七部分，其中作家收142人，创作和翻译的编目（包括子目）占一百几十页。这还是限制在"文学"范围之内，而白话所写当然常常不是文学作品。前一部分这样，后一部分，如果算到40年代末，时间要加长一倍，作家和作品之多就更可想而知。

上面是说量大，更值得注意的是"质"的成就。这可以举那时期的名作家，鲁迅等为代表，他们的笔下已经不是草创时期那样的，而是创造了既鲜明流利，又深沉委曲的新风格。这新风格源远流长。源是古今中外。古，大部分是文言，外是英、日等国，今中是当时所谓"国语"（大致相当于现在的"普通话"），虽然像是杂凑，却巧妙而自然地融会到笔下，成为浑然一体。这方面的实例，连中学生都读过不少，如《阿Q正传》《藤野先生》《为了忘却的记念》《荷塘月色》《春蚕》《寄小读者》《子夜》《骆驼祥子》等等都是。至于流长，以后会长到哪里，难说；但我们总得承认，直到现在，几乎所有笔下成家的，都从那里吸收了不少营养。

这30年代的白话文，除了小说、剧本等的对话以外，与口语的关系是"不即不离"。不即，是不同于口语，以鲁迅的杂文和冰心的散文为例，北京人大致是说普通话的，可是我们走遍王府井和前门大街，也不会听见同于鲁迅杂文那样辛辣、冰心散文那样细腻的话。不同于口语，有原因，前面第12.1.3节已经谈过。还有应该不应该的问题。半个世纪以前，周作人给俞平伯的《燕知草》写跋，其中说："以口语为基本，再加上欧化语，古文，方言等分子，杂糅调和，适宜地或吝啬地安排起来，有知识与趣味的两重的统制，才可以造出有雅致的俗语文来。"可见在那个时候，已经有人感到，书面语，尤其文学作品的书面语，应该比口语多点什么。我的想法，这就是在鲜明流利之外，还要加上深沉委曲。这深沉委曲，是来自内容的精粹和深远，以及表达方面的精炼和典重。有了这些，它就成为大家心目中的"文"，而不是照录口语。但这只是一面，还有另一面，同样重要，是"不离"。这是说，它的格局是口语，词语等也来自口语或可以入口语，因而如果照字面念，也不至于使听者感到"不像话"。如下面几段文章就是这样。

（1）我是个好动的人：每回我身体行动的时候，我的思想也仿佛就跟着跳荡。我做的诗，不论它们是怎样的"无聊"，有不少是在行旅期中想起的。我爱动，爱看动的事物，爱活泼的人，爱水，爱空中的飞鸟，爱车窗外掣过的田野山水。星光的闪动，草叶上露珠的颤动，花须在微风中的摇动，雷雨时云空的变动，大海中波涛的汹涌，都是在在触动我感兴的情景。是动，不论是什么性质，就是我的兴趣，我的灵感。是动，就会催快我的呼吸，加添我的生命。

（徐志摩《自剖》）

（2）有许多人不满意于我第二篇的"为免除误会起见"，说我被他们一骂而害怕。其实我第二篇文章登出之后他们还在骂。如果我怕，为什么不"再为免除误会起见""三为免除误会起见"呢？我的意思，只是恐怕感情话人家听不进，不如平心静气说一说。平心静气说了，人家还是听不进，那我还要说什么？我不但要将第二篇文章取消，便连第一篇也要取消，因为对于这等人无话可说。"不可与言而与之言，失言。"我没有孔老先生"知其不可而为之"的美德，所以最后只能拿出我的"作揖主义"来了。

（刘半农《半农杂文一集·"老实说了"的结果·附言》）

（3）在北京住了两年多了。一切平平常常地过去。要说福气，这也是福气了。因为平平常常，正像"糊涂"一样"难得"，特别是在"这年头"。但不知怎的，总不时想着在那儿过了五六年转徙无常的生活的南方。转徙无常，诚然算不得好日子；但要说到人生味，怕倒比平平常常时候容易深切地感着。现在终日看见一样的脸板板的天，灰蓬蓬的地；

大柳高槐，只是大柳高槐而已。于是木木然，心上什么也没有；有的只是自己，自己的家。我想着我的渺小，有些战栗起来；清福究竟也不容易享的。

（朱自清《背影·一封信》）

念，像话，却又比口语整洁，深沉，有些人并且有了自己的风格，使读者一嗅而知，这就是30年代白话最值得重视的成就。唐宋以来的白话几乎都限制在俗文学范围之内，30年代的白话既打破了"俗"，又打破了"文学"，活动范围大了，等于本钱多了，应该做些大买卖。我的想法，这不即不离的成就正是做了大买卖。（关于大买卖的实况，如成就更大的很多名作家的作品，都是我们闭目可以想见的，不多说。）

15.4.3 解放以后

这阶段比文学革命加30年代还长一些，白话文献资料的数量就不只多一些，而是超过很多倍。多，除了上面第15.4节提到的一些原因之外，还有文体和出版物的百花齐放，例如相声和快板之类，过去是很难看到文字的，现在却可以印在报刊上，甚至印成书本。所有这种种体裁的作品，有阅读能力的人都或多或少地亲近过，因而也就用不着分成若干类，逐一介绍。值得注意的还是表达方面的特点。从与口语（一般指"普通话"）的距离方面考虑，可以分作两类。一类是与口语关系密切的，或者说宜于口语化的，如小说、剧本等的对话，广播词和讲话稿，说书、相声等曲艺，启事、广告等一般应用文字，等等，一般是用纯粹口语或接近口语的白话。另一类是事实上常常离开口语的所谓"文"，性质各式各样，如政经、文教、史地、科技、艺术、卫生、体育，等等，体裁也是五花八门，如议论、记叙、抒情、散文、论文、通讯、报道、杂文、评介，等等。前一类大致是说了听的，当然宜于用口语，可以不谈。需要着重谈的是后一类。

还是从与口语的距离方面着眼。有些人笔下的白话离口语近；因为离口语近，看或读就显得简明流利。这似乎也可以分为不同的类。一类是上了年纪的作者，也许是30年代的旧习未改，拿起笔，还是30年代那种不即不离的格调，如茅盾、冰心等就是这样。一类是在革命运动中做普及工作的，为了能够深入群众，笔下不能不通俗，如丁玲、赵树理等就是这样。还有些人，特别重视语文问题，认为上好的文章，用语应该与口语一致，于是提倡"写话"，不只在道理上反复讲，而且身体力行，如叶圣陶先生就是突出的代表。这种写话式的文章，具有30年代的流风余韵，却比30年代的更浅明，更整洁，我个人以为，如果可以称为话，也不是普普通通的话，而是精选的话，甚至可以称为"文话"。文话是写话理论的成果，值得重视，可惜的是这样身体力行的人并不很多。

更值得重视的是还有一股脱离口语的水流，表现为生僻词语多，句子不只长，而且夹杂一些非本土的格局。口语当然不是这样。因为大不同于口语，所以看，读，就显得既不简明，又不自然，甚至晦涩难懂。我们都知道，词句变长是汉语发展的趋势。不过近年的加速，却是受了外语译文和新风气的影响。这说起来话长，只举一点点例。一种是语言形态变化的变相引进。文学革命以来把助词de分为"底""的""地"三个，有的人从译文习惯，在不必用的地方也要加上一个。近年来，时态越来越受到重视，以表完成为例，本来可以说"收到好的效果"，却要说"收到了好的效果"，本来应该说"写在黑板上"，却偏说"写在了黑板上"。一种是可简、宜于简的地方，乐于从繁的人像是越来越多，如"涉及"和"涉及到"之间，"而且"和"而且还"之间，如果投票，得多数票的恐怕是后者。一种是喜欢加多余的话，如不说"下了雪"，而说"下了洁白的雪"，不说"拿起笔来写"，而说"用手拿起一支笔来写"。一种是愿意绕弯子，如可以说"我没注意"，却说"没有引起我的注意"，可以说"我爱唱歌"，却说"唱歌对我来说是可爱的"。与许多种外语比，汉语灵活，简短。近年来有一种趋势，是变灵活为拘谨，因而有时就不能不增添零件，改变说法。结果是句子渐渐加长，正襟危坐气渐渐加重。长，拘谨，有时也许是必要的，问题是简捷平易，或说接近口语的短句能不能把比较深远的内容说清楚。写话派的答复当然是不只能，而且应该。可惜的是有更多的人并不考虑这个问题，甚至像是认为，既然成文，就应该这样繁富拘谨，不像口语。下面的例就是这样的。

（1）在当代，共产主义运动的发展已经把探索和研究社会主义社会及其发展规律提到了理论与实践的突出地位。现在许多国家的马克思主义者、共产党人和关心社会进步的人士，都从不同的方面，以不同的方式，结合他们各自的国情，考察社会主义的状况，总结社会主义的经验，提出关于社会主义的新见解，寻求在本国实现和发展社会主义的道路。这是当今时代向人们提出的重大而紧迫的课题。它同亿万人民群众跳动着的脉搏息息相通，关系着社会主义的发展前途，关系着马克思主义在新时期的历史命运，也影响整个世界历史的发展进程。我们要明确自己的责任，在丰富的社会主义实践经验的基础上坚持和发展科学社会主义理论，在发展的科学社会主义理论的指导下走出一条在中国建设社会主义的道路，把我国建设成高度民主、高度文明的社会主义强国，为推动世界历史的发展进程、在全世界最终实现共产主义作出自己的贡献。

（摘自某书）

（2）在广东、江苏这些人口稠密，工商业比较发达的地区，所以会大量存在诸如此类的特殊"行业"，说明了与封建社会高度发展和城市繁荣俱来的，是贫富两极空前剧烈的分化。在"人烟凑集，金粉楼台"，"骈肩辐辏，酒绿灯红"的背后，必然有着更多的贫苦人户被迫将自己的儿女卖出去为优为奴为妾为婢。当时的剥削阶级，特别是其中的上层特权统治阶层，他们除了需要役使大批奴婢以负担繁重的家务劳动外，由于奢逸生活欲望的无限膨胀和精神的空虚，他们还迫切要取得一些更能满足腐朽官吏生活需要的"色艺双全"的活"玩物"，供他们在酒食征逐嬉戏玩乐之余来消遣，也可以作为奢侈排场的装饰。

（摘自某集刊）

（3）通过这个例子可以清楚地看出这样一条道路，科学思维是通过这条道路从在感觉和知觉中直接对现实的特性的带有极大主观成分的规定达到在科学概念中对这些特性的客观的规定的。思维之有可能转向客观认识是借助于对一个客体的特性通过它同另外的客体的相互依赖性（在这里就是通过被测温体和测温体之间的热交换和通过物体的热的状态同它的体积和压力的联系）来间接地规定。就如我们看到的，为了揭示认识客体和它的特性之间的这些合乎规律的联系，必须在纯粹形态中、在撇开附带的、非本质的外部情况的抽象中来揭示现象，因为只有在这种条件下它的各个方面（在波义耳—马略特和盖—吕萨克定律中就是压力、体积、温度）的合乎规律的相互联系才毫无隐蔽地表现出来。

（摘自某译本）

例（1）是讲政理的，例（2）是论史实的，例（3）是译文，都因为句子长，显得板滞，不平易，而且只能入目，难于上口。像这样的文章，都是随波逐流地写，不是故意要这样，使读者为难。还有少数，是进一步，像是欣赏繁杂、冗长、晦涩，因而就更远离口语，成为难于了解。如：

（4）话说回来，我们以"城市"与"乡村"作为一种比喻，来说明新旧变化、新旧交替的复杂社会现象，以及在文学创作中如何形象生动地将这些复杂变化反映出来，并且我们在论述有关艺术创作规律过程中的某些语句也可能并不十分妥帖和恰切，但是，有一条是肯定无疑的，即我们的文学创作应当采取多种变化的艺术手段，正如韩少功所说，要"凝聚城市和农村、历史和现实"，从而达到去揭示那些"决定民族发展和人类生存的谜"的目的，这个本意是可取的，正确的，有价值的，也是我们进行创作时可以而又应当选取的一种方式，因为，运用这种互相对照和比拟的方式，对描写对象进行剖析和研讨，其最终目的是为了增强文学作品反映的社会生活的广博度和思想内容的深厚度，给广大群众提供更加丰富而多样的社会思想内涵，以启迪思想，开发智慧，为社会主义精神文明建设助力，同时，又能够为众多读者提供崭新而富有多方面含义的审美对象，以增进美感教育,提高审美能力,为社会主义新时期一代新人的迅速成长和健康发展作出贡献。

（摘自某期刊）

（5）在著名高等学府N大学的一座学生宿舍楼里,生活着一群似乎超凡脱俗的"时代骄子"们,就在他们中间,生活阴差阳错地进行着,发生着一个个虽远未能说怎么惊心动魄然而又确实是令人哭笑不得却又耐人寻味的故事。小说就这样展示着一群活生生的青春灵魂：他们因为希望或失望所折磨而涌荡的骚动而不安,因为骚动不安而无法摆脱的痛苦和烦躁（以至不由自主的歇斯底里般的纵狂发泄）,因为痛苦、烦躁跃跃欲试地进行的自我审视和省悟,因为自我审视和省悟而又不泯不绝地执着于希望或失望……这里,这群青春的灵魂们在深邃的精神层次上经受煎熬的程度,并不亚于人类历史以来任何一代的年轻灵魂。

（摘自某期刊）

（6）这种区别,似乎并不主要表现为他们对西方现代小说技巧的借鉴,而是力图从历史的高度观照人间,并谋求与此相适应的人生时空形成。正如韩少功所说："一种审美意识中潜在的历史因素的苏醒,一种追求和把握人世无限感和永恒感的对象化的表现。"然而,人生的无限与永恒自身的时空形式也是无限的,它必然受到小说容量有限性的羁绊。

于是，他们力求在人生中寻找具有全息性的人生模态，一种化无限为有限，化多为———有限中积淀着无限、一中含多的"有意味的形式"，或者表现为情绪的抽象，或者表现为精心选取的人生枝叶，这些作品确实显示出作者视野的阔大的。当然，这种阔大必须以作者的主体精神和实际人生经验的博大为前提。否则，情绪抽象的"空灵"会转成"空洞"，人世无限感和永恒感对象化的人生模态也有变为理念化寓言的危险。

（摘自某期刊）

例（4）只是一句，例（5）两句，例（6）六句，写法都是把许多生而深的词语堆在一起，使人感到关系繁杂，意思模胡，念，断不开，不像"话"。这像是用力追求一种所谓风格，以反常显示深刻的风格。如果是这样，那所得至多只是远离口语、连自己也不得其解的"风格"。由白话的性质以及发展的历史看，书面语离开口语，如果程度渐渐加深并且去而不返，这趋势总是不好的。我个人希望，这股逆流的水势不致过大，流程也不致过长。

第十六章 展望

16.1.1 文言的隐退

以上都是谈文言和白话的过去情况。俗话说，鉴往知来，往谈了，似乎也应该推想一下来日。

先说文言。现在文言是站在十字路口徘徊，有人说，看样子它是要往东走，也有人说，看样子它是要往西走。不同的看法都来自看到什么征象，比如认为还会中兴的，就可以举学生都在学、古典书畅销为证。但持不同看法的人也可以举很少人学会为证，说中兴不可能。我个人想，在这类事情上，"能不能"比"好不好"重要得多，因为不管黄粱梦怎样如意，吃黄粱总是要付钱的。这是说，办不到的事，不管想得怎样香甜，到头来难免一场空。现在，文言像是站在十字路口，其实这是假象，真象是早已走向下坡路，证据是主动想学的人一天比一天少，学会（只要求借助辞书，能理解不艰深的文言著作）的人更少。有人说，这是规定、教导的办法不对头，如果对头，情况会好转。我觉得这是不考虑实际的理想主义。现在的实际是，与其学文史，不如学科技，不只来得快，而且容易有大获得；与其学文言，不如学外语，也是来得快，容易有大获得。学文言，短期难于收效；时间放长，即使会了，又能干什么？如果不教书，也只能自怡悦，茶余饭后哼几句"池塘生春草""杨柳岸晓风残月"而已。也就因为情况是这样，所以有不少人，其中多数是通文言的，注意语文问题的，是坚决地反对学文言。总之，现在文言的地位是，会了固然好，不会也没什么关系。可有可无，而人的时间又都这样紧，希望多数人甘心费力学，并且学会，自然就非常难了。这样的现实向前走，必致成为趋势，就是，学的人逐渐减少，会的人随着逐渐减少。这样，总有一天，也许不很久，汉字还在通用的时候，一般人看到文言，会感到非常生疏，纵使还不至于像英美人看到拉丁文那样厉害。

16.1.2 文化遗产问题

前面介绍文言部分曾说，我国的文化遗产，绝大部分是用文言记录下来的，文言有功，有许多优点值得保留，享用。可是继承，享用，先要学会它。不管《资治通鉴》《全唐诗》价值多高，你不会文言，就只好望书兴叹。可是，如上一节所说，学的人和会的人越来越少，这就会出现无法调和的冲突，葡萄好吃，可是架太高，够不着。已经有不少人设想，应该培养少数专业（比如称为古典专业）人员，由他们负责，用翻译、介绍的办法，把应该继承、享用的传递给不会文言的大众。这可以慰情聊胜无，但困难不少。首先是培养哪些人。这像是容易决定，培养适于学古典的。可是，怎么能知道哪些青少年适于学古典呢？这就不能不先考虑自愿的原则，可是这样一来，就不得不让更多的人先尝尝古典，也就是学文言。这在现在是正在实行（学生的语文课里有文言），将来行得通吗？其次，把责任交给少数学古典的，传递，自然就遇到传递什么和怎样传递的问题。比如说，《资治通鉴》值得传递，还勉强能够传递（也难免隔靴搔痒)，《全唐诗》就太难了。继承，享用，将来占主要地位的恐怕是文学作品的欣赏，而这偏偏像看电影一样，只看情节说明不成，要亲眼看银幕。其三是遗产种多量大，传递，不是少数人所能胜任。考虑到这些情况，在不很久的将来，妥善的办法恐怕仍是脚踩两只船，一只船是让有条件学并喜欢学的人有学会的机会，一只船是培养不太少的专业人员，整理介绍。两只船，由理想方面说，最好是以自学为主力，专业为辅助；如果事实上做不到，那就只好倒过来，以专业为主力，以自学为辅助。这都是说不很久的将来；至于很久的将来，那会牵涉到汉字存废的问题，古典文献重要性变化的问题，只能由那时候的人去考虑去处理了。

16.2.1 白话的两歧

前面第15.4.3节曾谈到，从与口语的距离方面看，目前的白话，很明显的有两股水流，一股离口语很近，另一股离口语很远。自然还有大量的中间的，因为与风格、方向之类的问题关系较远，可以不谈。离口语远近，与作者的经历有关系，比如老舍、冰心等，还抱着30年代的传统，自然就不会抛开口语远去。这个条件不是绝对的，因为更重要的条件也许是看法和笔下的功夫。看法很重要，比如林琴南和严复，总以为文言雅驯，下笔就不会出现的了吗啦；另一面，像赵树理，以及现在不少中青年作家，相信通俗好，因而总是努力写接近口语的白话。功夫，或说写作能力，也重要，因为，我一直认为，写像"话"的文章比不像"话"的文章难得多。此外，时代风气也是个不可忽视的条件，因为初出茅庐，总难免学什么唱什么，趸什么卖什么。各种条件合在一起，再加上新时代的新内容（其中许多是外来的），就渐渐地、不知不觉地形成一股远离口语的水流，如前面第15.4.3节所举的，虽然不见得已经占有压倒优势，却不可轻视，因为看样子是正在发荣滋长。

16.2.2 旧为新用

白话是我们现在正在用的表情达意的工具。改进工具的办法，有积极一面的，是集腋成裘；有消极一面的，是对症下药。腋也罢，药也罢，都要到外面去找。由理论方面说，任何时任何地的语言都可以充当外力，择善而从。但远水不解近渴，我们应该务实，先吸收近在眼前的。这主要有三种，都是前面谈过的。一是文言。现代语从文言里吸收营养是个非常复杂的问题。过去这样做过，而且量相当大，如成语是显而易见的，"作者""作风"之类不显而易见，其实也是。还有不少先例。就文体说，最突出的是戏曲的曲词，几乎把文言的所有花样都拿来应用了。就人说,举一位近的,如鲁迅,如果他不熟悉古典,杂文就不会写成这种韵味。这不是说他就写不好,而是说不是这种韵味,这韵味,有一部分是从古典来的。不过鲁迅的文笔也给我们一种启示,是学通了才能够吸收,或者说得更确切些,是必须兼通今古,才能把文言的优点"化"入现代语;不然,如现在报刊上有时会出现的擦脂抹粉的文章,从文言里搜寻一些熟套硬往现代语里塞,成为非驴非马,那就想求好而适得其反了。通,先要学。可是现在的趋势是学的人越来越少,将来是一般人与文言成为路人,认识尚且谈不到,更不用说取其所长了。因此,至少我这样看,今后的现代语,想再从文言那里吸收什么营养,是几乎不可能了。

比文言年轻得多的是唐宋以来的白话,其中有不少,如《水浒传》《红楼梦》等,我们还在看,能不能从那里学点什么?很难说,因为这不像科技,引进新的,看得见,摸得着,立竿见影。据我所知,近年来有些写小说的人曾从那里寻得一些乖巧,有少数甚至心摹手追。可是写小说的终归是少数,比如写论文,写记事文,写抒情文,也能从其中吸取点什么吗?理论上当然可以,或说应该,因为那时期的白话,至少有一点是值得我们学习或深思的,就是追随口语,求通俗流畅。我们现在的不少文章不是这样,能够对比,想想,也许会有些好处。

再往近处移是30年代。前面第15.4.2节曾说,那时期白话的突出成就是与口语"不即不离"。这"不离"是治"离"的良药,最值得我们注意。"不即"不完全来自表达方法，甚至主要是来自学识和生活态度，自然更难学，但也值得用力学。学，不得不用的办法是读那时期的作品。但这不很容易。一是时代过去了，许多年轻人感到隔膜，重一些说是没兴趣。二是有更大的阻碍，是不容易亲近，如鲁迅先生的作品，虽然有人煞费苦心加了注解，有相当多的年轻人还是说看不懂。三是近来还出现一股奇风，是说鲁迅的文章并不好；鲁迅如此，想来30年代的其他人就更是自郐以下了。人各有见，用不着争论。这里我只是想说，从30年代吸收营养很不容易，却非常必要，如果我们不擦亮眼睛，竟至近在眼前的"不即不离"也视而不见，以至随波逐流地向岔路上流，那就太失算了。

还有比30年代更近的，是现今的作品里也有浅易自然，接近口语的。这不好点名，因为一则太多，二则厚此薄彼，会惹人不愉快。我想概括说一下，是写现代白话，不只要有笔力，还要有眼力，就是说，要明确认识，像"话"的文章好，不像"话"的文章并不好。"写"这样，写之前的"读"更是这样，要能分辨高下，多读像"话"的，少读不像"话"的，以免近朱者赤，近墨者黑。

16.2.3 依傍口语

白话与口语的关系，事实如何，应该怎样，前面第十二章已经谈了不少。这里想着重说的只是，不像"话"的文章容易板滞沉闷，较难了解，如果可以说是一种文病，对症的良药就是靠近口语。说是文病，有的人也许以为这是小题大作。其实这并不是小题。因为一是早已不是个别的，而是扩大到带有普遍性。二是表达的合理要求是费力小而收效大，远离口语的文风正好相反，是用大本钱做了小买卖，这很不合算，或说很不好。三是这股水流如果顺利前行，地域扩大，时间延长，那就会逐渐定形，成为离口语很远、冗长难解的"新文言"，也就是白话不再是白话。所以应该在还不到积重难返的时候，赶紧回到正路，真用白话写。这样说，我也是提倡写话了。也是也不是。我的意思，如果承认是，要附带两个条件：一是所谓话是精选的话，不是街头巷尾闲扯的话，二是只是如叶圣陶先生所要求，能够上口，听的人感到是讲话（容许深沉委曲），不是念文章。念着听着像"话"，它就有通俗、简洁、明快的优点，这才是白话文的正路。走上正路难不难？也难也不难。说难，是因为一要挣脱风气的影响，二要慢慢摸索简明流利的路。说不难，是因为我们总要相信，思想认识是决定性的力量，有志者事竟成。

16.2.4 有关各种"家"的责任

这样标题，是假定上面所说会得到多数人认可。这太乐观了。事实是，远离口语的趋势也许有更多的人表示赞许。证据是不只有很多人这样写，而且有不少有刊印权的人这样选印。这里一不能俟河之清，二不能走回头路再争论，只好暂且接受这个假定。之后怎么样呢？办法当然是大家共同努力。这大家包括一切与白话文有关的人，尤其是各种"家",如作家(包括一切能文并常发表的人,现在只称写文学作品的人为作家是不合理的偏见)、各类作品的评论家、语文专家、教育家(包括教师)、出版家(包括编辑)、翻译家等等。由白话的整个历史看,这是个大事业,因为做好了,是一千多年来白话系统的更上一层楼;不幸而走上岔路,成为不再是白话,后果会如何虽然不好确说,总当是值得忧虑的吧?

后记

还是两三年以前,一个老朋友怂恿我写一本小书,谈谈文言和白话。因为这两个名称,与读写有关的人都熟悉,可是内容、关系等,似乎问题还不少;如果讲讲,能够把问题解决了,或至少摸索一下都有什么问题,那也许对语文的研究和使用都有些用处。我答应了,不是因为我自信能够解决问题,是因为,对于其中究竟有什么问题,能不能解决,如何解决,我想了想,感到茫然。我多半生没有离开文言和白话,面对而辨不清眉目,总是遗憾。于是,怀着辨清眉目的愿望,我决定写这本书。

其时我手头正有别的工作,于是一拖就是两年,直到去年年尾才拟了个提纲,动手写。遇见的问题不少,或说困难相当大。大约用了半年,勉强完了卷。写不好是当然的。但有获得,是由原来的似曾相识变为曾经注视眉目。自然,注视的结果未必是认清,但总是看到一些什么。这什么,其中有实况,有问题。实况,是戴着我的眼镜看到的,问题,看到,试图解决,自然也都是出于己见,因而都可能错。错是此路不通。我的体会,此路不通也是一种获得,因为它能告诉人

"不通"的那里有"路",或说有"问题",应该注意。

认路是奢望。执笔为文的人都不免有奢望,这里谈谈奢望。主要的一种是介绍实况,就是把文言和白话看成货色,拿出来,把文言摆在这个货架上,把白话摆在那个货架上,让顾客看看,清清楚楚,于是功德圆满。自然,从大堆里往外拿,拿什么,不拿什么,往架子上摆,摆在哪里,问题都不简单,也都可能错。但终归是拿了,摆了,这就会有些用处:大的,如从事语文研究的人,可以借此知道哪里有问题,有什么样的问题;小的,如语文教师,以教文言和白话为专业,如果有学生问什么是文言,什么是白话,可以借此说说文言如何如何,白话如何如何,因为本书提供了一种可能的解释,虽然未必是正确的解释。

还有附带的一种,是鉴往知来。理论上,人人离不开语文,实际上(就目前说),很多人离不开语文。语文,我们写,用白话,读,有不少人是白话加文言。应该怎样写,怎样读,似乎都应该对文言和白话有个明确的认识。在这类地方,本书间或说了些评论性的话,如30年代的白话有成就,现在写,不应该故意"不像话"之类就是。所见当然未必都对,但自信是提出一些问题,值得常常拿笔的人注意。

最后,谢谢那位老友,没有他的怂恿,我是不会在这方面费一番心思的。

1986年7月

图书在版编目 (CIP) 数据

文言和白话 / 张中行著. -- 北京 : 北京十月文艺出版社，2025. 2. -- ISBN 978-7-5302-2449-6

Ⅰ. H109.2；H109.4

中国国家版本馆CIP数据核字第202445A2L0号

文言和白话
WENYAN HE BAIHUA
张中行 著

出　　版	北 京 出 版 集 团
	北京十月文艺出版社
地　　址	北京北三环中路6号
邮　　编	100120
网　　址	www.bph.com.cn
发　　行	新经典发行有限公司
	电话 010-68423599
经　　销	新华书店
印　　刷	河北鹏润印刷有限公司
版　　次	2025年2月第1版
印　　次	2025年2月第1次印刷
开　　本	890毫米×1270毫米 1/32
印　　张	10.75
字　　数	210千字
书　　号	ISBN 978-7-5302-2449-6
定　　价	49.00元

如有印装质量问题，由本社负责调换
质量监督电话 010-58572393

版权所有，未经书面许可，不得转载、复制、翻印，违者必究。